菁少年

YING GAI ZHI DAO DE

LI SHI ZHI SHI

应该知道的历史知识

李泉宏 编著

俄国十月革命后，马克思主义在中国得到广泛传播。中国的先进分子李大钊、陈独秀、毛泽东等接受了马克思主义，并把它与中国正在发展的工人运动结合起来。他们在工人中宣传马克思主义，讲解革命道理，组织工人进行斗争。在这个基础上，各地先后成立了一些党的早期组织，这些地方分别有上海、北京、武汉、长沙、广州、济南。此外，旅居日本和法国的中国共产主义者也成立了这样的组织，这些组织当时叫法不一，有的叫共产党，有的则叫共产党小组或支部。由于它们性质相同，因此，后来统称它们为各地共产主义小组。各地共产主义小组建立后，积极开展工作，推动了马列主义与中国工人运动的结合，这样，正式成立中国共产党的条件已经成熟。

1921年6月，上海共产主义小组通知各地共产主义小组，派代表到上海召开中国共产党第一次全国代表大会。7月下旬，除旅法小组因路途遥远未能派代表外，其他各地代表陆续抵达上海。由于当时革命活动处于秘密状态。所以，参加会议的外地代表，统一安排居住在以北京大学暑期旅行团的名义临时租借的私立博文女校内。

党的第一次全国代表大会，前后共开了7次会议。共产国际代表马林和尼克尔斯基出席了第一天的会议（马林后来又出席了第六次会议）。他们代表共产国际对会议的召开表示热烈的祝贺，马林还介绍了共产国际的情况。接着拟定了会议日程。在24日的会议上，各地代表汇报了工作，并交流了经验。25日至26日，大会休会，由党纲起草委员会起草党的纲领和今后工作计划。27日至29日，大会继续进行，连续3天详细讨论了党的纲领和工作计划。各地代表在党的性质、纲领和组织原则等主要问题上取得了基本一致的意见。

30日晚，举行第六次会议时，突然有一陌生男子闯进了会场，当询问他时，他答称走错了地方。其实这个人是法租界巡捕房的一个暗探。他的行动引起了与会人员的警觉。会议立即中断，代表们迅速分头离开。十几分钟后，法国巡捕赶来，包围并搜查了会场，但一无所获。

当晚，代表们商量改换会议地点。在李达夫人（她是浙江嘉兴人）的提议下，决定到嘉兴南湖去开完最后一次会议。7月31日，代表们来到南湖，在一艘游艇上举行了第七次会议。会议通过了《中国共产党纲领》、《关于当前实际工作的决议》，这样才把党的领导机构。至此，党的第一次全国代表大会胜利闭幕。

党的"一大"通过的党纲主要内容有：确定党的名称是中国共产党；党的性质是无产阶级政党；党的奋斗目标是以无产阶级革命军队推翻资产阶级的政权，消灭资本家私有制，由劳动阶级重建国家，承认无产阶级专政，直到阶级斗争结束，即直到消灭社会的阶级划分；党的基本任务是从事工人运动的各项活动，加强对工会和工人运动的研究与领导；党的组织方面的规定为，在全党建立统一的组织和严格的纪律，地方组织必须接受中央的监督和指导等。

云南大学出版社

图书在版编目（CIP）数据

青少年应该知道的历史知识／李泉宏编著．——昆明：云南大学出版社，2010
ISBN 978 - 7 - 5482 - 0140 - 3

Ⅰ.①青… Ⅱ.①李… Ⅲ.①世界史－青少年读物 Ⅳ.①K109

中国版本图书馆 CIP 数据核字（2010）第 105374 号

青少年应该知道的历史知识

周春节　编著

责任编辑：于　学
封面设计：五洲恒源设计
出版发行：云南大学出版社
印　　装：北京市业和印务有限公司

开　　本：710mm×1000mm　1/16
印　　张：15
字　　数：200 千
版　　次：2010 年 6 月第 1 版
印　　次：2010 年 6 月第 1 次印刷
书　　号：978 - 7 - 5482 - 0140 - 3
定　　价：28.00 元

地　　址：云南省昆明市翠湖北路 2 号云南大学英华园
邮　　编：650091
电　　话：0871 - 5033244　5031071
网　　址：http://www.ynup.com
E - mail：market@ynup.com

序　言

　　新时代的青少年，是我们祖国的希望，"少年智则国智，少年富则国富，少年强则国强"，是梁启超的至理名言，可以看出少年的智慧对于我国的未来何等重要！学史可以明智，让青少年在最佳的专题历史学习中走进历史、了解历史、以史为鉴、振兴中华。

　　伴随着中小学的历史教学课程标准以及教材和考试制度的改革，初高中历史新课程标准的基本思想是使历史教学打破时空观念，努力培养青少年的自学历史能力、解决实际问题能力，教学中提倡思考、探索和情感升华，实现青少年自主、合作、探究式学习历史，所以历史专题学习法应运而生。

　　此书以十几个专题为切入点，全面真实的从时间、空间角度展现历史，打破了已往的固定的被动的学习模式，使学生更适宜从另一新颖角度走进历史，走进世界文化。使学生实现学习历史轻松自如、轻巧夺冠。

　　本书为青少年灵活运用历史知识解决历史问题，提供了恰当的平台，为青少年综合能力的提升提供了极好的学习素材。

　　本书特点：考纲为本，分类介绍，别开生面，开卷有益，备考速查。

　　本书是集学习、考试于一身的实战型历史知识大全。在编写过程中，本书汲取了现在多版本中小学历史教材内容、以及网络教学资源和中高考的热点文章的精髓。编写中融入了十几位一线教学名师的教学精华和心血，在此一并表示感谢。

在此真心希望本书能为青少年学习历史知识提供切实有益的帮助，从中获得一生的收获，实现开卷有益！

目　录

I

人物篇

人文初祖——黄帝

黄帝被誉为中华民族的"人文初祖"。

大约在4000多年以前，以黄帝为首领的部落，住在中国西北部的姬水附近。当时，发明农耕和医药的天下共主炎帝神农氏已经衰落，酋长们互相攻伐，战乱不断，于是黄帝就毅然担负起安定天下的重任。

他率领他的部落采用战争手段，征讨那些不守规矩的部落，使得诸部落纷纷前来归附。最后形成了黄帝、炎帝、蚩尤三个大的部落。有一次，炎帝与蚩尤为了争夺黄河下游地区发生激战，炎帝战败向北撤退，跑到

黄帝那里求救。三年间黄帝和蚩尤交战九次均未获胜，于是他决定先以德行治理百姓开始，整顿兵力，发展黍稷菽麦稻等粮食作物的生产，团结归附的各部落人民，把各部落的军队调集到一起，排成不同的方阵。每个方阵分别打出熊、罴、貔、虎等图像的旗帜，统一号令，与蚩尤展开决战，终于把蚩尤杀得大败。各部落见黄帝打败了凶恶的蚩尤，就都崇拜这个首领。

据说祭告天地的时候，天空出现了黄色的大蚓大蝼，人们就说他是以土为德的帝，所以就称他为"黄帝"。为了加强与天下各部落的联系，他带人到处劈山开路，并定期巡视各地，问民疾苦，劝民农桑。

在黄帝时期，养蚕、舟车、文字、音律、医学、算数都先行发明，并得到发展，他的功劳为后世所称赞，被誉为华夏的"人文初祖"。他在位时间很久，国势强盛，政治安定，文化进步，有许多发明和制作，如文字、音乐、历数、宫室、舟车、衣裳和指南车等。相传尧、舜、禹、汤等均是他的后裔。

据说黄帝活了110岁，死后安葬在桥山（今陕西黄陵县的桥山）。从古到今人们都认为黄帝是华夏的始祖，自己是黄帝的子孙。又因为黄帝和炎帝是近亲，后来又融合在一起，所以中国人常常把自己称为炎黄子孙。

禅让制

禅让制，中国统治者更迭的一种方式，指在位君主生前便将统治权让给他人。形式上，禅让是在位君主自愿进行的，是为了让更贤能的人统治国家。

传说中的部落联盟首领传袭制度．据说尧年老时，经民主推举和自己长期考察，确认舜才德出众，将首领位置让给舜；舜老时，如法炮制，传位于治水有功的禹。禅让制实际上是以传贤为宗旨的民主选举首领制度．后被禹的儿子夏启破坏，代之以家天下的世袭制。

在中国古代，所谓禅让制时代，是指的"五帝"的时代，即尧舜禹的时代。按儒生们编造的神话，尧年老之后，自动让位给舜，而舜年老之后，自动让位给大禹。从而，表现出这些氏族领袖们的大公无私。

然而，历史事实是怎么样的呢？完全不像儒生们吹的那样。是什么大公无私。而是充满了暴力和残忍。尧执政后期，争夺权力者比比皆是，尧本人将争夺权力者之一的丹朱予以囚禁。但是，却没有防住另一个：舜。舜杀光了尧的支持者和家人，逼尧退位。

舜后来以治河不力为由，杀了大禹的父亲。其实，这只是一个借口。真正的理由是，后者是争夺氏族部落联盟领袖的有力者。而大禹子承父业，终于将舜杀死。史书上说，禹三过家门而不入。其实，这只不过是不敢进家门。因为禹不敢和家人接近。否则就会被舜杀死。而在后来禹取代舜夺取权力后，则对舜的部下进行了残酷的屠杀和报复。舜的两个妃子（娥皇、女英）逃到南方，仍不免一死的命运。史书上说，她们是因为感念舜而流下了泪，其实是因为她们在大禹支持者的屠刀下，流着泪被逼跳江自杀的。这完全是赶尽杀绝。因为大禹他自己就怕有人学他的样子。

在这三位领袖的后面，是三个部族集团的对权力的争夺。舜是东夷部落的领袖。而大禹则是华夏集团的领袖。二者之间的争权夺利是部族集团之间的争斗。在大禹死后，掌握政权的华夏集团为了不至于让权力落到东夷部落手中，将当选的东夷部落领袖伯益杀死，由禹子启继位。从而建立夏朝。以世袭制取代了禅让制。但是，在夏朝初期，启死后，仍然发生了由东夷集团的领袖后羿和寒促争夺权力的争斗。

所以，中国历史上的禅让制向来都是充满了暴力和残酷的。禅让制根本就不是原始公社的民主制度。它与民主制度存在着根本的区别。这些区别在于以下几点：

（1）禅让制是权力争夺的结果。是建立在争权夺利的基础上的。在实现

禅让之前，首先要经历剧烈的权力争斗。最后由胜者掌握政权。在中国历史上，在世袭制度建立之后，禅让制仍然并存着。至少，从形式上讲，从西汉朝至北宋王朝，其每一个开国统治者都是从前代的末代统治者手中"禅让"而获得政权的。其本质，与尧舜禹时代的禅让没有任何区别。都是表现为成王败寇。

（2）民主制度是民意选择的结果。是按照法律和人民意志转让权力。民主制能让社会进步。而禅让制只能使社会整体腐败。因为民主制度中执政者要取决于民意。而后者中执政者只取决于实施阴谋的能力。

所以，禅让制是一种落后的制度。长期以来，历史教科书上关于禅让制的说法是错误的。儒家制造的关于它的神话是该破灭的时候了。

炮烙之刑——商纣王

商纣王，名叫帝辛，是商朝最后的一位君主。"纣"是"残义损善"之意，"纣王"是后人对他的贬损评价。史书上记载的纣王的罪行有：沉溺酒色，奢糜腐化。

商朝到商纣王时已把自己的国家搞得很糟。他特别讲究阔气，尤其喜欢吃喝。他在王宫里设了酒池肉林。酒池就是凿一个大得可以行船的池子，里面灌满了酒。肉林就是在酒池边上竖立许多木桩，上面挂着烤得香喷喷的肉。纣王和贵族在酒池边上尽清地酗酒，到肉林一伸脖子就能吃到肉。纣王特别宠爱一个叫妲己的女人。妲己尽想出一些坏主意，叫纣王干一些伤天害理的事。例如，她叫商纣王用一种炮烙的残酷刑罚来惩治那些反对他的人。炮烙就是用炭火把铜柱烧热后，强迫人在铜柱上爬，掉下来被熊熊燃烧的炭火活活烧死。

据说，他为了观察正在成长的胎儿，竟残忍地让人剖开孕妇的肚子；他想知道冬天光脚过河的农夫为什么不怕冻，竟叫人砍掉他的双脚，砸骨验髓。还有像是宠幸奸臣，重用小人，不敬祖先，不信忠良等种种罪行，令人罄竹难书。后来，纣王失去士气和民心，终于被武王打败。他一把火把自己烧死，他的妻子妲己也被武王送上了断头台。

纣王这样荒淫残暴，经常有人劝阻他，但他总是不听。他的异母哥哥微子启对他说："我们这样拼命喝酒，败坏了先祖留下来的美德。喝酒使我们的百姓、大臣们都做出偷窃奸邪的坏事来，眼看我们殷朝就要灭亡了。"纣王不听微子启的劝告，微子启只得偷偷离开他。纣王的堂兄弟箕子也劝纣王，纣王不但不听，反而把他囚禁起来。纣王的叔叔比干好言规劝他悬崖勒马，他居然命人杀死比干，剖开肚子，取出心来观赏。纣王这样残暴，吓得谁也不敢再规劝他了。大臣们有的装病不出，有的虽上朝但一言不发。一些大官甚至偷偷地拿起商朝太庙里的祭器、乐器，投奔了周武王。

纣王对大臣们尚且这样残暴，对待老百姓就更加肆无忌惮了。他要造鹿台，就强迫老百姓去服劳役；他要喝酒，就随意把老百姓的口粮夺去酿酒；他要吃肉，就迫使老百姓没日没夜地到深山密林去猎取野兽；他的爱姬妲己喜欢看杀人，他就随便地把老百姓拉去砍头、剁足、剖肚子。老百姓实在无法生活下去了，只好扶老携幼，哀号哭泣着四处逃亡。

纣王的暴政，使得商朝的统治再也维持不下去了。这时周武王在姜尚和他叔父周公旦的协助下决定进攻商朝。公元前1066年，周武王率领兵车300辆，虎贲（近卫军武士）3000人，士卒45000人，会合各小国部队，从孟津出发，向商朝都城朝歌进军。周武王在牧野，竖起伐纣大旗，在誓师大会上，历数纣王腐败荒淫、凶恶残暴的种种罪恶，然后指挥大军向商军进攻。此时纣王正带着他心爱的妲己和宠臣在鹿台欣赏歌舞，饮酒作乐。当下属把周军进攻的消息告诉他时，他才慌忙召集大臣商量对策。因商军主力当时正在东南地区对付东夷，一时调不回来，纣王只好临时把大批奴隶武装起来，共70

万人，开赴前线，抵抗周军进攻。

当周殷两军摆开阵势，准备厮杀时，殷军在阵前纷纷起义，掉转戈矛和周军一起杀向商纣王。纣王大败，带着少数卫士逃回朝歌。他知道自己的末日即将来临，就把玉石和其他宝贝围在腰上，在鹿台大吃一顿，然后放一把火，把自己烧死了。商朝就这样灭亡了。

尊王攘夷——齐桓公

春秋时期，周王室的势力逐渐衰落，失去了控制诸侯的力量，各诸侯国展开激烈的竞争和兼并，形成了大国争霸的局面。其中，地处黄河中下游的齐国是最早称霸的国家。

齐国是姜尚（即姜太公）的封国，是西周设置在东方的最强大的诸侯国之一。从姜尚下传到第十四个君主齐襄公当政时，荒淫无道，政治腐败。公元前688年，齐国发生政变，齐襄公在政变中被杀死。

齐襄公死后，齐国一时没有了国君。各派大臣都开始了策划拥立君主的活动。管仲和鲍叔牙是很要好的朋友，但是现在都想辅佐他们各自的主子夺得齐国国君的位置。这时，齐国的大贵族国氏和高氏偷偷派人到莒国去，召公子小白回国，登上了国君的宝座，这就是齐桓公。

齐桓公即位后，齐桓公虚心接受了鲍叔牙的意见，拜管仲为相国。管仲当了齐国相国之后，协助齐桓公在经济、内政、军事等三个方面进行了一系列改革，使齐国很快富强起来。齐桓公依靠强大的经济和军事力量，对外扩张，还打出了"尊王攘夷"的旗号。所谓"尊王"就是尊重周王室，承认周天子作为天下共主的地位；"攘夷"则是联

合中原各个诸侯中的力量，共同抵御北方游牧部落的进攻和阻遏楚国向北发展的势头。当然，这实际上是利用天子的名义来号令其他诸侯，以称霸于中原。

为了称霸中原，齐桓公审时度势提出"尊王攘夷"的口号。所谓"尊王"，就是遥奉周王室的正统，借此高举传统道德文化的旗帜，建立华夏各国对以周文化为代表的传统文化的归属感。在"尊王"的旗号下，齐桓公进行了一系列维护王室安定、权威、代王室发号施令的行动。

桓公三十三年（前653年），周惠王去世，太子姬郑即位，是为襄王。襄王在惠王生前曾与其异母弟王子带为争夺王位而闹得不亦乐乎，是齐桓公会集宋、鲁、陈、卫、郑、许、曹等国与周室盟约，确定了太子姬郑的正统地位。惠王下去世，襄王怕王子带争位，秘不发丧，而告难于齐，求桓公出面帮助确立君位。又是齐桓公召集各国，在洮（曹邑。今山东鄄城西南）结盟，最终确立了襄王的王位。齐桓公在自述其功绩时说："九合诸侯，一匡天下。"所谓"一匡天下"，即指此事。"九合诸侯"，则说明齐桓公已成为代周天子发号施令于天下的名副其实的霸主。

齐桓公盟会诸侯于葵丘，约定："凡我同盟之人，既盟之后，言归于好。"强调了华夏各国的团结。为了规范各国的行为，协调各国的关系，会上共同订立了盟约。盟约内容的政治部分基本上强调了对传统秩序的重申维护，借以突出团结的主题，但也有对新生事物的肯定和认同，如"士无世官"等。其内容的经济部分则反映了当时经济的发展要求打破政治割据的尝试。

葵丘之会，加强了华夏各国的政治团结，并为建立中原统一的经济市场做出了努力。通过葵丘之会，齐桓公的霸业达到了顶峰，齐桓公通过举出"尊王攘夷"的旗号，果然奠定了齐国在中原地区的霸主地位。

大思想家、大教育家孔子

孔子名丘，字仲尼，春秋时期鲁国人，出生于公元前551年，春秋时代的

大思想家，也是我国古代著名的教育家。他的思想和学说在我国历史上产生了巨大的影响。

孔子出身于没落奴隶主贵族家庭，他的祖先是宋国的贵族，曾祖父为避难才到了鲁国，父亲做过鲁国陬邑的大夫。孔子很小的时候，父亲就死了，他和母亲过着清贫的生活。孔子学习非常勤奋，形成了一套自己的学说主张。他向各国君主进行游说，宣传自己的政治主张。可是他的主张过于保守，结果不被采纳，最后只好又回到鲁国。从此，他专心在家里教书、作学问，直到73岁（前479）死去。

孔子最突出的贡献在教育方面。孔子创办了"私学"，自己聚徒讲学，打破了贵族对教育的垄断。他提出了"有教无类"的口号，招收学生没有门第、等级的限制，所以他的学生既有贵族子弟也有居住在陋巷的贫民，既有鲁国的也有别的国家的。他开设了德行、言语、政事、文学四门课程，还把礼节、音乐、射箭、驾车、写字、算数等"六艺"的技能教给学生。孔子把"学而不厌，诲人不倦"当作自己的座右铭。他鼓励学生把学习与思考统一起来，认为只死读书本而不认真思考就会迷惑，只想来想去而不勤于学习就会走上邪路。其他如"因材施教"、"温故而知新"、"知之为知之，不知为不知"等教学方法和教学态度也受到了人们的称赞。孔子办教育取得了很大成绩，据说他的学生先后有3000人，其中成绩优异的就有72人，这在当时是很了不起的。

孔子晚年集中精力整理古代文化典籍，据说《易》、《礼》、《尚书》、《诗经》、《乐》等"五经"都是他整理修订的。他还修订了我国第一部编年体史书《春秋》。这些古代文化典籍得以流传到今天，是孔子的一大功劳。这些书对儒家学说的流传起过很大作用，被奉为儒家的"经典"。孔子死后，他的弟子把他的言行记录整理下来，编成《论语》一书。这本书记载了孔子的主要思想。

世界文化名人——屈原

屈原，战国末期楚国人，杰出的政治家和爱国诗人。名平，字原。楚武王熊通之子屈瑕的后代。丹阳（今湖北秭归）人。

屈原一生经历了楚威王、楚怀王、顷襄王三个时期，而主要活动于楚怀王时期。这个时期正是中国即将实现大一统的前夕。

屈原因出身贵族，又明于治乱，娴于辞令，故而早年深受楚怀王的宠信，位为左徒、三闾大夫。屈原为实现楚国的统一大业，对内积极辅佐怀王变法图强，对外坚决主张联齐抗秦，使楚国一度出现了一个国富兵强、威震诸侯的局面。但是由于在内政外交上屈原与楚国腐朽贵族集团发生了尖锐的矛盾，由于上官大夫等人的嫉妒，屈原后来遭到群小的诬陷和楚怀王的疏远。

怀王十五年（前304），张仪由秦至楚，以重金收买靳尚、子兰、郑袖等人充当内奸，同时以"献商於之地六百里"诱骗怀王，致使齐楚断交。怀王受骗后恼羞成怒，两度向秦出兵，均遭惨败。于是屈原奉命出使齐国重修齐楚旧好。此间张仪又一次由秦至楚，进行瓦解齐楚联盟的活动，使齐楚联盟未能成功。怀王二十四年，秦楚黄棘之盟，楚国彻底投入了秦的怀抱。

屈原亦被逐出郢都，到了汉北。怀王三十年，屈原回到郢都。同年，秦约怀王武关相会，怀王遂被秦扣留，最终客死秦国，顷襄王即位后继续实施投降政策，屈原再次被逐出郢都，流放江南，辗转流离于沅、湘二水之间。顷襄王二十一年（公元前278），秦将白起攻破郢都，屈原悲愤难捱，遂自沉汨罗江，以身殉了自己的政治理想。

屈原的作品有《离骚》、《天问》、《九歌》等。其中，《离骚》是屈原的代表作，也是中国古代文学史上最长的一首浪漫主义的政治抒情诗。

屈原是中国文学史上第一位伟大的爱国诗人。是浪漫主义诗人的杰出代

表。作为一位杰出的政治家和爱国志士，屈原爱祖国爱人民、坚持真理、宁死不屈的精神和他"可与日月争光"的巍巍人格，千百年来感召和哺育着无数中华儿女，尤其是当国家民族处于危难之际，这种精神的感召作用就更加明显。作为一个伟大的诗人，屈原的出现，不仅标志着中国诗歌进入了一个由集体歌唱到个人独创的新时代，而且他所开创的新诗体——楚辞，突破了《诗经》的表现形式，极大地丰富了诗歌的表现力，为中国古代的诗歌创作开辟了一片新天地。后人也因此将《楚辞》与《诗经》并称为"风、骚"。"风、骚"是中国诗歌史上现实主义和浪漫主义两大优良传统的源头。同时，以屈原为代表的楚辞还影响到汉赋的形成。

中国民间五月五端午节包粽子、赛龙舟的习俗就源于人们对屈原的纪念。1953年，屈原还被列为世界"四大文化名人"之一，受到世界和平理事会和全世界人民的隆重纪念。

思想家——老子

老子（约前600年左右~前470年左右），姓李名耳，字伯阳，《庄子》称为老聃，春秋时期思想家，道家学派创始人，《史记》载为楚国苦县（今河南鹿邑太清）人，也有史料记载，老子为今安徽涡阳人。

老子以"道"解释宇宙万物的演变，以为"道生一，一生二，二生三，三生万物"，"道"乃"夫莫之命而常自然"，因而"人法地，地法天，天法道，道法自然"。"道"为客观自然规律，同时又具有"独立不改，周行而不殆"的永恒意义。

老子认为自然界和人类社会都是变动不居的。他观察到天地间万物万事存在着互相矛盾的两个对立面，例如有无、刚柔、强弱、祸福、兴废等等，它们都是互相依存、互相联结的。他认为，没有"有"，就无所谓"无"；没有"难"，就无所谓"易"；没有"长"，就无所谓"短"，所以说："有无相生，难易相成，长短相形"，还说"贵以贱为本，高以下为基"，"祸兮福所倚，福兮祸所伏"，表明了对立面双方的同一性。老子还认识到对立面不是一成不变的，它们在向相反的一面转化，他说："正复为奇，善复为妖"，认为正常能转化为反常，善良能转化为妖孽，委曲反能保全，屈枉反能伸直，低下反能充满，破旧反能新鲜，少取反能多得。老子虽讲对立面的同一性，但不讲对立面的斗争，他反复强调"圣人之道，为而不争"，"以其不争，故天下莫能与之争"，不是以实际行动去解决矛盾，而是极力保持现状，回避矛盾的急剧转化。

老子的辩证法思想在军事战略战术的运用方面也很突出。在战术上，他主张"以奇用兵"，并指出：一个好的军人不会耀武扬威，一个善于打仗的人不会暴躁发怒，一个善于战胜敌人的人不会跟敌人硬拼，还要注意"将欲弱之，必固强之"，"将欲夺之，必固与之"。在战略上，他提出"柔弱胜刚强"的指导思想，他说天下没有比水更柔弱的东西，但攻坚的力量莫过于它，他还举例说明柔弱的东西属于生存一类，从树木强大会折断，推断出军队强大就会覆灭，这种战略思想有防止盲目骄傲的一面，但也具有极大的片面性。

老子否认人的认识来源于感觉经验，说"不出户，知天下；不窥牖，知天道；其出弥远，其知弥少，是以圣人不行而知，不见而名，不为而成"，这是一种唯心主义的先验论。他还宣扬"涤除玄览"的直观方法，教人们洗心内照。他站在统治者的立场上，反对启迪民智，要人们做到"绝圣弃智"，"绝学无忧"。他认为，"古之善为道者，非以明民，将以愚之，民之难治，以其智多"。因此，他公开主张实行愚民政策，要求做到"常使民无知无欲"。

老子主张"小国寡民，使民有什伯之器而不用，使民重死而不远徙。虽有舟舆，无所乘之；虽有甲兵，无所陈之；使人复结绳而用之"，"邻国相望，鸡犬之声相闻，民至老死不相往来"，向往结绳记事的原始社会，认为在这种社会中人民会"甘其食，美其服，安其居，乐其俗"，表现出复古倒退的消极思想。

千古一帝——秦始皇

秦始皇（公元前259～前210年），嬴姓，名政，秦庄襄王之子，汉族。出生于赵国首都邯郸（今河北省邯郸市）。故为赵氏（先秦时期，姓氏并未统一，男子称氏，女子称姓，故秦始皇叫赵政），中国第一个封建王朝——秦王朝的始皇帝。后人称之为"千古一帝"。

公元前247年，秦王政13岁时即王位，因年幼朝政由太后和相邦吕不韦及嫪毐掌管。公元前238年（秦王政九年），秦始皇22岁时，在故都雍城举行了成人加冕仪式，正式登基，"亲理朝政"，除掉吕、嫪等人，重用李斯、尉缭，自公元前230年至前221年，先后灭韩、赵、魏、楚、燕、齐六国，完成了统一中国的大业，建立起第一个以早期汉族为主体的强大秦汉多民族统一的封建大帝国——秦朝。定都咸阳。他终于建立了中国历史上第一个统一的、多民族的、专制主义中央集权制国家——秦帝国，也是中国封建制王朝的开始。

秦始皇即位后采取了多项加强中央集权措施：

秦王政自认为自己的功劳胜过之前的三皇五帝，将大臣议定的尊号改为"皇帝"。

秦朝一方面创设了皇帝制度，同时在中央设立三公九卿制，在地方推广郡县制；另一方面，又采取了一系列巩固中央集权的措施，如：统一文字、度量衡及货币，销毁兵器，决通川防，广修驰道以及"焚书坑儒"等等。随着进一步北征匈奴、南服百越等措施的实行，统一的多民族的封建独裁国家形成。另一方面，秦朝的统治极其残暴，无休止的兵役、徭役以及暴虐的刑罚，

给人民带来了巨大的灾难和痛苦。特别是到秦二世当政时期，其统治更加黑暗。于是，陈胜、吴广领导的农民大起义终于将秦朝推向灭亡之路。

秦朝立的中央集权制度在中国历史上的影响是极其深远的，它是中国历史上一次重要的转折点，它结束了"百家争鸣"的春秋战国，以高压政治和残酷的刑法为主实行集权制度，从此将中华民族带入了两千多年血与泪的黑暗中。

四面楚歌——项羽

项羽（前232～前202）姓项，名籍，字羽，古代中国著名将领及政治人物，汉族，下相（今江苏省宿迁市宿城区）人。项羽是秦末农民战争中的杰出人物。

陈胜、吴广在大泽乡起义。后来陈胜被叛徒庄贾杀死，张楚政权四分五裂。在这个紧要关头，项梁在薛县（今山东滕县南）召开各路义军首领会议，商量要公推一个义军的首领。这时候，项梁接受范增的计策，派人四处寻访楚怀王的后代，找到楚怀王一个叫熊心的孙子，这时他才13岁，正替人家当放羊娃。于是项梁带领大家把熊心立为楚王，为了顺应楚人怀念故国的心情，仍称他做"楚怀王"。这个消息传开以后，果然又有很多人赶来参加项梁的队伍。

项梁把楚怀王安置在盱眙，自己带兵继续西进。先在东阿打败章邯，又在濮阳大破秦军，不久攻占了定陶。同时也恢复了原来国家的名称，秦朝的统治眼看就要崩溃。秦将章邯见形势危急，赶快请秦朝政府增派援军，乘

着项梁得胜后骄傲自满，偷袭定陶，杀死了项梁。项梁一死，起义军的队伍受到很大损失，原来增援北上的项羽和刘邦只好撤退到彭城一带。

秦将章邯击破了项梁的楚军主力之后，带领大军北渡黄河，攻打当时自称赵王的赵歇。赵军被围困得顶不住了，赶紧派人四处求救。楚怀王接到赵王求援的书信，派宋义为上将军，叫他带着次将项羽、末将范增北上救赵。宋义却是、个胆小怕事、自私自利的小人，他根本就不想到城下和秦军拼命。当他走到安阳时，按兵不动。项羽见此愤恨无比，冲进宋义军帐，一剑斩下他的脑袋。将士们听说杀了宋义，都立刻表示愿意服从项羽的指挥，并拥立项羽代理上将军一职。项羽担任了援赵大军的主帅，下令士兵每人带足三天的口粮，然后又下令砸碎全部行军做饭的锅。将士们都愣了，项羽说："没有锅，我们可以轻装前去，立即挽救危在旦夕的赵国！—至于吃饭嘛，让我们到章邯军营中取锅做饭吧。"大军渡过了漳河，项羽又命令士兵把渡船全部砸沉，同时烧掉所有的行军帐篷。战士们一看退路没了，这场仗如果打不赢，就谁也活不成了。

项羽指挥楚军包围了王离的军队，同秦军展开了9次激烈的战斗，渡河的楚军无不以一当十，以十当百，个个如下山猛虎，个个都奋勇拼杀。经过多次交锋，楚军终于以少胜多，把秦军打得大败，杀死了秦将苏角，俘虏了王离，章邯带着残兵败将急忙后退。

巨鹿大战之后，项羽获得了诸侯们的一致崇拜拥护，成为楚怀王的上将军，从此，他成为反秦运动的实际领导者。

走到函谷关时，关上的兵卒已不是秦军，而是刘邦的军队，项羽这才明白，在他和章邯相持数月的时候，留守砀山的刘邦，已经兼程向西，由南阳进入武关，占领咸阳，接受了秦王子婴的投降，比他领先了一步。

秦王朝既然已经灭亡，项羽就没有入关的必要，因为占据关内的是同属于楚怀王旗帜下的刘邦。但是为了争夺支配全国的大权。由此，开始了刘邦、项羽长达四年的楚汉争霸。

开始阶段，以力量对比来说，项羽的军队拥有四十万人，刘邦只有十万人，项羽想要消灭刘邦是很容易时事。项羽设下"鸿门宴"，刘邦"鸿门宴"逃脱。

公元前202年，刘邦追项羽至垓下。项羽只剩下八百余人，四面楚歌声中，项羽与宠姬虞姬诀别，突围南走。

项羽带了这二十六骑，又继续向东南奔逃，来到长江江岸的和县东北的乌江镇渡口。乌江亭长将船靠在岸边，对项羽说："江东虽小，但地方千里，数十万人之众，也足以称王。望大王赶紧渡江。现在只有我有船，汉军追至，无船可渡。"项羽笑道："天亡我，我渡江做什么？而且我与江东子弟八千人渡江西进，如今无一人生还，纵然江东父兄可怜我而仍以我为王，我有何面目见他们。"遂将所乘马送给亭长，让从骑都下马步行，手持短武器与汉军交战。项羽手杀汉军数百人，自己也负伤十余处。他知道大势已去，仰望苍天，大吼一声，挥剑自刎。

历时四年的楚汉战争以刘邦取得胜利最后即皇帝位而结束，而项羽最后成了一个悲剧人物留在了中国人的心里。

大一统皇帝——汉武帝

汉武帝刘彻（公元前157年7月14日～公元前87年3月29日），字通，汉朝第7位皇帝，中国古代伟大的政治家、战略家、

汉民族的杰出君主。汉族。汉武帝是汉景帝刘启的第十个儿子，其母是皇后王娡。公元前157年生于长安，公元前87年崩于五柞宫，享年70岁。汉武帝4岁时被册立为胶东王，7岁时被册立为太子，16岁登基，在位五十四年（公元前141年～公元前87年），建立了西汉王朝最辉煌的功业。曾用年号：建元、元光、元朔、元狩、元鼎、元封、太初、天汉、太始、征和、后元。谥号"孝武"，后葬于茂陵。

汉武帝即位之初，一方面政治形势比较稳定，国家经济状况也相当好，另一方面诸侯王国的分裂因素依然存在，潜在威胁还不小。所以，他在继续推行景帝时各项政策的同时，采取了一系列强化专制主义中央集权的措施。

政治方面，首先颁行"推恩令"，使诸侯王多分封子弟为侯，使王国封

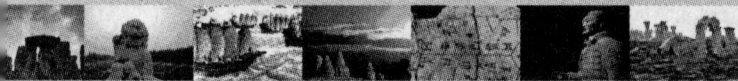

地被分割，以进一步削弱诸侯王国势力，潜移默化地消除了威胁；其次建立中朝削弱相权，巩固了皇权的神圣地位；再设置十三部刺史，加强了对地方的控制。汉武帝还变古创制，包括收相权、设刺史、立平准均输等重大改革与创制，建立了一套系统完整而且体现着法家之"以法治国，不避亲贵"的政治制度。这种法制传统，成为此后二千年间中华帝国制度的基本范式。

军事方面，主要是集中兵权，充实了中央的军事力量；改革兵制。

经济方面，整顿财政，颁布"算缗"、"告缗"令，征收商人资产税，打击富商大贾；又采取桑弘羊建议，将冶铁、煮盐收归官营，禁止郡国铸钱；设置平准官、均输官，由官府经营运输和贸易，大大增强了国家经济实力。同时兴修水利，移民西北屯田，实行"代田法"，有利于农业生产的发展。在经济方面还有一条重要的举措，就是将当时的货币进行统一。

思想方面，采纳董仲舒的建议，罢黜百家，独尊儒术，使儒学成为了中国社会的统治思想，对后世中国政治、社会、文化产生了深远的影响。

人事方面：汉武帝也非常注重人才的开发，他确立了察举制度，是中国有系统选拔人才制度之滥觞，对后世影响很大。

汉武帝也是第一个用"罪己诏"进行自我批评的皇帝。

征和四年（前89），汉武帝向天下人昭告：自己给百姓造成了痛苦，从此不再穷兵黩武、劳民伤财，甚至表白内心悔意。这就是《轮台罪己诏》。这份诏书，是中国历史上第一份帝王罪己诏。敢于罪己，置自己过失于天下舆论中心，汉武帝无疑是第一人！至此，后代皇帝犯了大错，也会下"罪己诏"，公开认错，展示明君姿态。当然，封建执政者的"罪己"往往有收买人心之嫌，但总有一定的积极作用。汉武帝首开"罪己"先河，错而能改、爱憎分明。从中，我们似乎可以一窥这位大汉霸主复杂的内心世界。

笔者眼中的刘彻：一个铁血的王者，一个暴戾的莽者，一个理智的智者，一个自遣的悔者。

总之，他统治期间是西汉王朝的鼎盛时期，也是封建制度下中华民族大繁荣大发展的时期。在前几代皇帝取得的成就的基础上，汉武帝刘彻凭借自己的雄才伟略在政治、经济、军事、文化等方面采取了一系列措施，改革了一些制度，加强了封建专制主义中央集权国家的统治。

西域使者——张骞

张骞（约公元前164～前114年），汉族，字子文，汉中郡城固（今陕西省城固县）人，中国汉代卓越的探险家、旅行家与外交家，对丝绸之路的开拓有重大的贡献。

汉武帝除了在正面战场上和匈奴展开激战之外，还在外交上对匈奴人采取了攻势，希望寻找些盟友，夹攻匈奴，这样可以使匈奴人左右难顾，以便从根本上削弱匈奴人的实力。为了这个目标，汉武帝先后派遣张骞出使西域。

张骞出了陇西，他们一行人进入了匈奴的境内。因为这时候尽管汉匈之间正在和亲，但关系仍很紧张。况且这次出使又没有通知匈奴方面，所以张骞领着这些人急速地向西前进，

在途中张骞他们全都成了匈奴兵的俘虏，被送给了匈奴单于处理。当时由于汉匈之间和亲关系还在维持，所以匈奴单于也就没有杀掉汉使团成员。单于把张骞和他的手下扣留下来，不让他们实现与月氏的联盟。为了拴住张骞，单于特地赏赐给他一个匈奴女子为妻。过了六个年头，匈奴妻子为张骞生了一个儿子和一个女儿。而这时候，汉匈之间关系却发生了重大转折，汉武帝开始了对匈奴的反击战争，汉匈之间的关系正式破裂，相互兵戈相见，

开始了汉匈之间的战争时期。这时候的张骞对外界情况略有所知，他心中颇为紧张。而匈奴人一心关心边境战争，也无人顾及张骞，只是加强了对他的监视。单于看到张骞已经成家生子，也就没有杀掉他。

张骞又眼巴巴地等了几年，终于逃跑到了大月氏。但是大月氏被匈奴攻破以后，大部分月氏人向西迁移，大月氏国早都没有和匈奴人作战的想法了。

张骞在月氏国活动了一年，也没有结果，知道联合大月氏夹击匈奴的计划已经完全不行了。他拜见了大月氏王，提出了回国的请求，大月氏王也没有挽留。

张骞一行踏上归程。返回汉朝还要从匈奴国中经过。张骞等人害怕再次被匈奴抓住，就从南道绕道回国。

正当张骞等人快到羌族部落时，却又遇到了四处掠劫的匈奴兵，又成了匈奴人的阶下囚。过了一年多时间，匈奴国中大乱，趁着这般乱劲，张骞领着匈奴妻子和堂邑父从匈奴国中逃了出来，吃尽千辛万苦，终于回到汉朝。

汉武帝热烈欢迎张骞和堂邑父的归来。汉武帝饶有兴趣地听张骞谈论大宛、康居、等地的情况，以及张骞所说的有关安息、条支、身毒等国的趣闻。汉武帝大开眼界，这才知道，在汉朝以外，除了周围的蛮夷世界，还有那么多文明的种族和充满异国情调的国家。张骞这次出使西域，虽然没有达到联络大月氏的目的，但使汉武帝第一次了解了西域的许多地理、风俗、物产、政治和军事情况，这也是一个了不起的收获。由于张骞等人立下大功，汉武帝封张骞为太中大夫，封堂邑父为奉使君，以表彰他们出使西域和勇于探险的精神。

汉武帝打败匈奴后，看到去西域的道路已经打通，而且听说西域小国都有与汉通好的愿望就准备派张骞第二次出使西域。

张骞第二次出使西域后，他带着乌孙的使者和几十个随从的人来见汉武帝。汉武帝一看外族的使者为大汉的气势所慑服，心中已经很是得意。他看到张骞手下牵上来的乌孙赠送的几十匹高头大马，更是欢喜异常。因为汉武帝一生酷爱良马，所以这一次分外称心。他吩呼手下重赏乌孙的使者，让他们到各处走走。

张骞的两次通西域，虽然没有达到预期的目的，但是打通了中西之间的交通线路，促进了东西文化的交流，在人类文明史上做出了重大的贡献。

造纸大家——蔡伦

蔡伦（62～121年），桂阳人。关于造纸术的起源，过去多沿用历史学家范晔在《后汉书·蔡伦传》中的说法，认为纸是东汉时代宦官蔡伦于汉和帝元兴元年（公元105年）发明的。

蔡伦东汉明帝十八年（公元75年）入宫当宦官。和帝即位提升为中常侍，永元九年（公元97年）兼少府尚方令。尚方是皇家的手工场，专门监督制造各种御用器物。那时，造纸术虽然已经发明，纸张可能只在民间流传。由于质量问题，纸张也难登大雅之堂，不少文人雅士并不看好纸张。蔡伦看到了纸张取代简帛的前景，利用尚方的有利条件，改革造纸技术，制造了一批质地精良的纸。

蔡伦认真总结了前人的经验，他认为扩大造纸原料的来源，改进造纸技术，提高纸张质量，就可以使纸张为大家接受。蔡伦首先使用树皮造纸，树皮是比麻类丰富得多的原料，这可以使纸的产量大幅度的提高。树皮中所含的木素、果胶、蛋白质远比麻类高，因此树皮的脱胶、制浆要比麻类难度大。这就促使蔡伦改进造纸的技术。西汉时利用石灰水制浆，东汉时改用草木灰水制浆，草木灰水有较大的碱性，有利于提高纸浆的质量。元兴元年（公元105年）蔡伦把他在尚制造出来的一批优质纸张献给汉和帝刘肇，汉和帝很称赞他的才能，马上通令天下采用。这样，蔡伦的造纸方法很快传遍各地。公元114年蔡伦被封为"龙亭侯"，民间便把他制作的那种纸称为"蔡侯纸"。

"汉代造纸工艺流程图"形象地再现了两汉时期的造纸术，将麻头、破布等原料经水浸、切碎、洗涤、蒸煮、漂洗、舂捣、加水配成悬浮的浆液、捞取纸浆、干燥后即成为纸张。

汉安帝时，宦官和外戚轮流执政，相互倾轧。蔡伦难于应付这种政治斗争，于公元121年服毒自杀。

造纸术的发明是中国古代最伟大的发明之一，也是人类文明史上一项杰出的成就。纸的出现是人类文明的基础，它作为一种新的信息载体在中国率先出现，使中国汉代的文明勃兴超过了其他的文明。

医圣——张仲景

张仲景，名机，字仲景，东汉末年著名医学家被人称为医圣。南阳郡涅阳。生于东汉桓帝元嘉、永兴年间，（约公元150～154年），死于建安末年（约公元215～219年）活了七十岁左右。相传曾举孝廉，做过长沙太守，所以有张长沙之称。

张仲景从小嗜好医学。当他十岁时，就已读了许多书，特别是有关医学的书。后来，张仲景果真成了良医，被人称为"医中之圣，方中之祖。"这固然和他"用思精"有关，但主要是他热爱医药专业，善于"勤求古训，博采众方"的结果。

张仲景刻苦学习《内经》，广泛收集医方，写出了传世巨著《伤寒杂病论》。它确立的辨证论治的原则，是中医临床的基本原则，是中医的灵魂所在。在方剂学方面，《伤寒杂病论》也做出了巨大贡献，创造了很多剂型，记载了大量有效的方剂。其所确立的六经辨证的治疗原则，受到历代医学家的推崇。

《伤寒杂病论》著述风格朴实简练，毫无浮辞空论，对后世中医著作影响甚大。他诊病和学习时遇到一丝一毫的疑问，即"考校以求验"，绝不放过，一定要弄清楚是怎么回事。这是中国第一部从

理论到实践、确立辨证论治法则的医学专著，是中国医学史上影响最大的著作之一，是后学者研习中医必备的经典著作，广泛受到医学生和临床大夫的重视。

张仲景还为后人树立了淳朴无华、勤恳踏实的学风。张仲景还是一位具有朴素唯物主义思想和无神论思想的医学家。在东汉后期，他敢于挺身而出，反对为当时统治者所鼓励和提倡的谶纬迷信，反对巫祝。他继承了王充的"人死血脉竭，竭而精气灭，灭而形体朽，朽而成灰土"的无神论观点，提出了"厥身已毙，神明消灭，变为异物，幽潜重泉"的无神论思想。他反对用鬼神迷信来解释疾病。他从朴素唯物主义的观点出发，提出致病的原因，

张仲景的医学理论对中国古代医学的发展和人民的健康做出了巨大的贡献，而且对东南亚各国的影响也很大。后人研究他的医理，敬仰他的医术和医德，称他为"医圣"。在河南省南阳还为他修建了"医圣祠"。解放后，翻修了"医圣祠"，并修建了"张仲景纪念馆"，以纪念这位奠定中国中医治疗学基础的医学家。

中国外科第一人——华佗

华佗（约145～208）东汉末医学家，汉族。字元化，一名旉，沛国谯人。

华佗行医，并无师传，主要是精研前代医学典籍，在实践中不断钻研、进取。华佗精于医药的研究。《后汉书·华佗传》说他"兼通数经，晓养性之术"，尤其"精于方药"。人们称他为"神医"。

华佗高明之处，就是能批判地继承前人的学术成果，在总结前人经验的基础

上，创立新的学说。

华佗循着前人开辟的途径，脚踏实地开创新的天地。东汉华佗则深入民间，足迹遍于中原大地和江淮平原，在内、外、妇、儿各科的临证诊治中，曾创造了许多医学奇迹，尤其以创麻沸散（临床麻醉药）、行剖腹术闻名于世。他的外科手术，得到历代的推崇。他首创用全身麻醉法施行外科手术，被后世尊之为"外科鼻祖"。他不但精通方药，而且在针术和灸法上的造诣也十分令人钦佩。

如果有病邪郁结在体内，针药都不能直接达到，他就采用外科手术的方法祛除病患。他所使用的"麻沸散"是世界史最早的麻醉剂。华佗采用酒服"麻沸散"施行腹部手术，开创了全身麻醉手术的先例。这种全身麻醉手术，在我国医学史上是空前的，在世界医学史上也是罕见的创举。

在医疗体育方面也有着重要贡献，创立了著名的五禽戏。舒展筋骨，畅通经脉。五禽，分别为虎、鹿、熊、猿、鸟，常做五禽戏可以使手足灵活，血脉通畅，还能防病祛病。五禽戏是一套使全身肌肉和关节都能得到舒展的医疗体操。五禽戏的动作是模仿虎的扑动前肢、鹿的伸转头颈、熊的伏倒站起、猿的脚尖纵跳、鸟的展翅飞翔等。

华佗是我国医学史上为数不多的杰出外科医生之一，他善用麻醉、针、灸等方法，并擅长开胸破腹的外科手术。外科手术的方法并非建立在"尊儒"的文化基础上的中医学的主流治法，在儒家的"身体发肤，受之父母"的主张之下，外科手术在中医学当中并没有大规模的发展起来。随着时间的推移和中医学在理论和实践方法上的不断进步，大部分的疾病都可以通过针灸、药物等治疗方法达到治愈的效果，而这些痛苦大、损伤重、伤经断络的外科方法就渐渐被更加"文明"和"简便"的内治法取代了。在这种条件下，中医学同样得到了长足的发展，

许多其它医学不得不承认它超越的科学性和其理论的精妙深远。

忍辱负重著书人——司马迁

司马迁（前145～前87年后），字子长，我国西汉伟大的史学家、思想家、文学家，西汉夏阳人。

其父司马谈为太史令。早年司马迁在故乡过着贫苦的生活。建元六年，窦太后死后，汉武帝罢绌黄老、刑名、百家之言，重新发动尊儒，这便是有名的"罢黜百家，独尊儒术"。汉武帝元朔二年，司马迁从夏阳迁居长安，后随家迁于京城。

元封三年（前108年），司马迁三十八岁时，正式做了太史令，有机会阅览汉朝宫廷所藏的一切图书、档案以及各种史料的机会。

天汉二年（前99年），李广的孙子李陵当时担任骑都尉，带着五千名步兵跟匈奴作战。单于亲自率领三万骑兵把李陵的步兵团团围困住。尽管李陵的箭法十分好，兵士也十分勇敢，五千步兵杀了五六千名匈奴骑兵。单于调拨更多的兵力，然而仍然无力与李陵相抗衡。就在单于准备退军之时，李陵手下有一名士兵叛变，将李陵内部军情告发。告诉单于李陵后面没救兵，而且教单于部下制作连发连射的弓箭。单于于是继续与李陵作战。最后李陵寡不敌众，只剩了四百多汉兵突围出来。李陵被匈奴逮住，投降了。

大臣们都谴责李陵不该贪生怕死，向匈奴投降。汉武帝问太史令司马迁，听听他的意见。

司马迁说："李陵带去的步兵不满五千，他深入到敌人的腹地，打击了几万敌人。他虽然打了败仗，可是杀了这么多的敌人，也可以向天下人交代了。李陵不肯马上去死，准有他的主意。他一定还想将功赎罪来报答皇上。"

汉武帝听了，认为司马迁这样为李陵辩护，勃然大怒认为他替投降敌人的人强辩，他就把司马迁下了监狱，交给廷尉审问。司马迁被关进监狱以后，司马迁忍受了各种肉体和精神上的残酷折磨。不久，有传闻说李陵曾带

匈奴兵攻打汉朝。汉武帝信以为真，便草率地处死了李陵的母亲、妻子和儿子。司马迁也因此事被判了死刑。第二年汉武帝杀了李陵全家，处司马迁以宫刑。腐刑是个大辱，污及先人，见笑亲友。

司马迁在狱中，又备受凌辱，他本想一死，但想到自己多年搜集资料，说："人固有一死，或重于泰山，或轻于鸿毛。"。要写部有关历史书的夙愿，因此为了完成《史记》的写作，忍辱负重，苟且偷生，希图出现一线转机。

太始元年（前96年）汉武帝改元大赦天下。这时司马迁五十岁，出狱后当了中书令，在别人看来，也许是"尊宠任职"，但是，他还是专心致志写他的《史记》一书。公元前90年，司马迁逝世，终年56岁。对于司马迁的死因，因史料无明确记载，至今仍为未解之谜。

《史记》是中国第一部纪传体通史，司马迁撰。全书包括十二"本纪"，三十"世家"，七十"列传"，十"表"，八"书"，共五个部分，一百三十篇约五十二万六千多字。记述了从传说中的黄帝至汉武帝三千多年的历史。司马迁以其"究天人之际，通古今之变，成一家之言"的史识，使《史记》成为中国历史上第一部纪传体通史，对后世的影响极为巨大，被鲁迅誉为"史家之绝唱，无韵之离骚"。

后世对司马迁的评价极高，有"西汉文章两司马，南阳经济一卧龙"的说法，齐名于西汉的大文豪家司马相如、三国时期最璀璨的人物诸葛亮。

数学家——祖冲之

祖冲之（429年～500年），字文远。南北朝时期著名数学家、天文学家和机械制造家。

祖冲之公元429年生于建康（今江苏南京）。祖家历代都对天文历法素有研究，祖冲之从小就有机会接触天文、数学知识。

在青年时代祖冲之就博得了博学多才的名声，宋孝武帝听说后，派他到"华林学省"做研究工作。公元461年，他在南徐州（今江苏镇江）刺史府里从事，先后任南徐州从事史、公府参军。公元464年他调至娄县（今江苏昆山东北）任县令。在此期间他编制了《大明历》，在《大明历》中，他首次引用了岁差，是我国历法史上的一次重大改革。他还采用了391年中设置144个闰月的新闰周，比古代发明的19年7闰的闰周更加精密。祖冲之推算的回归年和交点月天数都与观测值非常接近。

在数学上，祖冲之推算出圆周率的真值应该介于3.1415926和3.1415927之间，比欧洲要早一千多年。在机械制造上，曾制造了铜铸指南车、利用水力舂米磨面的水推磨、能日行百里的千里船和计时仪器漏壶、欹器等。宋朝末年，祖冲之回到建康任谒者仆射，此后直到宋灭亡一段时间后，他花了较大精力来研究机械制造。公元494年到498年之间，他在南齐朝廷担任长水校尉一职，受四品俸禄。鉴于当时战火连绵，他写有《安边论》一文，建议朝廷开垦荒地，发展农业，安定民生，巩固国防。公元500年祖冲之在他72岁时去世。

求算圆周率的值是数学中一个非常重要也是非常困难的研究课题。中国古代许多数学家都致力于圆周率的计算，而公元5世纪祖冲之所取得的成就可以说是圆周率计算的一个跃进。祖冲之经过刻苦钻研，继承和发展了前辈科学家的优秀成果。他对于圆周率的研究，就是他对于我国乃至世界的一个突出贡献。祖冲之对圆周率数值的精确推算值，用他的名字被命名为"祖冲之圆周率"，简称"祖率"。

这一光辉成就，也充分反映了我国古代数学高度发展的水平。祖冲之，不仅受到中国人民的敬仰，同时也受到世界各国科学界人士的推崇。1960年，苏联科学家们在研究了月球背面的照片以后，用世界上一些最有贡献的

科学家的名字，来命名那上面的山谷，其中有一座环形山被命名为"祖冲之
环形山"。

书圣——王羲之

王羲之（303～361年），汉族，字逸少，号澹斋原籍琅琊临沂（今属山
东），后迁居山阴（今江绍兴），官至右军将军，会稽内史，是东晋伟大
的书法家，被后人尊为"书圣"。

王羲之七岁那年，拜女书法家卫铄为师学习书法。王羲之临摹卫书一直
到十二岁，虽已不错，但自己却总是觉得不满意。为了练好书法，他每到一
个地方，总是跋山涉水四下钤拓历代碑刻，积累了大量的书法资料。他在书
房内，院子里，大门边甚至厕所的外面，都摆着凳子，安放好笔，墨，纸，
砚，每想到一个结构好的字，就马上写到纸上。他在练字时，又凝眉苦思，
以至废寝忘食。

他以天才艺术家的勇气和博大胸怀，"兼撮众法，备成一家"，博采秦
汉以来篆、隶、楷、行、草等诸体之长，融于自己的书体之中。详察古今，
精研书理，"总百家之功，极众体
之妙"，成功地把楷书和草书结合
起来，把书法的实用性和艺术性结
合起来，创新了刚劲中正，妍美流
变的新书体，达到了书法美的极
限。王羲之的楷书虽多为小楷，但
放大数倍，结构不散，神采不变，
可见下笔准确、稳健，达到了"非
以目使，而以神运"的境界。

他的作品《兰亭序》，号称
"天下第一行书"，千百年来倾倒
了无数习书者。王羲之亦因此被

青少年应该知道的历史知识

后人尊称为"书圣"。宋代姜夔酷爱《兰亭序》，日日研习，常将所悟所得跋其上。有一跋云："廿余年习《兰亭》皆无入处，今夕灯下观之，颇有所悟。"历时二十多年才稍知入门，可见释读之难：一千六百多年来无数书法家都孜孜不倦地释读过，何尝不想深入羲之的堂奥，但最终只能得其一体而已。因此，《兰亭序》可以说是由杰出的书法智慧所营造成的迷宫。

王羲之的书法影响到他的后代子孙。其子玄之，善草书；凝之，工草隶；徽之，善正草书；操之，善正行书；焕之，善行草书；献之，则称"小圣"。黄伯思《东观徐论》云："王氏凝、操、徽、焕之四子书，与子敬书俱传，皆得家范，而体各不同。凝之得其韵，操之得其体，徽之得其势，焕之得其貌，献之得其源。"其后子孙绵延，王氏一门书法传递不息。武则天尝求王羲之书，王羲之的九世重孙王方庆将家藏十一代祖至曾祖二十八人书迹十卷进呈，编为《万岁通天帖》。南朝齐王僧虔、王慈、王志都是王门之后，有法书录入。释智永为羲之七世孙，妙传家法，为隋唐书学名家。

王羲之书法影响了一代又一代的书苑。王羲之书圣地位的确立，有其演变过程。南朝宋泰始年间的书家虞和在《论书表》中说："泊乎汉、魏，钟（繇）、张（芝）擅美，晋末二王称英。"右军书名盖世于当时，而宋齐之间书学地位最高者则推王献之。献之从父学书，天资极高，敏于革新，转师张芝，而创上下相连的草书，媚妍甚至超过其父，穷微入圣，与其父同称

"二王"。南朝梁陶弘景《与梁武帝论书启》云："比世皆尚子敬书"，"海内非惟不复知有元常，于逸少亦然"。改变这种状况的是由于梁武帝萧衍推崇王羲之。他把当时的书学位次由"王献之——王羲之——钟繇"转变为"钟繇——王羲之——王献之"，在《观钟繇书法十二意》中，萧衍云："子敬之不迨逸少，犹逸少之不迨元常。""不迨"，或作"不逮"，不及之意。萧衍的地位使他的品评有特殊的感召力，因而舆论遂定。

历史上第一次学王羲之高潮在南朝梁，第二次则在唐。唐太宗极度推尊王羲之，不仅广为收罗王书，且亲自为《晋书·王羲之传》撰赞辞，评钟繇则"论其尽善，或有所疑"，论献之则贬其"翰墨之病"，论其他书家如子云、王濛、徐偃辈皆谓"誉过其实"。通过比较，唐太宗认为右军"尽善尽美"，"心慕手追，此人而已，其余区区之类，何足论哉"！从此王羲之在书学史上至高无上的地位被确立并巩固下来。宋、元、明、清诸朝学书人，无不尊晋宗"二王"。唐代欧阳询、虞世南、褚遂良、薛稷和颜真卿、柳公权，五代杨凝式，宋代苏轼、黄庭坚、米芾、蔡襄，元代赵孟頫，明代董其昌，历代书学名家无不皈依王羲之。清代虽以碑学打破帖学的范围，但王羲之的书圣地位仍未动摇。"书圣"、"墨皇"虽有"圣化"之嫌，但世代名家、巨子，通过比较、揣摩，无不心悦诚服，推崇备至。

中国书史上虽推崇王羲之为"书圣"，但并不把他看作一尊凝固的圣像，而只是看作中华文化中书艺创造的"尽善尽美"的象征。事物永远是发展的、前进的，王羲之在他那一时代到达"尽善尽美"的顶峰，这一"圣像"必将召唤后来者在各自的时代去登攀新的书艺顶峰。

盛世帝王——唐玄宗

唐玄宗（公元685～762年），姓李，名隆基，因为谥号突出一个"明"字，又称唐明皇，唐睿宗李旦的第三个儿子。

李隆基出生的时候正是武则天主政要做女皇的时候，所以他小时候就经历了错综复杂的宫廷变故，这也许促使他形成了意志坚定的性格。

青少年应该知道的历史知识

在奶奶武则天死后，中宗懦弱无能，结果朝政大权落到了韦皇后和安乐公主之手。在公元710年，中宗终于死于韦皇后和安乐公主之手，被她们合谋毒杀。然后，韦皇后便想学习婆婆武则天，做第二个女皇。

没有等韦皇后动手，一直静观时变的李隆基和姑姑太平公主便抢先发动了兵变，率领御林军万余人攻占了皇宫，把韦皇后一派全部消灭。然后，由睿宗李旦重新即位，李隆基也因功被立为太子。

到公元712年，睿宗厌烦了做皇帝的生活，把帝位让给了儿子李隆基，但是仍然掌握了朝政大权：朝廷三品以上官员的任免权和军政大事的决定权。睿宗的让位加剧了李隆基和太平公主的矛盾。双方都在积蓄力量，准备除掉对方。

在公元713年的七月三日，唐玄宗李隆基果断地先下了手，亲自率领兵马除掉了太平公主和她的手下骨干几十人，将倾向太平公主的官员全部罢官废黜。唐玄宗终于掌握了皇帝应有的权力。当年，唐玄宗把年号改为开元，表明了自己励精图治，再创唐朝伟业的决心。

唐玄宗虽然在清除太平公主之后，彻底巩固了皇权，但当时的形势不容乐观，吏治的混乱、腐败亟待治理。所以，唐玄宗表示要量才任官，提拔贤能人做宰相。在这方面唐玄宗还是有伯乐眼光的。如著名的宰相姚崇、宋璟、张九龄都是唐玄宗时期的宰相，著名大臣。唐玄宗知人善任，赏罚分明，办事干练果断，这是他能开创开元盛世的主要原因。

为了重新统一北方，唐玄宗采取了很多措施，为收复北方领土做准备。唐朝逐步把营州等地收复，长城以北的回纥等族也自动取消了独立割据的称号，重新归附唐朝。安北都护府也恢复了，唐朝重新行使对长城以北土地的管辖权。

唐玄宗的一系列有效措施使唐朝的政治、经济、文化都得到新的发展，超过了他的先祖唐太宗，开创了中国历史上强盛繁荣、流芳百世的"开元盛世"。

开创了盛世之后，唐玄宗逐渐开始满足了，沉溺于享乐之中。没有了先前的励精图治精神。正直的宰相张九龄等人先后被罢官，小人李林甫爬上了相位。李林甫病死后，又是杨国忠掌权，致使政治更加黑暗。

唐玄宗封杨妃为贵妃，这就是历史上有名的杨贵妃。贵妃的地位仅次于皇后。

有了杨贵妃，唐玄宗的奢侈之风越来越盛，大臣、贵族、宗室为了巴结皇帝，投贵妃所好，结果让她高兴的人都升了官，这又刺激更多的官僚贵族巴结逢迎，争献美味佳肴、珍异珠宝。

在妹妹的关系影响下，哥哥杨国忠也平步青云。在杨国忠的专权下，整个唐朝开始混乱起来。

玄宗对于唐朝的危机丝毫没有察觉，反而向外发动了一系列的战争。政治腐败与黑暗，影响了将领的贪功求官的欲望。为了挑起战争，并在战争中立功受赏，加官进爵，边镇的很多将领肆意挑衅，使得边境战乱不断，玄宗的好战对此又是火上加油。初期的边境安定局面又被打破了，最终导致了安史之乱。

安禄山发动叛乱之后，直逼长安。唐玄宗于天宝十五载六月急忙率从官及杨贵妃等离长安西逃。行至马嵬驿（今陕西兴平西），禁军哗变，杀杨国忠，玄宗被逼缢杀杨贵妃，军情始定。从安史之乱开始，唐朝逐渐衰落下去。

此后，太子李亨率一部分禁军北趋灵武，七月即位，改元至德，是为肃宗。李隆基率另一部分禁军南逃成都，后被尊为上皇天帝。至德二载，玄宗由成都还长安，居兴庆宫。宦官李辅国曾因劝肃宗即位之功而深受肃宗宠信，安史之乱平定后，他自以出自微贱，为玄宗左右所轻视，乃离间玄宗与肃宗的关系，迫使玄宗迁居太极宫甘露殿。玄宗晚年忧郁寡欢，去世后，葬于泰陵。

青少年应该知道的历史知识

大唐公主——文成公主

文成公主（625～680），唐朝宗室山东济宁李道宗（任城王）之女，汉族。她聪慧美丽，自幼受家庭熏陶，学习文化，知书达理，并信仰佛教。

松赞干布是藏族历史上的英雄，崛起于藏河（今雅鲁藏布江）中游的雅隆河谷地区。他统一藏区，成为藏族的赞普（"君长"之意），建立了吐蕃王朝。唐贞观十四年（640），他遣大相禄东赞至长安，献金五千两，珍玩数百，向唐朝请婚。太宗许嫁宗女文成公主。

贞观十五年（641年），文成公主在唐送亲使江夏王太宗族弟李道宗和吐蕃迎亲专使禄东赞的伴随下，出长安前往吐蕃。松赞干布在柏海（今青海玛多）亲自迎接，谒见李道宗，行子婿之礼。之后，携文成公主同返逻些（今拉萨）。文成公主在吐蕃生活了近40年，一直备受尊崇。

据《吐蕃王朝世袭明鉴》等书记载，文成公主进藏时，队伍非常庞大，唐太宗的陪嫁十分丰厚。有"释迦佛像，珍宝，金玉书橱，360卷经典，各种金玉饰物"。又给多种烹饪食物，各种花纹图案的锦缎垫被，卜筮经典300种，识别善恶的明鉴，营造与工技著作60种，100种治病药方，医学论著4种，诊断法5种，医疗器械6种。还携带各种谷物和芜菁种子等。

永徽元年（650年），松赞干布去世后，文成公主一直居住在西藏。她热爱藏族同胞，深受百姓爱戴。她曾设计和协助建造大昭寺和小昭寺。在她的影响下，汉族的碾磨、纺织、陶器、造纸、酿酒等工艺陆续传到吐蕃；她带来的诗文、农书、佛经、史书、医典、历法等典籍，促进了吐蕃经济、文化的发展，加强了汉藏人民的友好关系。她带来的金质释迦佛像，至今仍为藏族人民所崇拜。

松赞干布

永隆元年（680），文成公主逝世，吐蕃王朝为她举行隆重的葬礼，唐遣使臣赴吐蕃吊祭。至今拉萨仍保存藏人为纪念她而造的塑像，距今已一千三百多年历史。

青海省玉树县也建有文成公主庙。庙中央的文成公主坐像，端坐于狮子莲花座上，身高8米，形象生动，雕刻精细。这里一年四季香火不断，酥油灯昼夜长明，前来朝拜的藏汉群众络绎不绝。相传文成公主前往拉萨途中，曾在此地停留很长时间，受到当地藏族首领和群众的隆重欢迎，她深受感动，便决定多住些日子，并教给当地群众耕作、纺织技术。现文成公主庙已被列为国家级文物保护单位。

玄奘西游——玄奘

玄奘法师，唐代高僧。洛州缑氏县（河南偃师）人，俗姓陈，名祎。世称唐三藏，意谓其精于经、律、论三藏，熟知所有佛教圣典。为我国杰出之译经家，法相宗之创始人。

他生于隋代开皇二十年（600）。其兄先出家于洛阳净土寺，法号长捷。师自幼从兄诵习经典，亦娴儒道百家典籍。大业八年（612），洛阳度僧时，大卿理郑善果，见师年纪虽小，然对答出众，贤其器宇，破格以沙弥身分录入僧籍。师乃与兄共居净土寺，就慧景听涅槃经，从严法师受大乘论。至隋唐之际，天下大乱，师偕兄遍历陇、蜀、荆、赵诸地，参谒宿老，足迹及于半个中国。尝就道基、宝迁二师学摄论、毗昙，从震法师听发智论。于唐武德五年（622）受具足戒，又学律部。后复从道深受成实论，就道岳学俱舍论，听法常、僧辩讲摄大乘论。因慨叹众师所论不一，验之圣典亦隐显有异，莫可适从，乃誓游天竺，以问惑辨疑。

于贞观三年（629）西行，孤身涉险，历尽艰难，经秦凉高昌等地，抵天竺北境，即越过今之新疆省北路，经西土耳其斯坦、阿富汗而进入印度境内，沿途瞻礼圣迹，迤逦南行，至摩揭陀国。时为贞观五年，师三十岁，遂留学那烂陀寺，入戒贤论师门下，习瑜伽师地论等论，钻研诸部，凡经五年。其后，遍游五天竺，历谒名贤，叩询请益，寻求梵本。游学十二年，还那烂陀寺，依戒贤之命讲'摄大乘论'、'唯识抉择论'。

此即佛教史上著名之曲女城辩论大会。师受请为论主，称扬大乘，提出论文'真唯识量'颂，悬之于会场门外，经十八日，竟无人发论难之。戒日王益增崇重，十八国王并于会后归依为弟子。会毕，师决意辞归，戒日王坚留不成，遂再邀集十八国王于首都钵罗那迦城，开七十五日之无遮（布施）大会，为师隆重饯行。贞观十七年，师正式辞王东归。经由今之新疆省南路、于阗、楼兰而回国，往返共历十七年，行程五万里。于贞观十九年正月还抵长安，帝敕命梁国公房玄龄等文武百官盛大欢迎。

鉴真东渡——鉴真

鉴真（688～763）日文又称鉴真，中国唐朝僧人，律宗南山宗传人，日本佛教律宗开山祖师，著名医学家。日本人民称鉴真为"天平之甍"。

唐代律宗僧人。俗姓淳于；扬州江阳县（今江苏扬州）人。晚年受日僧礼请，东渡传律，履险犯难，双目失明，终抵奈良。在传播佛教与盛唐文化上，有很大的历史功绩。

他在14岁时被智满收为沙弥，配居大云寺。神龙元年（705），依道岸律师受菩萨戒。

天宝元年（742），日本僧人荣睿、普照受日本佛教界和政府的委托，延请他去日传戒，鉴真欣然应允，742年冬，鉴真及弟子21人，连同四名日本僧人，到扬州附近的东河既济寺造船，准备东渡。时日本僧手中持有宰相李林甫从兄李林宗的公函，因此地方官扬州仓曹李凑也加以援助。不料鉴真一位弟子道航与一名师弟如海开玩笑说："人皆高德行业肃清。如如海等少学可停却矣"，如海信以为真，大怒，便诬告鉴真一行造船是与海盗勾结，准备攻打扬州。当年海盗猖獗，淮南采访使班景倩闻讯大惊，派人拘禁了所有僧众，虽然很快放出，但是勒令日本僧人立刻回国，第一次东渡就此夭折。从当年开始至天宝七载，12年中，先后五次率众东渡，由于海上风浪、触礁、沉船、牺牲以及某些地方官员的阻挠而失败；尤其是第五次遭到恶风怒涛的袭击，在海上漂了14天，最后漂到海南岛的振州（今崖县）。返途经过端州时，日本弟子荣睿病故，鉴真哀恸悲切，加上炎热，突发眼疾，导致双目失明。但他东渡弘法之志弥坚，从未动摇。天宝十二载第六次东渡，终于到达了日本九州，次年二月至平城京（今奈良）。

鉴真到达日本后，受到孝谦天皇和圣武太上皇的隆重礼遇，754年2月1日，重臣藤原仲麻吕亲自在河内府迎接，2月4日，鉴真一行抵达奈良，同另一位本土华严宗高僧"少僧都"良辨统领日本佛教事务，封号"传灯大法师"。

鉴真弟子在该官邸草成一寺，淳仁

赐名"唐招提寺",鉴真从东大寺迁居至此。淳仁还下旨,令日本僧人在受戒之前必须前往唐招提寺学习,使得唐招提寺成为当时日本佛教徒的最高学府。763年5月6日,鉴真在唐招提寺圆寂,享年76岁,入灭之前,其弟子为鉴真膜影,立夹漆像,传世至今,弟子思托记述其六次东渡事迹、经日本著名文学家真人元开润色的《唐大和上东征传》,流传至今。

鉴真不仅为日本带去了佛经,还促进了中国文化向日本的流传。在佛教、医药、书法等方面,鉴真对于日本都有深远的影响。

诗仙——李白

李白(701年2月8日~762年12月),字太白,号青莲居士。汉族,我国唐代伟大的浪漫主义诗人,被后人尊称为"诗仙",与杜甫并称为"李杜"。其诗风格豪放飘逸洒脱,想象丰富,语言流转自然,音律和谐多变。他善于从民歌、神话中汲取营养素材,构成其特有的瑰丽绚烂的色彩,是屈原以来积极浪漫主义诗歌的新高峰。韩愈云:"李杜文章在,光焰万丈长。"。

李白祖籍陇西成纪,隋朝末年,因避乱先世迁徙到中亚细亚碎叶城,李白即诞生于此。他的一生,绝大部分在漫游中度过。

五岁时,其家迁入绵州昌隆县。20岁时只身出川,开始了广泛漫游,南到洞庭湘江,东至吴、越,寓居在安陆、应山(今湖北省广水市)。他到处游历,希望结交朋友,干谒社会名流,从而得到引荐,一举登上高位,去实现政治理想和抱负。可是,十年漫游,却一事无成。他又继续北上太原、长安(今

陕西西安），东到齐、鲁各地，并寓居山东任城（今山东济宁）。这时他已结交了不少名流，创作了大量优秀诗篇，诗名满天下。天宝初年，由道士吴筠推荐，唐玄宗召他进京，命他供奉翰林。不久，因权贵的谗言，于天宝三、四年间（公元744或745年），被排挤出京。此后，他在江、淮一带盘桓，思想极度烦闷。

乾元二年，李白应友人之邀，与被谪贬的贾至泛舟赏月于洞庭之上，发思古之幽情，赋诗抒怀。不久，又回到宣城、金陵旧游之地。差不多有两年的时间，他往来于两地之间，仍然依人为生。上元二年，已60出头的李白因病返回金陵。在金陵，他的生活相当窘迫，不得已只好投奔了在当涂做县令的族叔李阳冰。当时封建王朝复杂历史的背景下，李白又因才气为玄宗所赏识，后因不能见容于权贵，在京仅三年，就弃官而去，仍然继续他那飘荡四方的流浪生活。安史之乱发生的第二年，他感愤时艰，曾参加了永王李璘的幕府。不幸，永王与肃宗发生了争夺帝位的斗争，兵败之后，李白受牵累，流放夜郎（今贵州境内），途中遇赦。晚年漂泊东南一带，依当涂县令李阳冰，不久即病卒。

李白生活在唐代极盛时期，具有"济苍生"、"安黎元"的进步理想，毕生为实现这一理想而奋斗。他的大量诗篇，既反映了那个时代的繁荣气象，也揭露和批判了统治集团的荒淫和腐败，表现出蔑视权贵，反抗传统束缚，追求自由和理想的积极精神。在艺术上，他的诗想象新奇，构思奇特，感情强烈，意境奇伟瑰丽，语言清新明快，气势雄浑瑰丽，风格豪迈潇洒，形成豪放、超迈的艺术风格，达到了我国古代积极浪漫主义诗歌艺术的高峰。存诗近千首，有《李太白集》，是盛唐浪漫主义诗歌的代表人物。集诗人、神仙家、驴友、纵横家、游侠、剑客为一身的伟大天才。

李白的诗以抒情为主。屈原而后，他是第一个真正能够广泛地从当时民间文艺和秦、汉、魏以来的乐府民歌中吸取其丰富营养，集中提高而形成他独特风貌的。他具有超异寻常的艺术天才和磅礴雄伟的艺术力量。一切可惊可喜、令人兴奋、发人深思的现象，无不尽归笔底。杜甫有"笔落惊风雨，诗成泣鬼神"（《寄李十二白二十韵》）之评，是屈原之后我国最为杰出的浪漫主义诗人。

杜甫赞曰："白也诗无敌，飘然思不群；清新庾开府，俊逸鲍参军"。人称"诗仙"。

诗圣——杜甫

杜甫（712~770）唐代诗人。字子美。祖籍襄阳，生于河南巩县。是名诗人杜审言的孙子。因曾居长安城南少陵，在成都被严武荐为节度参谋，检校工部员外郎；后世称之为杜少陵杜工部。又称"诗圣"。

7岁学诗，15岁扬名。漫游时期玄宗开元十九年（731）至天宝四载（745），杜甫过着"裘马清狂"的浪漫生活。曾先后漫游吴越和齐赵一带。其间赴洛阳考进士失败。

天宝三载，在洛阳与李白结为挚友。次年秋分手，再未相会。杜甫此期诗作现存20余首，多是五律和五古，以《望岳》为代表。长安时期天宝五载至十四载，杜甫困守长安，穷困潦倒。他不断投献权贵，以求仕进。六载曾应试"制举"；十载献"大礼赋"三篇得玄宗赏识，命宰相试文章；但均无结果。直到十四载十月，安史之乱前一个月，才得到右卫率府胄曹参军之职。

仕途的失意沉沦和个人的饥寒交迫使他比较客观地认识到了统治者的腐败和人民的苦难，使他逐渐成为一个忧国忧民的诗人。创作发生了深刻、巨大的变化。产生了《兵车行》、《丽人行》、《前出塞》、《后出塞》、《自京赴奉先县咏怀五百字》这样的不朽名篇和"朱门酒肉臭，路有冻死骨"这样的警世之句。此期流传下来的诗大约100首，其中大都是五七言古体诗。流亡时期肃宗至德元载（756）至乾元二年（759），安史之乱最盛。杜甫也尽历艰危，但创作成就很大。

长安陷落后，他北上灵武投奔肃宗，但半路被俘，陷贼中近半年，后冒死从长安逃归凤翔肃宗行在，受左拾遗。不久因房案直谏忤旨，几近一死。长安收复后，回京任原职。760年5月，外贬华州司功参军，永别长安。此时

期的杜甫，对现实有了更清醒的认识，先后写出了《悲陈陶》、《春望》、《北征》、《羌村》、"三吏"、"三别"等传世名作。759年，关辅大饥，杜甫对政治感到失望，立秋后辞官，经秦州、同谷，于年底到达成都。此期流传下来诗歌200多首，大部分是杜诗中的杰作。

漂泊西南时期肃宗上元元年（760）至代宗大历五年（770）11年内，杜甫在蜀中八年，荆、湘三年。760年春，他在成都浣花溪畔建草堂，并断续住了五年。其间曾因乱流亡梓、阆二州。765年，严武去世，杜甫失去凭依，举家离开成都。因病滞留云安，次年暮春迁往夔州。768年出峡，辗转江陵、公安，于年底达岳阳。他生活的最后二年，居无定所。飘泊于岳阳、长沙、衡阳、耒阳之间，时间多在船上度过。770年冬，杜甫死于长沙到岳阳的船上，年59岁。逝世前作36韵长诗《风疾舟中伏枕书怀》，有"战血流依旧，军声动至今"之句，仍以国家灾难为念。这11年，他写诗1000余首（其中夔州作430多首），占全部杜诗的七分之五强。多是绝句和律诗，也有长篇排律。名作有《茅屋为秋风所破歌》、《闻官军收河南河北》、《秋兴八首》、《登高》、《又呈吴郎》等。

一代天骄——成吉思汗

成吉思汗，又称元太祖，名铁木真，蒙古族。世界历史上最伟大和杰出的政治家、军事家。

他出生于蒙古乞颜部贵族世家。铁木真降生时，适逢其父在作战中俘塔塔儿部首领铁木真兀格，为纪念是役武功故取此名。

生于额尔古纳河北部的河边。9岁其父被塔塔儿部人毒死，部众离散，随寡母诃额仑艰难度日。稍长，依附蒙古高原最强大的克烈部首领脱里（后称王汗），并尊之为父，得以收聚其父旧部；又与札答阑部首领札木合结为安答（义兄弟），逐步发展势力。

泰和元年（1201），率军大破札木合组织的松散联盟。次年，遭乃蛮联军进攻，退入金边墙内，大败乃蛮联军于阔亦田（今哈拉哈河上游）之野，乘胜攻灭塔塔儿四部。因势力渐强，引王汗嫉恨和敌视。三年，遭王汗突袭，败走班朱尼河（今呼伦湖西南），以饮浊水与从者盟誓，共度难关。再转移至合泐合（哈拉哈）河中游，集溃散部众4600（一说2600）余骑，经过休整，逐渐恢复元气。后侦悉王汗骄怠不备，夜袭王汗大营大溃其众。王汗只身败逃被乃蛮人捕杀，克烈部亡。

1206年，蒙古高原百余个大小部落先后败亡，塔塔儿、克烈、蔑儿乞、乃蛮和蒙古五大部均统一在铁木真的旗帜下。铁木真遂在斡难河（今鄂嫩河）之源举行大聚会，建立大蒙古国，被尊为成吉思汗。

军伐金，开始了为时24年的蒙金战争。

1226年，率军10万歼灭西夏军主力（次年西夏灭亡）。成吉思汗正欲集中全力攻金，于1227年8月25日，在六盘山下清水县（今属甘肃）病逝，年66岁。临终遗嘱：利用宋金世仇借道宋境，联宋灭金。其子窝阔台和拖雷遵此遗策，于窝阔台汗六年（1234）灭金。

北宋史学家——司马光

幼年时代的司马光，随着父亲的到处作官而奔波南北。司马光虽然出身于官僚地主家庭，他父亲曾是四品官；担任过北宋中央政权中的天章阁待制等要务。

司马光15岁就被录取为官。司马光政治生涯的转折，是在他27岁那年，他终于被调到北宋首都东京，先是担任中央政权中的评事、直讲、大理寺丞等一般职务，后来又担任了馆阁校职，同知太常礼院等职，参与了有关刑

事、礼仪及编校书籍等工作。这就使他有机会熟悉朝廷情况，了解北宋内部的矛盾与斗争。

可惜好景不长，由于当时宰相庞籍被免职，司马光离开了首都。庞籍是司马光的知音，司马光的入朝为官，得力于庞籍的推荐。如今庞籍离京，而且希望司马光跟他一起走。司马光思虑再三，为报庞籍知遇之恩，毅然弃官与庞籍一同到了郓州。司马光在那里，仅担任了郓州典学和通判。通判是考察官吏治绩优劣的苦差使。

人生之路弯弯曲曲。嘉祐二年，司马光遇到了第二次转机。他再次被调入京，担任开封府推官等职。嘉祐六年，被提升为起居舍人，同知谏院。谏院是专门批评朝政得失的机构，司马光担任谏官五年，以其刚正不阿的性格，从内政外交，到社会道德，提出了许多批评和建议。这是司马光从政以来的黄金时代。遗憾的是，当朝皇帝宋仁宗和宋英宗对司马光的意见，大多听而不闻，不置可否。这就使司马光失望、苦恼。他终于决定力辞谏官之职，就任龙图阁直学士。

治平四年宋神宗即位。这位直气方刚的年轻皇帝，锐意改革。这就决定了北宋很快掀起了改革之风。本来，年富力强的司马光，在改革之风中可以意气风发地大干一番事业。宋神宗对司马光也十分看重，经欧阳修推荐，司马光被擢升为翰林学士兼御史中丞，成为宋神宗的顶梁之臣。

然而，由于司马光同王安石之间在改革什么，如何改革方面，产生了分歧与对立，而宋神宗又支持王安石，司马光终于又一次离开朝廷，被罢了翰林学士等职，于熙宁三年到永兴军任地方官去了。

熙宁四年初夏，司马光又辞去了永兴军公职，改判西京留司御史

台．这是有官无权的名誉差使。从此，司马光在洛阳一住就是十五年。

这十五年，司马光虽然仍然关心着当朝的政治风云，但既不能参与朝政，也不想参与朝政，而是埋头于完成自己主编的《资治通鉴》。司马光一生的成就，著作之多，使人为之倾倒。但是唯《资治通鉴》是司马光主编的不朽之作。在中国史学史上，该书的成就，地位和作用，无与伦比，在世界史学史上，也首屈一指。研究中国史，了解中国史者，不可不读《资治通鉴》。

他的著史得到宋英宗、宋神宗的称赞、支持，宋英宗同意他设立书局，自择官属，神宗以此书"鉴于往事，有资于治道"而命名为《资治通鉴》，并亲制序文，以示重视。

反对王安石变法，是司马光政治生涯的重要方面。从现在来看，公平而论，王安石的新法有有利于发展生产的一面，也有不利于发展生产的一面；有有利于农民的一面，也有不利于农民的一面。司马光所看到和反对的，大多是不利于生产和农民的一面。由上可见，司马光反对王安石变法，是从其爱民，宽民和重农思想立场出发，反对新法中的苛民与伤农方面。把司马光说成是站在豪强大地主立场上，顽固地反对限制豪强大地主利益，恐怕是不准确，不全面的。

由于宋神宗于元丰八年（1085年）去世，由于高大后坚持要让司马光出山作相，司马光才于元丰八年夏再一次入京．对司马光来讲，这人生的最后一次转折，实在是太难了。他已经67岁，混身是病。要他主持朝政，要他作宰相，确实力不从心．但是，忠诚可嘉的司马光还是接受了朝野之望．他以惊人的毅力，日夜操劳，为国家真正做到了鞠躬尽瘁，死而后巳．他废除了王安石新法中仅存的青苗法、免役法和保甲法。他的悲剧，在于在这最后一次的转折之中，以老年人常有的固执，不分青红皂白，一概否定了王安石变法。

元祐元年（1086年）秋，这位我国历史上著名的政治家、思想家和历史学家，与世长逝。噩耗传出，人们为之罢市，万人空巷地前往送葬，争相购买他的画像。在灵柩送往夏县时，送葬之"民哭公甚哀，如哭其私亲。一个

封建社会中的宰相，能得到民众这样广泛真诚的悼念，实属罕见，也是历史的必然。

北宋文学家、政治家——苏轼

苏轼（1037年～1101年），字子瞻，又字和仲，号"东坡居士"，世人称其为"苏东坡"。北宋著名文学家、书画家、词人、诗人，美食家，唐宋八大家之一，豪放派词人代表。汉族，眉州（今四川眉山，北宋时为眉山城人，祖籍栾城。

苏轼是苏洵的长子，嘉祐二年与弟苏辙同登进士。授大理评事，签书凤翔府判官。熙宁二年，父丧守制期满还朝，为判官告院。与王安石政见不合，反对推行新法，自请外任，出为杭州通判。迁知密州，移知徐州。元丰二年，罢"乌台诗案"，责授黄州团练副使，本州安置，不得签书公文。哲宗立，高太后临朝，被复为朝奉郎知登州；4个月后，迁为礼部郎中；任未旬日，除起居舍人，迁中书舍人，又迁翰林学士知制诰，知礼部贡举。

元祐四年出知杭州，后改知颍州，知扬州、定州。元祐八年哲宗亲政，被远贬惠州，再贬昌化军。徽宗即位，遇赦北归，建中靖国元年卒于常州，葬于汝州郏城县，享年66岁。南宋时追谥文忠。与父洵弟辙，合称"三苏"。在政治上属于旧党，但也有改革弊政的要求。其文汪洋恣肆，明白畅达，为"唐宋八大家"之一。其诗清新豪健，善用夸张比喻，在艺术表现方面独具风格。少数诗篇也能反映民间疾苦，指责统治者的奢侈骄纵。词开豪放一派，对后代很有

青少年应该知道的历史知识

影响。《念奴娇·赤壁怀古》、《水调歌头·丙辰中秋》传诵甚广。擅长行书、楷书，取法李邕、徐浩、颜真卿、杨凝式，而能自创新意。用笔丰腴跌宕，有天真烂漫之趣。与蔡襄、黄庭坚、米芾并称"宋四家"。能画竹，学文同，也喜作枯木怪石。论画主张"神似"，认为"论画以形似，见与儿童邻"；高度评价"诗中有画，画中有诗"的艺术造诣。诗文有《东坡七集》等。存世书迹有《答谢民师论文帖》、《祭黄几道文》、《前赤壁赋》、《黄州寒食诗帖》等。画迹有《枯木怪石图》、《竹石图》等。

中国航海家——郑和

郑和原来姓马，小字三保，出生于明洪武四年（1371年）。云南昆明人。

曾祖父伯颜在元大德十一年（1307年）任中书平章，曾祖母马氏，祖父米的纳哈只，祖母温氏。父马哈只（原名米里金）封滇阳候，母温氏。族人自称咸阳世家。米里金生马三宝，袭封滇阳候。其父亲和祖父均曾去过麦加朝觐。

他的祖父和父亲都曾去过红海之滨的回教圣地麦加朝圣，使郑和从小听惯长途旅行的惊险故事，心中充满好奇和景仰。郑和洪武十三年（1381年）冬，明朝军队进攻云南。马三保10岁，被掳入明营，被阉割成太监，之后进入朱棣的燕王府。在靖难之变中，马三保在河北郑州（在今河北任丘北，非河南郑州）为燕王朱棣立下战功。

永乐二年（1404年）明成祖朱棣认为马姓不能登三宝殿，因此在南京御书"郑"字赐马三保郑姓，改名为和，任为内官监太监，官至四品，地位仅次于司礼

监。

1405年7月，郑和率领62条海船、2万多名人员，船上装着金、银、瓷器和丝绸，从刘家港出发（今江苏太仓县浏河口），开始了万里远航。船队经历千辛万苦，战胜了风浪和疾病，打垮了凶恶的海盗，牺牲了不少船员和士兵。他们先后到了占城（今越南南方）、锡兰（今斯里兰卡）、印度尼西亚等国家（古时候的"西洋"是指南海以西的沿海一带），成功地开辟了从中国到东非海岸的航线，直到第三年10月才回来。这次航行使皇帝得到很多好处，所以不久又派郑和多次出海。

自1405年到1433年的近30年中，郑和率领船队七下西洋，规模宏大，船队最多时达200多艘船，其中长148米、宽60米的大型船只60余艘。使用了罗盘、测深器、牵星板等世界先进技术，航程10万余里。先后到过印度支那半岛、阿拉伯半岛以及非洲东岸的索马里，足迹遍及30多个国家，为中国对外交流开辟了航线，加强了中国与亚非各国的联系。

郑和还将他近30年的航海经验和收获，编撰成了《航海地图》和《针位编》两本书。

郑和航海比哥伦布的探险航海早87年，技术水平、规模和航程也都超过哥伦布。领先于西方的航海家。但是郑和航海的目的主要是为了宣扬国威，而不是发展贸易、促进商品经济发展。每次航海耗资巨大，七次远航以后国库空虚，财源枯竭，再也不能继续下去了。这样，郑和七下西洋也就成为中国航海事业从繁荣鼎盛走向衰落的转折点。

宣德八年（1433年）四月郑和在印度西海岸古里去世；赐葬南京牛首山。

抗倭名将——戚继光

戚继光（1528年~1588年）明代著名抗倭将领、军事家、武术家。字元敬，号南塘，又号孟渚。山东登州（今山东蓬莱）人。

少时好读书，通经史大义。戚继光自幼生长在将门，受到良好的家庭教

青少年应该知道的历史知识

育和军事生活的熏陶，自小就立志保疆卫国，16岁时，他就写下一首名为《韬钤深处》的五言律诗，其中"封侯非我意，但愿海波平。"表达了年轻的戚继光已有保卫祖国海疆的远大志向。十七岁时，戚继光担任登州卫指挥佥事。

嘉靖三十二年（1553年），二十五岁的戚继光被提升为署都指挥佥事，负责山东省沿海防御倭寇军务。倭寇指在日本内战中失败的流亡武士和商人，他们从元代末年到明代初年，经常在中国东部沿海一带抢劫中国商船，并打家劫舍，杀人放火。

15世纪后期，倭寇与中国沿海的劣绅奸商狼狈为奸，愈加猖狂，有时甚至深入内地，攻城略地，掳掠财物，成为中国东南沿海的一大祸患。戚继光任都指挥佥事后，统辖3营24卫所。防线从江苏、山东交界处，一直延伸到山东半岛的北端。海防线很长，而兵力有限，如何设防是个很大的问题。戚继光走访了当地许多官员、渔民，了解到一年之中倭寇活动最猖獗的时间多是3、4、5月和9、10月间，掌握了这几个月间的天气状况以及船只可能停靠的地方后，他采取了按照时间和地段重点设防的措施。同时整顿军队，加强训练，严格军纪，提高战斗力，于是，山东海防变得固若金汤，倭寇不敢再轻易骚扰，戚继光在山东防倭初见成效。

三十四年，调任浙江都司佥事。旋进参将。分守宁波、绍兴、台州（今浙江临海）三府。嘉靖三十五年（1556年）九月，800多名倭寇入侵龙山所，

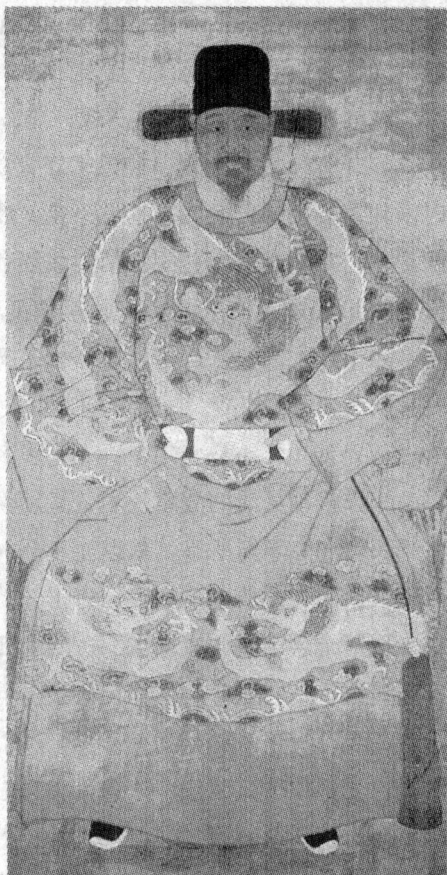

戚继光率军迎击，两军刚一交锋，明军由于怯战开始后退。在这危急时刻，戚继光飞身跃上一块巨石，连发三箭，射倒3个倭寇头目。倭寇见状，仓惶逃窜。戚继光率军乘胜追击，三战三捷，威名大震。

三十六年以劾免官，旋以平汪直功复官，改守台州、金华、严州三府。时浙江多被倭患，而旧军素质不良。戚继光招募农民和矿徒，组成新军。严明纪律，赏罚必信，并配以精良战船和兵械，精心训练；他还针对南方多湖泽的地形和倭寇作战的特点，审情度势，创造了攻防兼宜的"鸳鸯阵"战术，以十二人为一队，配以盾、枪、叉、钯、棍、刀等长短兵器，因敌因地变换队形，灵活作战。每战多捷，世人誉为"戚家军"。

嘉靖四十年（1561年），一万多名倭寇大举进犯台州。戚继光率领戚家军，采取机动灵活的战略战术，运用偷袭、伏击、快速奔袭等战法，打得倭寇晕头转向，不知所措。戚继光率部九战九捷，取得台州大捷。这场战役歼敌6000余人，使倭寇遭到致命打击。从此倭寇们心惊胆战，闻风丧胆，给戚继光取了个名字叫"戚老虎"。四十四年，俞大猷率水兵，戚继光将陆兵，于南澳剿平广东倭寇，解除东南倭患。

万历十年（1582年），内阁首辅张居正去世，被视为张居正亲信的戚继光也受到排挤，调任广东总兵，失去了拱卫京城的重要地位。后来，以万历皇帝为首开始清算张居正，戚继光更加不得志，于是请求退休，但仍然被当成张居正的同党而遭到弹劾，终被革职。他回到故乡山东蓬莱后，因为避嫌，很少有人跟他来往。万历十六年（1588年）一月，戚继光寂寞地逝世于蓬莱故居，享年60岁。

清朝建立者——皇太极

后金第二代君主，大清创建者。满族，爱新觉罗氏。出生于明万历二十年（公元1592年）十月二十五日。清太祖努尔哈赤第八子，在位十七年。

明天启六年（1626年）在沈阳继后金汗位。次年改元天聪。皇太极不仅是杰出的政治家，也是一位杰出的军事家和谋略家。他的一生东征朝鲜，西讨察哈尔，南征大明朝。打过不少漂亮的胜仗，比起他的父亲努尔哈赤来可以说是青出于蓝而胜于蓝。不少人认为清朝的开国皇帝是努尔哈赤，其实真正建立清朝的是皇太极。

皇太极继位之初，后金面临的形势十分严峻。由于多次对外掠夺，处境孤立，受到明朝、蒙古、朝鲜的包围。内部由于贵族分权势力的矛盾，冲突日益严重。他虽继承了汗位，但实际上是同代善、阿敏、莽古尔泰三大贝勒"按月分值"政务。权力分散，事事掣肘，徒有"一汗虚名"。为了加强中央集权，推进封建化的改革，皇太极采取各个击破的手段，打击、削弱分权势力，提高汗权。

皇太极深知满族要想入主中原，必须取得汉族地主阶级的支持。因此，他十分重视汉族地主知识分子和明朝降官降将的作用，对他们采取招降收买政策。天聪三年（1629年），首次考试儒生，网罗了两百名汉族文人。此后又多次举行考试，分别优劣，量才录用。随着蒙古的臣服，明朝将领的降顺，皇太极逐步建立蒙古八旗和汉军八旗，大大增强了军事力量。

天聪十年（1637年）四月，皇太极在沈阳称帝。为了从正面打开山海关，自五年三月起，发动了锦州战役。明廷派蓟辽总督洪承畴率十三万大军往援锦州祖大寿。皇太极指挥作战，后明军因塔山粮草被夺而决定分成两路突围。承畴等人突围未成，困守松山城，松山副将夏承德密约降清，以为内应。1642年二月十八日松山城陷，洪承畴被俘，祖大寿在锦州投降。至此，明朝在关外仅剩宁远一孤城。皇太极的谋略体现在他绕过山海关，从喜峰口直逼北京城，调出了袁崇焕的主力。并使用美人计成功降服了洪承畴以及反间计除掉袁崇焕。

公元1643年月初九，52岁时皇太极在宫中猝然病死，葬沈阳昭陵（沈阳北陵）。庙号太宗，谥号应天兴国弘德彰武宽温仁圣睿孝敬敏昭定隆道显功文皇帝。

从此，大清朝开始了定鼎中原的宏图伟业！

开辟荆榛逐荷夷——郑成功

郑成功（1624年～1662年），明清之际民族英雄，我国历史上著名的军事家、政治家。本名森，幼名福松，字明俨，号大木，汉族，福建省南安市石井镇人。

于公元1624年8月27日诞生，史书记载他"少年聪敏，英勇有为"。

郑成功父亲郑芝龙为海盗出身的明朝将领，母亲为日本人田川氏。其出生于日本九州平户藩，祖籍河南省固始县汪棚乡邓大庙村。弘光时监生，明绍宗赐姓朱、并封忠孝伯，这也就是他俗称"国姓爷"的由来。

清兵入闽，其父郑芝龙迎降，他哭谏不听，起兵抗清。后与张煌言联师北伐，震动东南。明隆武二年（1646年）二月，隆武帝移驻延平府。三月，

郑成功在延平向隆武帝"条陈"："据险控扼、拣将进取、航船合攻、通洋裕国"（后人称之为"延平条陈"），被隆武帝叹为奇策，封郑成功为"忠孝伯"，赐尚方剑，挂"招讨大将军"印。在延平设军事指挥部、水师训练基地，巡守南平闽浙赣边关。

永历十二年（1658年）正月，郑成功被明永历帝晋封为"延平郡王"，后人亦称郑成功为郑延平。康熙元年（1662年）便率将士数万人，自厦门出发，于台湾禾寮港登陆，击败荷兰殖民者，收复台湾，又建设台湾，更使他彪炳千古，青史留名。但当时台湾因为处于热带再加上卫生条件比较差，郑成功到了台湾没多久就染上了疫病，并于1662年6月23日（农历五月初八）病逝，在世38年。

中国把郑成功看作从荷兰人手上收复台湾的民族英雄，而台独分子则把郑成功看成汉人脱离中国统治，移民台湾，建立新天地的典范。

土尔扈特部首领——渥巴锡

渥巴锡（1743～1775）清代卫拉特蒙古土尔扈特部首领。阿玉奇汗曾孙。

17世纪30年代，他们在首领和鄂尔勒克的带领下，以游牧方式迁居到伏尔加河下游地带定居。后来，沙俄的侵略魔爪很快就伸到了这里，但是一直遭到土尔扈特蒙古人民的坚决反抗。尤其是在阿玉奇汗执政期间，他坚决的态度使得这种立场更为鲜明。可是在清雍正二年（1724年），阿玉奇汗去世了，沙俄当局便利用这一时机，取得了任命新汗的特权，开始加紧对土尔扈特部的控制。

乾隆三十二年（1767年），渥巴锡曾酝酿返归中国，因内奸泄密未能成行。次年渥巴锡亲率2万士兵赴高加索，参加对土耳其的战争，以麻痹沙俄当局。三十五年秋，他自土耳其战场回来，与伯克多尔济计议返回中国。不久，秘密召集六首领会议，通过东迁计划及宣誓。三十六年正月，渥巴锡率伏尔加河南岸土尔扈特部3.3万余户，16.9万人，赶畜群，携辎重，自伏尔加

河下流起程归国。居住于北岸的1.4万户土尔扈特部因来不及会合，未能成行，后为俄国卡尔梅克人。沿途经过多次战争，加之长途跋涉，疾病饥饿，人员伤亡很大，于翌年六月，约七八万人回到伊犁。渥巴锡向清政府敬献明永乐八年（1410）汉篆敕封玉印及玉器，自鸣钟时刻表、拉古尔木碗等物，以示归属诚意。清政府予以妥善安置了游牧地及发放救济的衣服、牲畜、帐篷、口粮、茶叶等。同年九月，渥巴锡于热河木兰围场（今河北省围场县）朝觐乾隆帝，并于避暑山庄万树园被赐宴。乾隆帝于普陀宗乘庙内树立了由他亲自撰写的《土尔扈特全部归顺记》和《优恤土尔扈特部众记》两碑。他被封为卓哩克图汗，领乌讷恩索诛克图盟旧土尔扈特部。

自乾隆三十六年（1771）十月至三十七年（1772）正月，经反复斟酌，清廷最后确定来归人众的居住地最终安排:策伯克多尔济部众，移住和布克赛尔；巴木巴尔部众，移住济尔噶朗；默们图部众，移住精河；舍楞部众，移住科布多所属青吉勒等地；和硕特部众，移住珠尔都斯。惟有渥巴锡部众继续留居斋尔地方，而且一部分老弱病残者仍住伊犁调养。

土尔扈特创造了举世闻名的民族大迁徙奇迹，是我国历史上著名的"东归民族英雄"。土尔扈特部蒙古族自古以来就是我国厄鲁特蒙古族的一部分。

医药学家——李时珍

李时珍（1518～1593年），字东壁，晚年号濒湖山人，明代蕲州人，是中国古代杰出的科学家。他在医药学方面的巨大贡献。

李时珍出身于世代业医的家庭，祖父和父亲都是医生。少年时代，常跟父亲和哥哥采集草药，或帮父亲抄写药方，听父亲讲解药物学知识。

李时珍虽然自小就热爱医学，但由于当时医生的社会地位不高，他的父亲便希望他能参加科举，获得功名，光宗耀祖。李时珍14岁那年考取了秀才，但参加乡试一直不如意，三次应考失败。他便决心按照自己的意愿学医，并向医药学方面发展，而他的父亲亦同意了。从此，放弃了科举入仕的道路，一心做医生。李时珍一方面刻苦钻研古人的医药学著作，一方面行医看病。由于他医术精湛，封藩在武昌的楚王聘他为王府奉祠正，掌管良医所事务。嘉靖三十五年（1556年），他又被引荐到北京太医院工作。虽然他在太医院的官职很低，但却有机会接触平时看不到的书籍和药物，大大丰富了他的知识，为他日后编写《本草纲目》创造了有利的条件。他在太医院工作了约一年，就托病辞职了。在行医当中，他发现当时的本草书收药不全，名称混乱，

李时珍画像（1-147　3-16　蒋兆和绘）

多有谬误。于是，下决心编写一部新的本草书。他详细研究了古代有关的本草学、医学等各类书籍，长期深入民间向广大劳动群众学习，到深山老林采集药材，开辟药园栽培药物，通过27年的埋头苦干，终于在61岁时写成举世闻名的《本草纲目》。该书不仅对我国古代本草学作了一次历史性总结，也将以前的化学知识予以系统化，并使之达到一个新的认识水平。该书载药1892种，其中无机物达266种，而且药物的分类更详细，对一些较为混乱的物质命名加以更正。

《本草纲目》增加药物达三百七十四种，分为一十六部，合共五十二卷，首标正名为"纲"，其余各附释为"目"，以补足与纠正药物的原资料。次以集解，辨疑正误，将出产形色等详细说明也。又次以气味、主治、附方，当作本草的体用。

李时珍一生著作甚丰，在医药学方面，除《本草纲目》外，还有很多影响深远的著作，例如《濒湖脉学》一卷，成书于嘉靖四十三年（1564年），论述脉象27种，对于脉的体状、相类、主病，都作了较详尽的介绍；《奇经八脉考》一卷，成书于隆庆六年（1572年）；《食物本草》二十二卷、《集简方》、《白花蛇传》等书。

万历二十一年（1593年），李时珍去世，享年75岁，死后葬于蕲州瓦硝坝故居附近的雨湖南岸，他的墓址至今仍在。

民族英雄——林则徐

林则徐（1785年～1850年），汉族，福建侯官人，字元抚，是清朝后期政治家、思想家和诗人，是中华民族抵御外辱过程中伟大的民族英雄，中国近代民族英雄，中国近代"开眼看世界第一人"。

林则徐于乾隆出生在福建侯官鼓东街一个下层封建知识分子的家庭里。在科举时代，林则徐的父母指望自己的儿子能在仕宦之途发达上升。

嘉庆十六年（1811年），林则徐会试中选，赐进士，选翰林院庶吉士，开始进入了官场，实现了父母所期望的入仕做官。

道光十八年（1838年），林则徐曾向朝廷上奏，请求严禁鸦片。并针对反对派的驳斥强调说："法当从严，若犹泄视之，是使数十年后，中原几无可以御敌之兵，且无可以充饷之银"，举棋不定的道光帝认识到严禁鸦片的迫切性、必要性和可能性，于是，被迫接受严禁主张，决定禁烟。道光皇帝特命林则徐为钦差大臣赴广州查办禁烟。

入广州之前，林则徐先弄清广州受鸦片毒害情况，查找各家烟馆，掌握大量第一手资料。他还严正声明："若鸦片一日不绝，本大臣一日不回，誓与此事相始终，断无中止之理。"但外商拒绝交出，经过坚决的斗争，挫败英国驻华商务监督义律和鸦片贩子，收缴全部鸦片近2万箱，约237万余斤。于四

月二十二日（6月3日）在虎门海滩上当众销毁。道光18年11月15日，林则徐受命钦差大臣，已经来临的1839是使禁烟史上最重要的一年，对林则徐一生来说是最辉煌的岁月。

虎门销烟是我国近代史上反帝斗争中的光辉一页，林则徐领导禁烟运动的胜利，是中国人民反侵略斗争史上第一个伟大胜利，这一壮举，维护了民族的尊严和利益，增长了中国人民的斗志。

林则徐抗英有功，却遭投降派诬陷，被道光帝革职，发配到新疆。道光二十五年（1845年）开始，朝廷重新起用林则徐，调任陕甘总督。

道光三十年（1850）清政府为进剿太平军，再任命他为钦差大臣，督理广西军务。在赴任途中，1850年11月22日暴卒于潮州普宁县行馆，终年66岁。死后晋赠太子太傅，照总督例赐恤，历任一切处分悉行开复，谥文忠。

林则徐从政40年，历官13省，是著名的封建政治家，地主阶级改革派的代表人物。他组织编译的《四洲志》，是近代中国第一部系统介绍世界的译著；他在新疆主持兴修水利，开挖"坎儿井"，至今仍为民造福，被颂称为"林公渠"、"林公井"。"海纳百川，有容乃大；壁立千仞，无欲则刚"，"苟利国家生死以，岂因祸福避趋之"等名句，是林则徐一生的写照。

收复新疆——左宗棠

左宗棠（1812年~1885年），汉族，字季高，湖南湘阴人，号湘上农人，晚清重臣，军事家、政治家、著名湘军将领。中国晚清军政重臣，湘军统帅之一，洋务派首领。

他自幼聪颖，14岁考童子试中第一名，曾写下"身无半文，心忧天下；手释万卷，神交古人"的对联以铭心志。

他一生经历了湘军平定太平天国运动，洋务运动，镇压陕甘回变和收复新疆等重要历史事件。1864年，正值太平天国运动和同治陕甘回变波及新疆，新疆各地豪强趁机而起，出现了割据纷争，各自为王的混乱局面。阿古

柏其于1867年建立"洪福汗国"盘踞新疆。

同治十一年（1872年）七月，清廷尚在争论讨伐阿古柏之事，左宗棠认为"既事关君国，兼涉中外，不能将就了局，且索性干去而已"，率师进驻兰州，准备收复新疆。左宗棠深思后，采用"缓进速决"的战略，要打算展开积极而迅速的战斗。"缓进"，就是积极治军。左宗棠用一年半的时间筹措军饷，积草屯粮，整顿军队，减少冗员，增强军队战斗力。即使是自己的主力湘军，也剔除空额，汰弱留强。他还规定，凡是不愿出关西征的，一律给资，遣送回籍，不加勉强。"速决"，就是考虑国库空虚，为了紧缩军费开支，大军一旦出发，必须速战速决，力争在一年半左右获取全胜尽早收兵。皇帝御批道："宗棠乃社稷大臣，此次西征以国事而自任，只要边地安宁，朝廷何惜千万金，可从国库拨款五百万，并敕令允其自借外国债五百万。"

收复新疆后，左宗棠于光绪四年（1880年）正月上书朝廷，力陈在新疆开设行省的主张。并建议朝廷派员与俄国会谈归还伊犁。朝廷采纳了他的意见，派遣崇厚为全权大臣出使俄国进行谈判。

当时沙俄刚刚结束俄土战争，大伤元气，在谈判桌上终于让步。1881年2月24日，曾纪泽与俄方代表订立了《中俄伊犁条约》和《陆路通商章程》。沙俄归还伊犁，但仍割去了伊犁霍尔果斯河以西之领土，中国赔偿俄国兵费九百万卢布（折合白银五百余万两）；俄商在中国新疆各城贸易，暂不纳税，对于伊犁居民，规定"愿仍居原处为中国民，或愿迁居俄国入俄籍者，均听所便"。

虽然这一条约被中国认为是不平等条约，但曾纪泽确实也尽了最大的努力，中国收回了伊犁九城及特克斯一带地方。左

宗棠对这一条约表示满意。

1882年，左宗棠再次向清朝政府奏请新疆建省，清朝政府，同意着手在新疆建省。1884年11月16日，户部奏请添设新疆巡抚、布政使各一人，除刘锦棠任巡抚外，又调甘肃布政使任新疆布政使。从此，新疆省正式建立。

新疆收复后，上海"泰来洋行"的德国技师福克曾在哈密与左宗棠会面，观看了部队的演练，见湘军纪律严明，操练得法，军火枪炮也不落后，于是说："清军若与俄国交战于伊犁，必获全胜。"左宗棠同时又建"甘肃织呢总局"（亦称"兰州机器织呢局"），这是中国第一个机器纺织厂。

黄海海战——邓世昌

邓世昌（1849年～1894年），原名永昌，字正卿，祖籍广东番禺，中国近代海军将领，被称为民族英雄。

邓世昌1867入马尾船政后学堂驾驶班第一期学习，1874年以优异成绩毕业，并被船政大臣沈葆璋奖以五品军功任命为"琛航"运船帮带。次年任"海东云"炮舰管带，时值日本派兵侵犯台湾，他奉命巡守澎湖、基隆，获升千总。后调任"振威"炮舰管带，代理"扬武"快船管驾，荐保守备，加都司衔。

1880年李鸿章为建设北洋水师而搜集人才，因邓世昌"熟悉管驾事宜，为水师中不易得之才"而将其调至北洋属下，先后担任"飞霆"、"镇南"蚊炮船管带。同年冬天北洋在英国定购

的"扬威"、"超勇"两艘巡洋舰完工，丁汝昌水师官兵200余人赴英国接舰，邓世昌随往。1881年11月安然抵达大沽口，这是中国海军首次完成北大西洋——地中海——苏伊士运河——印度洋——西太平洋航线，大大增强了中国的国际影响，邓世昌因驾舰有功被清廷授予"勃勇巴图鲁"勇名，并被任命为"扬威"舰管带。

1887年春，邓世昌率队赴英国接收清政府向英、德订造的"致远"、"靖远"、"经远"、"来远"四艘巡洋舰，是年底回国。归途中，邓世昌沿徒安排舰队操演练习。因接舰有功，升副将，获加总兵衔，任"致远"舰管带。1888年，邓世昌以总兵记名简放，并加提督衔。是年10月，北洋海军正式组建成军，邓世昌升至中军中营副将，1891年，李鸿章检阅北洋海军，邓世昌因训练有功，获"葛尔萨巴图鲁"勇名。

1894年9月17日在大东沟海战中，邓世昌指挥"致远"舰奋勇作战，后在日舰围攻下，"致远"多处受伤全舰燃起大火，船身倾斜。邓世昌鼓励全舰官兵道："吾辈从军卫国，早置生死于度外，今日之事，有死而已！""倭舰专恃吉野，苟沉此舰，足以夺其气而成事"，毅然驾舰全速撞向日本主力舰"吉野"号右舷，决意与敌同归于尽。倭舰官兵见状大惊失色，集中炮火向"致远"射击，不幸一发炮弹击中"致远"舰的鱼雷发射管，管内鱼雷发生爆炸导致"致远"舰沉没。邓世昌坠落海中后，其随从以救生圈相救，被他拒绝，并说："我立志杀敌报国，今死于海，义也，何求生为！"，所养的爱犬"太阳"亦游至其旁，口衔其臂以救，邓世昌誓与军舰共存亡，毅然按犬首入水，自己亦同沉没于波涛之中，与全舰官兵250余人一同壮烈殉国。

邓世昌牺牲后举国震动，光绪帝垂泪撰联"此日漫挥天下泪，有公足壮海军威"，并赐予邓世昌"壮节公"谥号，追封"太子少保"，入祀京师昭忠祠，御笔亲撰祭文、碑文各一篇。中国人民解放军海军命名新式远洋综合训练舰为"世昌"舰，以示纪念。

邓世昌有三儿两女，长子邓浩洪，承袭世职，任职于广东水师，1947年去世；次子邓浩洋，青年早逝；三子邓浩乾是遗腹子，曾在民国海军部供过职，1969年逝于无锡。

革命先行者——孙中山

孙中山，原名孙文（1866～1925）。中国伟大的民主革命先行者。

孙中山在清同治五年（1866年）出生。7岁时入私塾接受传统教育。

1879年，14岁的孙中山受长兄孙眉接济，随母乘轮船赴夏威夷。

孙中山最初未言革命，尝于1894年《上李鸿章万言书》中，提出多项改革建议，惟李鸿章断拒。

失望之余，孙中山1894年11月赴夏威夷首府檀香山募款组织"兴中会"，提出了"驱逐鞑虏，恢复中国，创立合众政府"的口号，企图以排满思想为其革命事业铺路。

1895年孙中山到香港，会见旧友陆皓东、郑士良、陈少白、杨鹤龄等人，准备筹划生平第一个革命组织兴中会，以"驱除鞑虏、恢复中华、创立合众政府"为目标。兴中会选出杨衢云为会办，孙为秘书。决定先攻取广州为根据地，并采用陆皓东所设计之青天白日旗为起义军旗。

1905年，在日本东京，孙中山的兴中会、黄兴与宋教仁等人的华兴会、蔡元培与吴敬恒等人的爱国学社、张继的青年会等组织，共同组成——中国同盟会，中国第一个资产阶级革命政党。孙中山被推为同盟会总理，确定了"驱除鞑虏，恢复中华，建立民国，平均地权"的革命政纲。《民报》作为同盟会的机关报，在发刊词首次提出"民族，民权，民生"——"三民主

义"学说。正式宣示所进行者为国民革命，将创立者为中华民国。

1911年10月10日武昌起义在危难中奋击成功，武汉当日光复，各省同志，咸起响应。

1911年12月孙中山赶赴上海，并于28日被推选为中华民国临时大总统，于1912年1月1日在南京宣誓就任，并循革命军与袁世凯的秘密协议。

当时孙中山领导的临时政府实力有限；虽然大部分的省份已脱离清政府的控制，可主要的军事凭借却是各地的团练与新军，或是混入部分华侨以及洪门与旗下哥老会的成员，无论在装备与士兵素质上，皆无法与清朝主力北洋军抗衡。

革命军被北洋军接连击败后，孙中山决定与北洋军的统帅袁世凯和谈，希望通过给予袁临时大总统的职位，让袁成为清朝垮台的最后关键。最后孙与袁达成协议：孙中山的临时大总统由袁接任，袁则以实际行动迫使清朝皇帝退位。

民国元年2月12日，在袁世凯的逼迫，清帝溥仪发布《退位诏书》，下旨逊位，中华民国终完全取代过去的帝国体制。孙中山即于13日向参议院请辞并举荐袁世凯以自代。

1913年3月，宋教仁被暗杀，袁世凯嫌疑为原凶。孙中山力主南方各省起兵反袁，称为二次革命。由于实力不足，二次革命旋即失败。孙中山被通缉，不得不再次赴日本寻求援助。

1919年10月，孙中山改中华革命党为中国国民党。1920年，陈炯明成功击退盘踞广州一带的桂、滇系，请孙中山重回广州。次年，广州非常国会取消军政府，选孙中山为大总统（习惯上称为非常大总统），开始第二次护法运动。孙中山就职后力主军事北伐，最终与主张暂缓军事，联省自治的陈炯明产生激烈冲突，于1922年6月爆发炮击总统府事件，孙中山离粤退居上海。

1924年1月在中国国民党第一次全国代表大会上宣布实行联俄联共政策。在苏联援助下，于3月组建黄埔军校，并以蒋介石为校长。孙中山接受中国共产党和苏俄共产党帮助，改组国民党，实行"联俄、联共、扶助农工"三大政策，把旧三民主义发展成为新三民主义。国民党"一大"的成功，标志着第一次国共合作正式形成。

孙中山先生1924年11月离开广州，绕道日本，开始北上之行。12月4日到达天津，受到两万群众欢迎。由于一路颠簸和北地严寒，旧病复发，边接受治疗。

孙中山1925年1月抵京后即开始病发，1925年1月26日，被确诊为肝癌，在协和医院接受手术。1925年3月11日，孙中山弥留之际，他在三份遗嘱上签署。今日中国人常提到的"革命尚未成功，同志仍须努力"，出自孙中山留给国人的政治遗嘱。最终于1925年3月12日因肝癌病逝于北京协和医院，享年58岁。

开国领袖——毛泽东

毛泽东（1893年12月26日～1976年9月9日）是伟大的马克思主义者，无产阶级革命家、战略家和理论家，中国共产党、中国人民解放军和中华人民共和国的主要缔造者和领导人。湖南湘潭人。

他出生于湖南的一个农民家庭。"五四"运动前后接触和接受马克思主义，1920年，在湖南创建共产主义组织。

1921年7月，出席中国共产党建党的第一次全国代表大会，后任中共湘区委员会书记，领导长沙、安源等地工人运动。

国共合作全面破裂后，在1927年8月中共中央紧急会议上，他提出"政权是由枪杆子中取得的"。并被选为中央政治局候补委员。会后，到湖南、江西边界领导秋收起义。接着率起义部队上井冈山，发动土地革命，创立第一个农村革命根据地。1935年1月中共中央政治局在贵州遵义会议，确立了以毛泽东为代表的新的中央领导。1936年12月，同周恩来等促使西安事变和平解决。

1945年，主持召开中共第七次全国代表大会，作《论联合政府》的报告。大会制定了"放手发动群众，壮大人民力量，在我党的领导下，打败日本侵略者，解放全国人民，建立一个新民主主义的中国"的战略。毛泽东思

想在这次大会上被确定为中共的指导思想。他从七届一中全会起至1976年逝世为止，一直担任中共中央主席。

在以他为首的党中央领导下，经过辽沈、淮海、平津三大战役和1949年4月渡长江以后的作战，推翻了国民党政府。1949年3月，主持召开中共七届二中全会，并作重要报告，决定把党的工作重心从农村转到城市，规定了党在全国胜利以后的各项基本政策，号召全党务必保持谦虚、谨慎、不骄、不躁的作风，务必继续保持艰苦奋斗的作风。

1949年10月1日，中华人民共和国建立，他当选为中央人民政府主席。新中国的缔造者，毛泽东主席在开国大典上宣布："中华人民共和国，中央人民政府，今天成立了！"从此，中国人民扬眉吐气的站起来了，中华民族屹立于世界民族之林！

1950年10月，迫于美国军队攻入朝鲜民主主义人民共和国、威胁中国东北部的形势，以他为首的中共中央决定进行抗美援朝战争。1950~1952年，在他的领导下，进行了土地改革、镇压反革命和其他民主改革，开展了反对贪污、反对浪费、反对官僚主义的"三反"运动和反对行贿、反对偷税漏税、反对盗骗国家财产、反对偷工减料、反对盗窃经济情报的"五反"运动。1953年，按照他的建议，中共中央宣布了党在过渡时期的总路线，开始有系统地进行社会主义工业化和对生产资料私有制的社会主义改造。1954年，第一届全国人民代表大会第一次会议通过了由他主持起草的《中华人民共和国宪法》，他在这次会议上当选为中华人民共和国第一任主席，任职到1959年。

1958年，发动"大跃进"和农村人民公社化运动。从1960年冬到1965年，在以他为首的中共中央领导下，对国民经济实行"调整、巩固、充实、提高"的方针，初步纠正"大跃进"和人民公社化运动中的错误，使国民经济得到比较迅速的恢复和发展。1966年，由于对国内阶级斗争形势作出了极端的估计，他错误地发动了"文化大革命"运动。1976年9月9日，在北京逝世。

毛泽东在他的晚年虽然犯了严重的错误，但是就他的一生来看，他对中国革命的不可争论的功绩远大于他的过失。毛泽东思想作为马克思主义在中国的发展，仍然是中国共产党的指导思想。毛泽东他是中国共产党的骄傲，是中国人民的骄傲，是中华民族的骄傲。不仅赢得了全党和全国各族人民的爱戴和敬仰，而且也赢得了世界上一切向往进步的人们的敬佩。毛泽东同志作为一个伟大的历史人物，属于中国，也属于世界。

少帅——张学良

张学良，字汉卿，别号毅庵，辽宁省海城县人。1901年6月3日出生，奉系军阀张作霖长子。

学生时代的张学良1915年步入社会，参加反对日本帝国主义侵华的"二十一条"运动。1925年授陆军中将衔。1926年6月提拔为安国军陆军第三方面军团团长。1927年6月授陆军上将衔，同时兼海空军司令要职，在不断地军阀混战中显示了张学良的军事指挥才能，屡立战功，且从参加内战之时起，他就开始了反对当军阀，反对军阀割据和混战，反对军阀扰民害民，力主和平统一与和平建设，力主对外征战的思想与主张。以第一次国奉合作与孙中山发往为起点，即致力于祖国的和平统一工作。

1928年12月，主持东北易帜，排除了日本帝国主义对中国内政的干涉，结束了北洋军阀16年的统治，实现了国民党政权在全国的统一。东北易帜后，出任东北边防军司令长官和东北政务委员会主席。

"九一八"事变，奉蒋介石之命，加之自己判断错误，执行了对日不抵抗命令，东北三省迅即失守，但在忍辱负重的困境中张学良将军做了大量的局部抗日战争工作。他是东北抗日义勇军的创议者，支持者和鼓舞者，更是东北军抗战的领导者组织者和指挥者。

1936年12月12日，对蒋介石实行兵谏，发动地划时代的西安事变，成立了抗日联军临时北军事委员会。25日，送蒋介石回南京，虽遭长期禁，未改初衷，其爱国情怀，始终如一。

蒋介石在解放战争后，带着张学良败退到台湾。张学良一直过着囚禁的生活。

在20世纪的中国历史中，没有一个人像张学良那样在30岁就担任"中华民国"的海陆空副总司令，成为当时叱咤风云的少帅；也没有一个人像他那样因西安事变而被囚禁56年。

1993年张学良和夫人赵一获从台湾移居到美国夏威夷后，过上了一个普通人的自由生活。2001年10月14日，张学良病逝于美国檀香山斯特劳布医院，享年101岁。这位曾活过百岁的老人见证了中国现代史的风风雨雨，而这位老人则成了改写这一历史的一位关键人物。

张学良是现代爱国主义者的典范，尽管爱国主义征程中也有过挫折，但瑕不掩瑜，他为祖国和平统一，为东北的建设，为抗日复土的民族解放大业所立下的丰功伟绩，以及那种心地纯洁的爱国主义和举世罕见的牺牲自我精神将永垂青史。

"铁人"——王进喜

王进喜，1923年出生，甘肃省玉门县人。石油会战初期被誉为"铁人"，是大庆人的杰出代表，中国工人阶级的先锋战士。

他15岁时到玉门油矿当童工，新中国成立后到玉门钻井队工作，钻井指挥部副指挥等职务。1956年王进喜加入中国共产党。

1958年7月，在全国石油现场会上，为加快玉门油田的建设，王进喜首先提出"（钻井进尺）月上千（米），年上万（米），玉门关上立标杆"的奋斗目标。1960年3月王进喜带领1205钻井队从玉门日夜兼程来到大庆。他带领全队把60多吨重的钻机设备化整为零，采用人拉肩扛的办法把钻机和设备从火车上卸下来，运到马家窑附近的萨55井，安装起来。连续苦干3天3夜，王进喜没离开过车站和井场。

由于水管线还没接通，罐车又少，供水不足，王进喜就带领工人到附近水泡子破冰取水，用脸盆端了50多吨水，保证萨55井正式开钻。在整个打钻过程中，王进喜没离开过井场一步。饿了，啃几口冻窝窝头；困了，裹着老羊皮袄在钻杆上打个盹。通过全队工人的共同努力，只用了5天零4小时就打完了油田上第一口生产井。

"宁肯少活20年，拼命也要拿下大油田！"这是王进喜不止一次说过的话。他是时时刻刻都在实践着自己的誓言。第一口井完钻后，王进喜指挥放架子时，被钻杆堆滚下的钻杆砸伤了脚，当时昏了过去。醒来后还继续指挥放架子、搬家。领导知道后，硬是把他送进医院，他又从医院跑到第二口井的井场，拄着双拐指挥打井。钻到约700米时，突然发生井喷，井场没有压井用的重晶石粉。经过研究，决定采取用加水泥的办法提高泥浆密度压井喷。水泥加进泥浆池就沉底，又没有搅拌器，王进喜扔掉拐杖，奋不顾身地跳进泥浆池，用身体搅拌泥浆。在王进喜的带领下，其他同志纷纷跳入泥浆池，经过全队工人的奋战，终于压住了井喷，保住了钻机和油井。

1960年4月，在萨尔图万人广场召开了石油会战誓师动员大会，"学铁人、做铁人"活动更加轰轰烈烈。1970年4月，王进喜去玉门参加全国石油工业现场会，在归途中胃病发作，到北京经医院确诊为晚期胃癌。1970年11月病逝，终年47岁。

铁人王进喜是大庆人的杰出典范，中国工人阶级的光辉形象，共产党人的优秀代表，社会主义建设时期的英雄人物。他给我们留下了宝贵的精神财富———铁人精神，与其他伟人和英雄人物一道被列为"百年中国十大人物"。

"两弹元勋"——邓稼先

邓稼先（1924~1986）是我国著名的核物理学家，中国科学院院士。邓稼先，杰出科学家、中国"两弹"元勋，参加组织和领导我国核武器的研究、设计工作，是我国核武器理论研究工作的奠基者之一。

从原子弹、氢弹原理的突破和试验成功及其武器化，到新的核武器的重大原理突破和研制试验，均做出了重大贡献，作为主要参加者，其成果曾获国家自然科学奖一等奖和国家科技进步奖特等奖；被称为"中国原子弹之父"。邓稼先是安徽人，后来在北京大学当物理老师。1948年10月，邓稼先去美国读研究生，1950年获物理学博士学位。在他取得学位后的第9天，便登上了回国的轮船。回国后，邓稼先在中国从事原子核理论研究工作。邓稼先是中国核武器研制与发展的主要组织者、领导者，被称为"两弹元勋"。在原子弹、氢弹研究中做出了巨大的贡献！1956年光荣地加入了中国共产党。

邓稼先领导开展了爆轰物理、流体力学、状态方程、中子输运等基础理论研究，完成了原子弹的理论方案，并参与指导核试验的爆轰模拟试验。原子弹试验成功后，邓稼先又组织力量，探索氢弹设计原理，选定技术途径。领导并亲自参与了1967年中国第一颗氢弹的研制和实验工作。

1999年9月18日，在中华人民共和国成立五十周年之际，党中央、国务院、中央军委隆重表彰为我国"两弹一星"事业作出突出贡献的23位科技专家，并授予他们"两弹一星功勋奖章"，邓稼先就是为此付出了毕生的精力，也为此献出了生命。

"两弹一星"最初是指原子弹、导弹和人造卫星。"两弹"中的一弹是原子弹和氢弹的合称；另一弹是指导弹。"一星"则是人造地球卫星。

中国的"两弹一星"，是20世纪下半叶中华民族创建的辉煌伟业。1964年10月16日我国第一颗原子弹爆炸成功，1967年6月17日我国第一颗氢弹空爆试验成功，1970年4月24日我国第一颗人造卫星发射成功。

这是中国人民在攀登现代科学高峰征途中创造的"两弹一星"的人间奇迹。"两弹一星"的伟业，是新中国建设成就的重要象征，是中华民族的荣

青少年应该知道的历史知识

耀与骄傲，也是人类文明史上的一个勇攀科技高峰的空前壮举。

邓稼先和周光召合写的《我国第一颗原子弹理论研究总结》，是一部核武器理论设计开创性的基础巨著，它总结了百位科学家的研究成果，这部著作不仅对以后的理论设计起到指导作用，而且还是培养科研人员入门的教科书。邓稼先对高温高压状态方程的研究也做出了重要贡献。为了培养年轻的科研人员，他还写了电动力学、等离子体物理、球面聚心爆轰波理论等许多讲义，即使在担任院长重任以后，他还在工作之余着手编写"量子场论"和"群论"。

1986年7月29日，邓稼先因癌症不幸逝世，享年62岁。人民将永远怀念这位被称做"两弹"元勋的这位我国核武器研制工作的开拓者和奠基者。

邓稼先是中国知识分子的优秀代表，为了祖国的强盛，为了国防科研事业的发展，他甘当无名英雄，默默无闻地奋斗了数十年。他常常在关键时刻，不顾个人安危，出现在最危险的岗位上，充分体现了他崇高无私的奉献精神。他在中国核武器的研制方面做出了卓越的贡献，却鲜为人知，直到他死后，人们才知道了他的事迹。

改革开放总设计师——邓小平

邓小平（1904～1997）伟大的马克思主义者，无产阶级革命家、政治家、军事家、外交家，中国共产党、中国人民解放军、中华人民共和国的主要领导人之一，中国社会主义改革开放和现代化建设的总设计师，邓小平理论的创立者。

1978年12月召开的中共十一届三中全会，开辟了中国改革开放和集中力量进行社会主义现代化建设的新时期。他在这个会议上对中国共产党政策的历史转变起了决定性的作用。在为这次全会作准备的中央工作会议上，他发表《解放思想、实事求是，团结一致向前看》的讲话。经过这次全会，形成了以他为核心的中国共产党第二代领导集体。党的十一届三中全会作出了实行改革开放的重大决策。

1979年，党中央、国务院批准广东、福建在对外经济活动中实行"特殊政策、灵活措施"，并决定在深圳、珠海、厦门、汕头试办经济特区，福建省和广东省成为全国最早实行对外开放的省份之一。在1981年6月召开的中共十一届六中全会上，通过由他主持起草的《关于建国以来党的若干历史问题的决议》，根本否定了"文化大革命"，维护了毛泽东的历史地位，科学地评价了毛泽东思想。在这次会议上，他当选为中共中央军事委员会主席。

1982年9月中共十二次全国代表大会召开，他在开幕词中提出："把马克思主义的普遍真理同我国的具体实践结合起来，走自己的路，建设有中国特色的社会主义。"在十二届一中全会上当选为中央政治局常务委员。在中央顾问委员会第一次全体会议上当选为主任。在1983年6月第六届全国人大一次会议上当选为中华人民共和国中央军事委员会主席。

中共十一届三中全会以后，他坚持解放思想、实事求是，创立和发展了建设有中国特色的社会主义理论。这一理论科学地阐明社会主义本质，第一次比较系统地回答了中国这样经济文化落后的国家如何建设社会主义，如何巩固和发展社会主义的一系列基本问题。他认为中国处于社会主义初级阶段，一切要从这个实际出发来制订规划。根据他的思想，1987年，中共十三大制定了党在社会主义初级阶段的以经济建设为中心，坚持四项基本原则，坚持改革开放的基本路线。他指出，社会主义根本任务是发展生产力。全党要一心一意地搞现代化建设。实现现代化，关键是科学技术现代化。科学技术是第一生产力。教育是一个民族最根本的事业。他设计了从20世纪80年代到下个世纪中叶分三步走基本实现现代化的发展战略目标。并且提出，一切以是否有利于发展社会主义社会的生产力、是否有利于增强社会主义国家的综合国力、是否有利于提高人民的生活水平为根本标准，不断开拓新局面。

他大力支持和推动农村改革，推进以城市为中心的全面改革，指出"改革是中国第二次革命"。他关于社会主义也可以搞市场经济的论述，为中国共产党确定建立社会主义市场经济的体制的改革目标奠定了理论基础。他倡议兴办经济特区，开放14个沿海城市，开发开放上海浦东新区，推动中国全面对外开放格局的形成。他积极推进政治体制改革，强调发展社会主义民主，健全社会主义法制，在建设物质文明的同时，高度重视精神文明建设。他提倡干部队伍革命化、年轻化、知识化、专业化，主张废除干部领导职务终身制。他认为和平与发展是当代世界两大问题，军队和国防建设指导思想要实行战略性转变，提出要把军队建设成为强大的现代化正规化的革命军队。

他为解决香港、澳门、台湾问题，实现祖国和平统一，倾注了大量心血。他从实际出发创造性地提出"一个中国，两种制度"的构想，按照这个构想，香港已于1997年回归中国，澳门也将在1999年底回归中国。他提出独立自主的和平外交政策，主张以和平共处五项原则作为建立国际政治经济新秩序的准则。在他的主持下，中国同美国建立了外交关系，同日本缔结了中日和平友好条约，恢复了中苏两党两国的关系，发展了同周边国家和第三世界国家的友好关系。他为打开中国外交新局面，争取有利的国际环境来进行现代化建设，维护世界和平，作出了不懈的努力。80年代末、90年代初国内国际发生政治风波，党和政府在他和其他老同志坚决有力的支持下，依靠人民，坚持四项基本原则，同时坚持以经济建设为中心，坚持改革开放，从而经受住严重的考验，维护了国家的独立、尊严、安全和稳定。

1989年11月在中共十三届五中全会上，他辞去了最后担任的中央军委主席职务。在以他为核心的第二代中央领导集体向以江泽民为核心的第三代中央领导集体顺利过渡、保持党和国家稳定的过程中，他起了关键的作用。退休以后，他仍然关心党和国家的事业。

1992年视察中国南方的武昌、深圳、珠海、上海等地，发表重要谈话，总结改革开放以来的基本经验，从理论上回答了一些重大问题。以这次谈话和中共十四大为标志，中国的改革开放和现代化建设进入了一个新阶段。1997年召开的中共第十五次全国代表大会，将建设有中国特色社会主义理论概括为邓小平理论，指出这一理论是当代中国的马克思主义，是马克思主义在中国发展的新阶段，并在党章中明确规定，中国共产党以马克思列宁主义、毛泽东思想、邓小平理论作为自己的行动指南。

1997年2月19日，伟大的马克思主义者，无产阶级革命家、政治家、军

事家、外交家，中国共产党、中国人民解放军、中华人民共和国的主要领导人之一，中国社会主义改革开放和现代化建设的总设计师，邓小平理论的创立者——邓小平同志在北京逝世。

"杂交水稻之父"——袁隆平

袁隆平1930年9月1日出生于北京。祖籍江西省德安县。

袁隆平的童年正处在中国时局动荡、国难当头的抗日战争时期。在求学阶段，他肯动脑筋，不读死书，善于思索，被老师称为"爱提问的学生"。1949年，袁隆平考入重庆相辉学院农学系（1952年全国院系调整时并入西南农学院）。

1953年8月大学毕业后分配到湖南省安江农校任教，讲授俄语、植物、作物栽培、遗传育种等课程。

20世纪60年代初，袁隆平带领学生下农村生产实习，目睹了农村粮食短缺、群众生活困难的现状，决心从农作物品种改良入手，探索科技兴农之路，与饥饿和灾荒作斗争。

1964年，他在我国率先开展水稻杂种优势利用研究，并提出通过培育雄性不育系、雄性不育保持系和雄性不育恢复系的三系法途径来培育杂交水稻，以大幅度提高水稻产量。

但工作刚刚起步，就开始了"文化大革命"。在上级有关部门的支持下，他避开干扰，依靠社会主义的大协作精神，带领助手刻苦钻研，克服种种困难，经过10年奋战，终于攻克了三系法杂交水稻研究中的难题。1975年研究出一整套生产杂交种子的制种技术，1976年开始，杂交水稻在全国大面积推广，比常规稻平均增产20%左右。由此，袁隆平成为世界上第一个成功地将水稻杂种优势应用于生产的科学家。

为加强和协调杂交水稻的科学研究，1984年成立了全国性的杂交水稻专门研究机构——湖南杂交水稻研究中心，袁隆平任中心主任。1995年，国家杂交水稻工程技术研究中心成立，袁隆平任主任。

1998年，超级杂交稻研究被列为国家"863计划"重点项目，袁隆平出任首席责任专家；2010年已经解决百亩示范片亩产900公斤的目标。

2005年8月，温家宝总理在湖南考察时赞扬说："袁隆平所做出的贡献，不仅有利中国，而且有利世界。"袁隆平先后获得国家特等发明奖、国家首届最高科学技术奖等10多项国家和省级奖励，获得全国劳动模范、国家级有突出贡献科技专家、全国先进工作者、全国优秀科技工作者等10多项国家和省级荣誉，当选"科学中国人（2002）年度人物"、"感动中国2004年度人物"，获得世界知识产权组织"杰出发明家"金质奖章、联合国教科文组织"科学奖"、美国"世界粮食奖"等10多项国际大奖。袁隆平院士是我国当代杰出的农业科学家，享誉世界的"杂交水稻之父"。

"奥古斯都"——屋大维

罗马杰出的政治家、罗马帝国的创始者。出身于骑士家庭，父亲是元老院的元老。屋大维是凯撒的甥孙，被凯撒收为养子，使其继承了大部分财产。

公元前44年凯撒被刺后，继之而起的是执政官安东尼、骑兵长官雷必达和屋大维的三人同盟，史称"后三头"。三人间不断明争暗夺，不久雷必达失势，到公元前30年，屋大维打败了安东尼，获得最后胜利，成为罗马的军事独裁者。屋大维在国家制度上保存着共和的外衣，没有恢复公开的军事独裁制度。他把自己称为"第一公民"，意即元首。

元首政治开始于公元前27年。元老院觉得屋大维有能力镇压奴隶和保卫奴隶主的利益，就赠给他"奥古斯都"（神圣、至尊的意思）的称号。在元首制下，元老院实际上受元首的控制，屋大维本人是元首、统帅、终身执政官、首席元老、大祭司长，独揽军事、司法、行政、宗教等大权，实际上是皇帝。所以，屋大维树立的元首制实质上是一种隐蔽的君主制，屋大维统治罗马是罗马帝国的开始。

"我接受了一座用砖建造的罗马城，却留下一座大理石的城。"这是罗

马帝国的创建者屋大维充满自豪感时说的一句话。他要让罗马人从战争中解放出来，"永远过和平的生活"，在他统治的43年里，是古罗马经济上最富庶的时代，又是古罗马文学上的"黄金时代"。公元14年8月，当他死去时，罗马元老院决定将他列入"神"的行列，并且将8月称为"奥古斯都"。

意大利旅行家——马可·波罗

马可·波罗是世界历史上第一个将地大物博的中国向欧洲人作出报道的人。

他在他的游记中以100多章的篇幅，记载了我国40多处的城市地方，对当时中国的自然和社会情况作了详细描述。因此，马可·波罗被誉为"中世纪的伟大旅行家"，中西交通史和中意关系史上的友好使者。

马可·波罗的家乡威尼斯是一个古老的商业城市。他家祖辈也是世代经商，父亲和叔父常奔走于地中海东部，进行商业活动。1260年，他的父亲和叔父经商到过伊士坦布尔，后来又到中亚的布哈拉，在那里他们两遇到了一个波斯使臣，并和使臣一起到了中国，见到了元世祖忽必烈。

1269年，马可·波罗已经15岁，他的父亲和叔父从东方回到了威尼斯，他们从东方带回的动人见闻，使得马可·波罗既羡慕又向往，他也很想做一个商人漫游东方两年之后，马可·波罗的美好愿望实现了。

1271年，他的父亲和叔父再次动身去中国，决定带马可·波罗同行，于是年轻的马可·波罗以意大利威尼斯商人的身份，怀着了解东方的心情，踏上了东行之途。他们由威尼斯起程，渡过

地中海，到达小亚细半岛，经由亚美尼亚折向南行，沿着美丽的底格里斯河浴，到达伊斯兰教古城巴格达，由此沿波斯湾南下，向当时商业繁盛的霍尔木兹前进，继而从霍尔木兹向北穿越荒无人烟的伊朗高原，折而向东，在到达阿富汗的东北端时，马可·波罗由于适应不了高原山地的生活，不幸病倒了，只好停下来疗养。

一年之后，马可波罗恢复了健康，继续前进。费时三年半，于1275年夏抵达元代上都。

马可·波罗到达大都时已经21岁，风华正茂，由父亲和叔父带着觐见忽必烈大汗。忽必烈非常高兴，在宫内设宴欢迎，并留他们在朝中居住下来，马可·波罗善于学习，很快熟悉了朝廷礼仪，掌握了蒙古语等语言。

忽必烈在和马可波罗的接触中，发现他具有敏锐的观察力，因此对他很器重，除了在京城大都应差外，还几次安排他到国内各地和一些邻近国家，进行游览和访问。根据游记记载，马可波罗出访过云南，他从大都出发，经由河北到山西，自山西过黄河进入关中，然后从关中逾越秦岭到四川成都，大概再由成都西行到建昌，最后渡金沙江到达云南的昆明。他还去过江南一带，所走的路线似乎是取道运河南下，他的游记里有淮安，宝应等城市的记载，其中在扬州他还担任官职3年。此外，马可波罗还奉使访问过东南亚的一些国家，如印尼，菲律宾，缅甸，越南等国。

马可·波罗和他的父亲，叔父在中国旅居约17年之后，于1291年初以护送元室阔阔真公主前往波斯，而离开大都顺路回国。他们的回程取海道，从福建泉州出海，西南行，经爪哇，苏门答腊，斯里兰卡，马拉巴海岸，直驶波斯湾的霍尔木兹，自此登陆，经大不理士到特勒比遵德，由此坐船经伊斯坦布尔，于1295年回到了离别20余年的家乡威尼斯。

马可·波罗因为从东方回来元朝已经有点名望了，虽然禁锢在监狱里，监内监外，仍不断有人找他谈东方的事情，而马可·波罗为消磨时光，也经常向同狱的人叙述东方各国的奇风异物。他在监狱中写了一部举世闻名的《马可·波罗游记》。1299年威尼斯与热那亚的战争宣告结束，马可波罗被释放回威尼斯，从此，他经营商业，并娶妻成家，生有二个女儿，再也没有

出外远游了。

《马可·波罗游记》激起了欧洲人对东方的热烈向往，对以后新航路的开辟产生了巨大的影响。《马可·波罗游记》在把中国文化艺术传播到欧洲这一方面，具有重要意义。这本书的意义在于它导致了欧洲人文科学的广泛复兴。1324年当他临近70岁的时候，逝世于威尼斯。

伟大的盲诗人——荷马

荷马，古希腊盲诗人。

相传记述公元前12～前11世纪特洛伊战争及有关海上冒险故事的古希腊长篇叙事史诗《伊利亚特》和《奥德赛》，即是他根据民间流传的短歌综合编写而成。据此，他生活的年代，当在公元前10～前9、8世纪之间。

荷马史诗是《伊利亚特》与《奥德赛》的合称。荷马史诗被称为欧洲文学的老祖宗，是西方古代文艺技巧高度发展的结晶。

荷马史诗写的是公元前12世纪希腊攻打特洛伊城以及战后的故事。史诗的形成和记录，几乎经历了奴隶制形成的全过程。特洛伊战争结束后，在小亚细亚一带就有许多歌颂战争英雄的短歌流传，这些短歌的流传过程中，又同神的故事融合在一起，增强了这次战争英雄人物的神话色彩。

经过荷马的整理，至公元前8世纪和7世纪，逐渐定型成为一部宏大的战争传说，在公元前6世纪的时候才正式以文字的形式记录下来。到公元前3世纪和2世纪，又经亚里山大里亚学者编订，各部为24卷。这部书的形成经历了几个世纪，掺杂了各个时代的历史因素，可以看成是古代希腊人的全民性创作。

关特洛伊战争的神话故事与传说在古希腊各地广为传诵。许许多多游荡于希腊世界的说唱艺人、游咏诗人都乐此不疲，从而使之代代相传，古希腊伟大诗人荷马的两部光辉诗篇《伊利亚特》和《奥德赛》便取材于此。

荷马史诗，是古代希腊从氏族社会过渡到奴隶制时期的一部社会史、风俗史，具有历史、地理、考古学和民俗学方面的很高价值。这部史诗也表现了人文主义的思想，肯定了人的尊严、价值和力量。这是人类童年时代的艺术创作，在思想上、艺术上不免带有局限性。

荷马史诗开创了西方文学的先河来说，荷马堪称西方文学的始祖，他以诗歌般的记叙手法所展现的战争，生活场景至今仍为人所津津乐道。同时，荷马诗史也是研究古希腊风土人情的宝贵的资料。

伟大的艺术大师——达·芬奇

列奥纳多·达·芬奇（1452年～1519年），意大利文艺复兴时期最负盛名的艺术大师。他不但是个大画家，还是数学家和物理学家和机械工程师。也是整个欧洲文艺复兴时期最杰出的代表人物之一。他是一位思想深邃、学识渊博、多才多艺的艺术大师、科学巨匠、文艺理论家、大哲学家、诗人、音乐家、工程师和发明家。

他诞生在意大利芬奇镇附近的安基亚诺村，芬奇镇靠近佛罗伦萨。达·芬奇是非婚生子，他的童年是在祖父的田庄里度过的。孩提时代的达·芬奇聪明伶俐，勤奋好学，兴趣广泛。他尤其喜爱绘画，常为邻里们作画，有"绘画神童"的美称。

在文艺复兴时期当数达·芬奇、米开朗基罗和拉斐尔的成就最高。他们的艺术成就达到了西方造型艺术继古希腊之后的第二次高峰，仅绘画而言，则达到了欧洲的第一次高峰。其中尤以达·芬奇最为突出，恩格斯称他是巨人中的巨人。在艺术创作方面，达·芬奇解决了造型艺术三个领域——建筑、雕刻、绘画。达·芬奇的艺术作品不仅象镜子似的反映事物，而且还以思考指导创作，从自然界中观察和选择美的部分加以表现。壁画《最后的晚餐》、祭坛画《岩间圣母》和肖像画《蒙娜丽莎》是他一生的三大杰作。

这三幅作品是达·芬奇为世界艺术宝库留下的珍品中的珍品，是欧洲艺术的拱顶之石。《蒙娜丽莎》是文艺复兴时代画家列奥纳多·达·芬奇所绘的丽莎·乔宫多的肖像画。它的拥有者法国政府把它保存在巴黎的卢浮宫供公众欣赏。

《蒙娜丽莎》是一幅享有盛誉的肖像画杰作。它代表达·芬奇的最高艺术成就，成功地塑造了资本主义上升时期一位城市有产阶级的妇女形象。画中人物坐姿优雅，笑容微妙，背景山水幽深茫茫，淋漓尽致地发挥了画家那奇特的烟雾状"空气透视"般的笔法。画家力图使人物的丰富内心感情和美丽的外形达到巧妙的结合，对于人像面容中眼角唇边等表露感情的关键部位，也特别着重掌握精确与含蓄的辩证关系，达到神韵之境，从而使蒙娜丽莎的微笑具有一种神秘莫测的千古奇韵，那如梦似的妩媚微笑，被不少美术史家称为"神秘的微笑"。

达·芬奇比之文艺复兴时期中的任何一人，有更多的、领域更广的幻想。他思想深邃、博学多才。达·芬奇是当之无愧的"文艺复兴时代最完美的代表人物"。

世界航海家——麦哲伦

尔南多·麦哲伦，世界航海家之一。葡萄牙人，1480年出生于一个贵族家庭。

1519年9月20日，麦哲伦在西班牙国王的资助下，率领一支由5艘帆船266人组成的的探险队，从西班牙塞维利亚港起航，开始了他名垂青史的环球航行。

麦哲伦率领船队详细航行，度过大西洋到达南美洲火地岛，历经千辛万苦，穿过麦哲伦海峡进入太平洋。这是船队已处于缺粮断炊的困难境地，水手们忍饥挨饿，用桅杆上的皮带充饥，但船队始终前进不止。在途径菲律宾群岛时，探险队于岛上的土著人发生冲突，麦哲伦受伤身亡。最后，这支船队只剩下一艘船，终于在1521年4月27日到达了今菲律宾群岛的马索毕岛。虽然麦哲伦能亲自环球，但这艘船在他死后继续向西航行取道南非驶抵西班牙，实现了从西方向西航行到达东方的计划。于1522年9月6日返回西班牙塞维利亚港，完成了历时3年的环球航行。麦哲伦从西方绕到东方的理想实现了。

麦哲伦船队的环球航行，用实践证明了地球是一个球体，不管是从西往东，还是从东往西，毫无疑问，都可以环绕我们这个星球一周回到原地。

麦哲伦船队用70天横渡大西洋到达美洲海岸，然后沿岸向南航行，寻找横穿美洲大陆的海峡或最南端的岬角。他们历经千难万险，包括饥饿、严寒、船队内部叛乱、叛逃以及误入河口等，终于在1520年11月28日穿过一个海峡到达美洲西岸的大洋。这个海峡被命名为麦哲伦海峡，即是现在南美洲智利南部、南纬52度，沟通两洋的那个海峡。麦哲伦船队此时只有三条船了。他们在大洋上向西航行110天，一直没有遭遇到狂风大浪，他们便命名这个大洋为太平洋。

1521年3月，麦哲伦船队到达菲律宾群岛。因参与岛上部族的战争，麦哲伦受重伤而死。余众分乘两条船在埃里·卡诺带领下，逃离菲律宾。他们越过马六甲海峡进入印度洋，途中，又被葡萄牙海军俘去一船。1522年9月7日回到西班牙时，只剩下一条船（维多利亚号）和18名船员了。

麦哲伦船队完成的第一次环球航行，以确凿的事实证明了地球是圆形的。这在人类历史上，永远是不可磨灭的伟大功勋。

美国独立领袖——华盛顿

乔治·华盛顿是美国首任总统（1789～1797年），美国独立战争大陆军总司令。1789年，当选为美国第一任总统，1793年连任。在两届任期结束后，他自愿放弃权力不再续任，从而开创美国历史上摒弃终身总统，和平转移权力的范例。因对美国独立作出重大贡献，被尊为美国国父。

1732年2月11日，华盛顿出生于弗吉尼亚的威斯特摩兰县，他是一个种植园主的儿子。

他幼年丧父，17岁就开始独立谋生，他未曾进入过大学学习，但通过刻苦自学，使自己具备了突出的才干。曾参加七年战争，获中校和上校衔，积累了军事指挥的经验。1758年当选为弗吉尼亚议员。

华盛顿饱尝了英国殖民当局限制、盘剥之苦。1774年和1775年，先后作

为弗吉尼亚议会的代表出席第一届、第二届大陆会议。1775年7月3日，华盛顿当选为大陆军总司令。接受北美大陆军总司令之职是华盛顿人生旅途的重大转折点，是他作为伟大与英雄生活的开端。从此他的命运就与整个北美人民的命运牢牢连在一起。是他，率领着一群缺乏训练的业余战士，抗击着世界上最强大的军事力量。他所指挥的军队，是一群从农村征来的没有经过训练的新兵，纪律涣散，松松垮垮，装备匮乏，但大都抱着一种强烈的反抗精神。

整个独立战争期间，他们克服了许多无服想像的困难，经受住了一次次失败的打击，始终坚持不懈。1776年7月4日，《独立宣言》的发布，为独立战争增加了新的动力。

和平终于来临了1783年3月下旬，英美签署和平协议。4月19日战争结束，独立战争整整进行了八年。

独立宣言的发布，独立战争的结束，使美利坚合众国真正实现了独立，这不仅仅是指他作为一个国家争得了独立和自主，也包括美国的民众从精神上，从个人权利上真正获得了解放、自由、独立。

华盛顿在1789年经过选举团投票无异议的（获得了全部的选举人票）当选总统，他是历史上唯一一个无异议投票当选的总统（并在1792年再次当选）。

1796年9月17日，华盛顿发表了他著名的《告别辞》，决意不再接受要他担任第三届总统的要求。并于1797年3月6日，向他的继任者和平移交了权力。

1799年，华盛顿染上了感冒，引起严重的发烧和喉咙痛，并恶化为喉头炎和肺炎，并在1799年12月14日去世。遗体埋在于弗农山当地。

法兰西第一帝国的创建者——拿破仑

拿破仑·波拿巴（1769年~1821年），即拿破仑一世。出生于科西嘉岛，法国军事家与政治家，法兰西第一共和国第一执政（1799年~1804

年），法兰西第一帝国及百日王朝的皇帝（1804年～1814年，1815年）。在位前期是法国人民的骄傲，直至今日一直受到法国人民的尊敬与热爱。

1784年，以优异成绩毕业后，被选送到巴黎军官学校，专攻炮兵学后来被任命为皇家炮兵少尉。1789年法国大革命爆发后，拿破仑回到科西嘉，希望推动科西嘉独立，但遭到亲英反法的保利集团排挤，最后全家逃往法国。在1793年7月，拿破仑带兵攻下了保王党的堡垒土伦，因此受到雅各宾派的赏识，被破格提拔为准将。1795年他受巴黎督政官巴拉斯之托成功平定保王党武装叛乱（史称葡月政变），一夜之间荣升为陆军中将兼巴黎卫戍司令，在军界和政界中崭露头角。在意大利，拿破仑统帅的军队多次击退了奥地利帝国与撒丁王国组成的第一次反法同盟联军，最后迫使对方签署了有利于法兰西共和国的停战条约。

取得意大利之役的胜利后，拿破仑的威信越来越高，他成为法兰西人的新英雄。而他的崛起令督政府感受到威胁，因此任命他为阿拉伯埃及共和国共和国军司令，派往东方以抑制英国在该地区势力的扩张。在拿破仑的远征军中，除了2000门大炮外，还带了175名各行业的学者以及成百箱的书籍和研究设备。

1799年回国时，人员损失惨重，幸运之神把头转向了拿破仑，他从一张法国过期的报纸上得知了法国国内紧张的形势和严峻的外部压力，感到时机成熟的拿破仑丢下了自己的军队，秘密回国。

1799年10月，回到法兰西共和国的拿破仑被当作"英雄"来欢迎。11月9日，拿破仑发动了雾月政变并获得成功，成为法兰西共和国第一执政，实际为独裁者。

他颁布了直到今天依然有重要影响的《拿破仑法典》。其中很多条款拿破仑本人亲自参加讨论并最终制定，法典基本上采纳了法兰西共和国大革命初期提出的比较理性的原则。

1804年5月18日，宪法颁布，宣布法国为法兰西帝国，拿破仑为帝国皇帝，称拿破仑一世。这就是历史上的法兰西第一帝国。

1815年6月18日拿破仑的军队在比利时滑铁卢战役中全军崩溃，7月15日

他正式投降。法兰西第一帝国覆灭，路易十八再度复辟。拿破仑被流放圣赫勒拿岛。1821年5月5日，拿破仑在岛上去世，在礼炮声中这位征服者被葬在圣赫勒拿岛上的托贝特山泉旁。

动力革命的领袖——瓦特

瓦特（1736~1819），英国发明家，机械师。蒸汽机的主要发明人之一。

他于1736年出生于英国苏格兰西部的格林诺格镇。瓦特从小身体虚弱，到了入学年龄，仍不能去上学。过了入学年龄好几年，他才到镇上的学校学习。在学校里，他不喜欢与小朋友们打闹，只爱独自沉思默想。

13岁那年，他对几何学发生了兴趣，15岁就读完了《几何学原理》这样艰深的书籍。后来他进入文法学校，数学成绩特别优秀。由于身体不好，他没到毕业就退学了。但是，他在家里坚持自学了天文学、化学、物理学和解剖学等多学科知识，并自学了好几种外语。瓦特17岁时到格拉斯哥的一家钟表店里当了学徒。他在业余时间刻苦学习，进一步掌握了许多科技原理。在当学徒时他曾经动手制造过技术要求较高的罗盘、经纬仪等。21岁那年，他来到了格拉斯哥大学当教具实验员，负责修理和制造仪器。他进一步熟悉了当时一些较先进的机械技术。

大约在18世纪中期，瓦特改进了蒸汽机。瓦特的蒸汽机很快被用户接受，不久以后就被广泛应用于采煤业以外的其他工业，促进了城市制造业的大发展。到1800年时，英国已有500台瓦特蒸汽机在各地咝咝冒气，此后其数量更是增长迅猛。瓦特的蒸汽机成为真正的国际性发明，它有力地促进了欧洲18世纪的产业革命，推动世界工业进入了"蒸汽时代"。他毕生精力集中于蒸汽机的发明，前后达20余年。他对科学技术和社会进步所作出的巨大贡献，人民是不会忘记的。

1784年4月，英国政府授予瓦特以制造蒸汽机的专利证书。马克思曾经评论说：瓦特的伟大天才表现在他所取得的专利的说明书中，他没有把自己的蒸汽机说成是一种用于特殊目的的发明，而是把它说成是大工业普遍应用的发动机。

瓦特在英国和欧洲大陆各国的学术界和科学界享有崇高的地位。1784年他成为爱丁堡皇家学会的会员，1785年又成为伦敦皇家学会的会员。1808年，他成为法兰西学士院的成员，1814年，他又被选为法国科学院的8名外籍院士之一。各国科学界都承认瓦特是他们之中最著名的一员。

1819年，84岁的瓦特在家中安然与世长辞了。瓦特终生刻苦学习，孜孜不倦地致力于科学事业，在前人成就的基础上，发明了蒸汽机，为人类科学技术的发展作出了划时代的贡献。为了纪念瓦特这位伟大的发明家，人们把常用的功率单位定为瓦特，简称瓦。

黑奴解放者——林肯

亚伯拉罕·林肯（1809～1865），美国伟大的民主主义政治家，也是世界历史中最伟大的人物之一，领导了拯救联邦和结束奴隶制度的伟大斗争。他是美国历史上最伟大的总统。

他出生于社会低层，具有勤劳、俭朴、谦虚和诚恳的品格。

他进白宫后，在奴隶制等问题上，政界发生倾轧，国家出现分裂，遇到了很多困难。在人民群众的支持和推动下，他能够顺应历史潮流。

1862年5月，林肯签署了《宅地法》，规定每个美国公只交纳10美元登记费，便能在西部得160英亩土地，连续耕种5年之后就成为这块土地的合法主人。这一措施从根本上消除了南方奴隶主夺取西部土地的可能性，同时也满足了广大农民的迫切要求，大大激发了农民奋勇参战的积极性。1862年9月，林肯又亲自起草了《解放黑人奴隶宣言》草案。他在签署了这个文件后庄严宣布："在我的一生中，从来没有比此刻签署这个文件时更加坚信自己是正义的。"根据这个宣言，美国从法律上废除了奴隶制。1863年1月1日正式颁布《解放黑奴宣言》，宣布即日起废除叛乱各州的奴隶制，解放的黑奴可以应召参加联邦军队。宣布黑奴获得自由，从根本上瓦解了叛军的战斗

力，也使北军得到雄厚的兵源。内战期间，直接参战的黑人达到18.6万人，他们作战非常勇敢，平均每三个黑人中就有一人为解放事业献出了生命。1863年提出"民有，民治，民享"的纲领性口号，从而使战争成为群众性的革命斗争。

这两个法令的颁布是南北战争的转折点，战场上的形势变得对北方越来越有利了。

1863年7月1日到3日，双方在华盛顿以北的葛底斯堡展开了内战以来规模最大的一次战斗。双方激战了三天三夜，北军重创南军，使南军损失了3.6万人，从此北军开始进入反攻，而南军只有防守了。

紧接着，北方军队以秋风扫落叶之势，迅猛追击叛军，1863年4月3日攻占了叛军首都里士满。4月9日，叛军总司令罗伯特·李率残部2.8万人在阿波马托克斯小村向格兰特投降。历时四年的南北战争以北方的胜利而告终。

在四年国内战争中，他亲自指挥作战。领导联邦政府同南部农场奴隶主进行了坚决斗争，维护了国家的统一，有力地推动了美国社会的发展。林肯于1865年4月15日遇刺身亡。由于林肯在美国历史上所起的进步作用，人们称赞他为"新时代国家统治者的楷模"。

1865年4月15日，亚伯拉罕·林肯去世，时年56岁。林肯去世后，他的遗体在14个城市供群众凭吊了两个多星期，后被安葬在普林斯菲尔德。1914年，在华盛顿的国家大草坪西端建造的林肯纪念堂被视为美国永恒的塑像及华盛顿市标志。

"发明大王"——爱迪生

爱迪生于1847年2月11日诞生于美国中西部的俄亥俄州的米兰小市镇。父亲是荷兰人的后裔，母亲曾当过小学教师，是苏格兰人的后裔。爱迪生7岁时，父亲经营屋瓦生意亏本，将全家搬到密歇根州休伦北郊的格拉蒂奥特堡定居下来。爱迪生8岁上学，但仅仅读了三个月的书，就被老师斥为"低能儿"而撵出校门（因"愚钝糊涂"被勒令退学了）。从此以后，他的母亲是他的"家庭教师",决定自己教儿子读书识字,并教育他要诚实、爱祖国、爱人类。由于母亲的良好的教育方法,使得他对读书产生了浓厚的兴趣。"他不仅博览群书,而且一目十行,过目成诵"。8岁时,他读了英国文艺复兴时期最重要的剧作家莎士比亚、狄更斯的著作和许多重要的历史书籍,到9岁时,他能迅速读懂难度较大的书,如帕克的《自然与实验哲学》。

他经过反复钻研,在1868年他发明了一台自动电力记录器,这是他的第一个发明。后来他又发明了两种新型的电报机。1877年他发明了碳精电话送话器,使原有的电话声音更为清晰;此外他还发明了留声机。人们都称他为"魔术师"。

1878年9月爱迪生31岁时开始研究电灯。那时煤气灯已代替煤油灯,但火焰闪烁不定,而且在熄灭时产生有害气体;弧光灯也已发明,并在公共场所使用,但由于燃烧时发出嘶嘶声而且光亮过于耀眼,不宜用于室内。当时许多欧美科学家已在探求制造一种新的稳定的发光体。

爱迪生研究了弧光灯后宣布他能发明一种使人满意的光,但需要钱。那时他已是一个有了170项发明专利权的人,他的发明给资本家带来很大利润,因此一个财团愿意向他提供资助。经过几千次失败,1879年4月他改进了前人的棒状、管状灯,做出了一个玻璃球状物;1879年10月21日他把一个经过碳处理的棉线固定在玻璃泡内,抽出了空气、封上口、通上电流,它发光了,一种新的照明物出现了。

1880年至1882年间,爱迪生设计了电灯插座、电钮、保险丝、电流切断器、电表、挂灯,还设计了主线和支线系统,又制成了当时世界上容量最大的发电机,并在纽约建立第一座发电厂,开辟了第一个民用照明系统。后来他又同乔治·伊斯曼一起发明了电影摄影机。爱迪生的三大发明:留声机、电灯和电力系统、电影摄影机,丰富和改善了人类的文明生活。

爱迪生于1931年10月18日(一说是10月9日)去世,终年84岁。是位举世闻名的美国电学家和发明家,然而至今为止还没有人能打破他持有1099个发明专利权的记录。爱迪生一生共有约2000项创造发明,为人类的文明和进步作出了巨大的贡献。人们称他为发明之王。他除了在留声机、电灯、电

话、电报、电影等方面的发明和贡献以外，在矿业、建筑业、化工等领域也有不少著名的创造和真知灼见。

爱迪生同时也是一位伟大的企业家，1879年，爱迪生创办了"爱迪生电力照明公司"，1880年，白炽灯上市销售，1890年，爱迪生已经将其各种业务组建成为爱迪生通用电气公司。1891年，爱迪生的细灯丝、高真空白炽灯泡获得专利。1892年，汤姆·休斯顿公司与爱迪生电力照明公司合并成立了通用电器公司，开始了通用电气在电气领域长达一个世纪的统治地位。

科学家——牛顿

艾萨克·牛顿（1642年~1727年），是英国伟大的数学家、物理学家、天文学家和自然哲学家。

1642年12月25日圣诞节前夜生于英格兰林肯郡格兰瑟姆附近的一个农民家庭里。

少年时的牛顿并不是神童，他资质平常，成绩一般，但他喜欢读书，喜欢看一些介绍各种简单机械模型制作方法的读物，并从中受到启发，自己动手制作些奇奇怪怪的小玩意，如风车、木钟、折叠式提灯等等。

牛顿19岁时进入剑桥大学，靠为学院做杂务的收入支付学费。在这里，牛顿开始接触到大量自然科学著作，经常参加学院举办的各类讲座，包括地理、物理、天文和数学。牛顿的第一任教授伊萨克·巴罗是个博学多才的学者。这位学者独具慧眼，看出了牛顿具有深邃的观察力、敏锐的理解力。于是将自己的数学知识，包括计算曲线图形面积的方法，全部传授给牛顿，并把牛顿引向了近代自然科学的研究领域。

当时，牛顿在数学上很大程度是依靠自学。他学习了欧几里德的《几何原本》、笛卡儿的《几何学》、沃利斯的《无穷算术》、巴罗的《数学讲义》及韦达等许多数学家的著作。其中，对牛顿具有决定性影响的要数笛卡儿的《几何学》和沃利斯的《无穷算术》，它们将牛顿迅速引导到当时数学最前沿——解析几何与微积分。1664牛顿被选为巴罗的助手，第二年，剑桥大学评议会通过了授予牛顿大学学士学位的决定。

随着科学声誉的提高，牛顿的政治地位也得到了提升。1689年，他被当选为国会中的大学代表。作为国会议员，牛顿逐渐开始疏远给他带来巨大成就的科学。

晚年的牛顿在伦敦过着堂皇的生活，1705年他被安妮女王封为贵族。此时的牛顿非常富有，被普遍认为是生存着的最伟大的科学家。他担任英国皇家学会会长，在他任职的24年时间里，他以铁拳统治着学会。没有他的同意，任何人都不能被选举。

晚年的牛顿开始致力于对神学的研究，他否定哲学的指导作用，虔诚地相信上帝，埋头于写以神学为题材的著作。当他遇到难以解释的天体运动时，竟提出了"神的第一推动力"的谬论。他说"上帝统治万物，我们是他的仆人而敬畏他、崇拜他"。

1727年3月20日，伟大艾萨克·牛顿在伦敦病逝逝世。同其他很多杰出的英国人一样，他被埋葬在了威斯敏斯特教堂。他的墓碑上镌刻着：让人们欢呼这样一位多么伟大的人类荣耀曾经在世界上存在。

牧野之战

商纣王统治下，政治腐败，刑罚残酷，连年用兵，贵族矛盾锐化，导致了整个社会动荡不安；而西方属国——周正如日中天，蒸蒸日上，任用贤士，修德以倾商政，积极开展伐纣灭商的大业。牧野之战是商朝军队和周武王军队的决战。公元前1046年1月20日，周武王和商纣王在牧野展开决战。

盟津之会后的两年中，纣王昏乱暴虐，愈演愈烈；杀宰相比干、囚禁箕子，人民的不满无以复加，连太师、少师都抱乐器奔周。纣已众叛亲离、彻底孤立，伐纣时机已经成熟。于是，武遍告诸侯：殷有重罪，不可不征伐！

公元前1046年正月，周武王统率兵车300乘，虎贲3000人，甲士4万5千人，浩浩荡荡东进伐商。周军进攻的消息传至朝歌，商朝廷上下一片惊恐。商纣王无奈之中只好仓促部署防御。但此时商军主力还远在东南地区，无法立即调回。于是只好武装大批奴隶，连同守卫国都的商军共约17万人，由自

己率领，开赴牧野迎战周师。

二月初五凌晨。武王在阵前声讨纣王听信宠姬谗言，不祭祀祖宗，招诱四方的罪人和逃亡的奴隶，暴虐地残害百姓等诸多罪行，从而激发起从征将士的敌忾心与斗志。接着，武王下令向商军发起总攻击。他先让吕尚率领一部分精锐突击部队向商军挑战，以牵制迷惑敌人，并打乱其阵脚。商军中的奴隶和战俘心向武王，这时便纷纷起义，掉转戈矛，帮助周帅作战。武王乘势以"大卒（主力）冲驰帝纣师"，猛烈冲杀敌军。于是商军十几万之众顷刻土崩瓦解。纣王见大势尽去，于当天晚上仓惶逃回朝歌，登上鹿台自焚而死。周军乘胜进击，攻占朝歌，灭亡商朝。尔后，武王分兵四出，征伐商朝各地诸侯，肃清殷商残余势力。商朝灭亡。

商纣王之所以迅速败亡，根本的原因自然是因为殷商统治集团政治腐朽，横行暴敛，严刑酷法，导致丧尽民心，众叛亲离。

牧野之战是我国古代车战初期的著名战例，它终止了殷商王朝的六百年统治，确立了周王朝对中原地区的统治秩序，为西周礼乐文明的全面兴盛开辟了道路，对后世历史的发展产生了深远的影响。而其所体现的谋略和作战艺术，也对古代军事思想的发展具有不可低估的意义。是我国历史上的一次正义之战。

长平之战

公元前262年。秦昭王派大将白起攻打韩国，占领了野王城，切断了韩国上党郡和国都的联系。韩国想献出上党邯向秦求和，但是上党邯守冯亭不愿降秦，请赵国发兵取上党郡。

公元前260年，秦派左庶长王龁攻韩，夺取上党，上党的百姓纷纷逃往赵国，赵驻兵于长平。以便镇抚上党之民。四月，王龁攻赵。赵派廉颇为将抵抗。赵军士卒犯秦斥兵，秦斥兵斩赵裨将茄。六月，败赵军，取二鄣四尉。七月，赵军筑垒壁而守。秦军又攻赵军垒壁，取二尉，败其阵，夺西垒壁。

双方僵持多日，赵军损失巨大。廉颇根据敌强己弱、初战失利的形势，决定采取坚守营垒以待秦兵进攻的战略。秦军多次挑战，赵国却不加兵、赵王为此屡次责备廉颇。秦相应侯范雎派人携千金向赵同权臣行贿，用离间计，散布流言说："秦国所痛恨、畏惧的，是马服君赵奢之子—赵括；廉颇容易对付，他快要投降了。"赵正既怨怒廉颇连吃败仗，士卒伤亡惨重，又嫌廉颇坚壁固守不肯出战，因而听信流言，便派赵括替代廉颇为将，命他率兵击秦。

赵括上任之后，一反廉颇的部署。不仅临战更改部队的制度，而且大批撤换将领，使赵军战力下降。秦见赵中了计，暗中命白起为将军，王龁为副将。赵括虽自大骄狂，但他畏惧白起为将，所以秦王下令"有敢泄武安君将者斩："

白起面对鲁莽轻敌，高傲自恃的对手，决定采取后退诱敌，分割围歼的战法。他命前沿部队担任诱敌任务，在赵军进攻时，佯败后撤，将主力配置在纵深构筑袋形阵地，另以精兵5000人，楔人敌先头部队与主力之间，伺机割裂赵军。8月，赵括在不明虚实的情况下，贸然采取进攻行动；秦军假意败走，暗中张开两翼设奇兵胁制赵军、赵军乘胜追至秦军壁垒，秦早有准备，壁垒坚固不得人。白起令两翼奇兵迅速出击，将赵军截为二段。赵军首尾分离，粮道被断；秦军又派轻骑兵不断骚扰赵军、赵军的战势危急，只得筑垒壁坚守，以待救兵。秦王听说赵国的粮道被切断，亲临河内督战，征发十五岁以上男丁从军。赏赐民爵一级，以阻绝赵同的援军和粮草，倾全国之力与赵作战。

到了九月，赵兵已断粮四十六天，饥饿不堪，甚至自相杀食。赵括走投无路，重新集结部队，分兵四队轮番突围，终不能出，赵括亲率精兵出战，被秦军射杀：括军队大败。四十几万士兵投降白起。白起使诈，把赵降牛全部坑杀，只留下二百四十个小兵回赵国报信，赵国上下为之震惊。后因赵国的平原君写信给其妻子的弟弟魏国的信陵君，委托他向魏工发兵救赵，于是信陵君就去求魏王发兵救赵，魏王派晋鄙申十万大军就赵，但由于秦昭襄王的威胁，魏王只好让军队在邺城待命，信陵君为了救赵，只好用侯赢计，窃得虎符，杀晋鄙，率兵救赵，在邯郸大败秦军。才避免赵国的过早灭亡。

巨鹿之战

陈胜吴广牺牲后，项梁召集各路义军在薛（今山东滕县东南）计议，并接受谋士范增建议，立楚怀王之孙名心的为王，仍称楚怀王。接着项梁率领起义军大败秦军于东阿（今山东阳谷东北），刘邦、项羽也在城阳等地打败秦军。

项梁在取得一系列胜利后骄傲轻敌，被章邯偷袭以至牺牲。章邯破项梁军后，认为楚地农民军主力已被消灭，于是就渡河北上，移兵邯郸，攻击以赵歇为王的河北起义军。赵歇退守巨鹿（今河北平乡西南）。

秦朝派王离率几十万边防军包围巨鹿，章邯在巨鹿以南筑甬道，以运粮供给王离军。赵歇粮少兵单，危在旦夕，乃遣使求救于楚怀王。

楚怀王与起义军首领在彭城（今江苏徐州）召开紧急军事会议，决定分兵两路：一路由刘邦率领向西直指关中。另一路以宋义为上将军，项羽为次将，范增为末将，率起义军主力北上救赵。

援赵大军进至安阳（今山东曹阳东南）后，宋义被秦军的气焰所吓倒，逗留46天不敢前进。项羽痛斥宋义的怯懦行为并杀死了他。楚怀王遂封项项羽为上将军，并令英布和蒲将军两支起义军也归其指挥。

公元前207年12月，项羽率起义军到达巨鹿县南的漳水，立刻派遣英布和蒲将军率2万义军渡过漳水，援救巨鹿，初战告捷。接着，项羽率领全军渡过漳水，命令全军破釜沉舟，只带三日粮，以示不胜则死的决心，以迅雷不及掩耳之势直奔巨鹿，断绝秦军粮道，包围了王离军队。

项羽的决心和勇气，对将士起了很大的鼓舞作用。楚军把王离的军队包围起来，个个士气振奋，越打越勇。一个人抵得上十个秦兵，十个就可以抵上一百。经过九次激烈战斗，活捉了王离，杀死了秦将苏角，其他的秦军将士有被杀的，也有逃走的，围巨鹿的秦军就这样瓦解了。当时，各路将领来救赵国的有十几路人马。可是他们害怕秦军强大，都扎下营寨，不敢跟秦军交锋。这回儿，听到楚军震天动地的喊杀声，挤在壁垒上看。他们瞧见楚军横冲直撞杀进秦营的情景，吓得伸着舌头，屏住了气。赶到项羽打垮了秦军，请他们到军营来相见的时候，他们都跪在地下爬着进去，连头也不敢抬起来。

打那时候起，项羽实际上成了各路反秦军的首领。

巨鹿解围后，在项羽的沉重打击下，章邯进退无路，不得不于前207年7月在洹水南殷墟（今河南安阳）率其部众20万投降项羽。

巨鹿之战是秦末农民战争所取得的一场巨大胜利。它基本上摧毁了秦军的主力，扭转了整个战局，奠定了反秦斗争胜利的基础。而项羽以6万破20万，如此悬殊的战果令无数后世人对其充满了好奇与景仰。

官渡之战

建安三年（198年），袁绍击败公孙瓒，占有青、幽、冀、并四州之地。建安元年，曹操把汉献帝挟持到许昌，形成"挟天子以令诸侯"的局面，取得政治上的优势。建安二年曹操即以"奉天子以令不臣"为名，进讨袁术并将其消灭。从此曹操势力西达关中，东到兖、豫、徐州，控制了黄河以南，淮、汉以北大部地区，从而与袁绍形成沿黄河下游南北对峙的局面。

建安四年（199年）六月，袁绍挑选精兵10万，战马万匹，企图南下进攻许昌，官渡之战的序幕由此拉开。

建安五年（200年）正月，袁绍发布讨曹檄文，二月进军黎阳，企图渡河寻求与曹军主力决战。他首先派颜良进攻白马的东郡太守刘延，企图夺取黄河南岸要点，以保障主力渡河。四月，曹操为争取主动，求得初战的胜利，亲自率兵北上解救白马之围。

此时谋士荀攸认为袁绍兵多，建议

曹操

声东击西，分散其兵力，先引兵至延津，伪装渡河攻袁后方，使袁绍分兵向西，然后遣轻骑迅速袭击进攻白马的袁军，攻其不备，定可击败颜良。

曹操采纳了这一建议，袁绍果然分兵延津。曹操乃乘机率轻骑，派张辽、关羽为前锋，急趋白马。关羽迅速迫近颜良军，颜良仓促应战被斩杀，袁军溃败。曹操解了白马之围后，迁徙白马的百姓沿黄河向西撤退，袁绍率军渡河追击，军至延津南，派大将文丑与刘备继续率兵追击曹军。曹操当时只有骑兵600，驻于南阪下，而袁军达5000~6000骑，尚有步兵在后跟进。曹操令士卒解鞍放马，并故意将辎重丢弃道旁。袁军一见果然中计，纷纷争抢财物。曹操突然发起攻击，终于击败袁军，杀了文丑，顺利退回官渡。

袁军初战失利，但兵力仍占优势。七月，进军阳武，准备南下进攻许昌。八月，袁军主力接近官渡，依沙堆立营，东西宽约数十里。曹操也立营与袁军对峙。九月，曹军一度出击，没有获胜，退回营垒坚守。袁绍构筑楼橹，堆土如山，用箭俯射曹营。曹军制作了一种抛石装置的霹雳车，发石击毁了袁军所筑的楼橹。袁军又掘地道进攻，曹军也在营内掘长堑相抵抗。双方相持3个月，曹操外境困难，前方兵少粮缺，士卒疲乏，后方也不稳固，曹操几乎失去坚守的信心。荀彧地道·曹操方面决心坚持危局，加强防守，命负责后勤补给的任峻采取10路纵队为一部，缩短运输队的前后距离，并用复阵（两列阵），加强护卫，防止袁军袭击；另一方面积极寻求和捕捉战机，击败袁军，不久派徐晃、史涣截击、烧毁袁军数千辆粮车，增加了袁军的困难。

同年十月，袁绍又派车运粮，并令淳于琼率兵万人护送，屯积在袁军大营以北约20公里的故市、乌巢。恰在这时，袁绍谋士许攸投降曹操，建议曹操轻兵奇袭乌巢，烧其辎重。曹操立即付诸实行，留曹洪、荀攸守营垒，亲自率领步骑5000，冒用袁军旗号，衔枚缚马口，每人带一束柴草，利用夜暗走小路偷袭乌巢。到达后立即围攻放火。袁绍听说曹操袭击乌巢，又作出错误处置，只派一部兵力救援乌巢，用主力猛攻官渡曹军营垒。哪知曹营坚固，攻打不下。

当曹军急攻乌巢淳于琼营时，袁绍增援的部队已经迫近。曹操励士死

青少年应该知道的历史知识

战，大破袁军，杀淳于琼，并烧毁其全部粮草。乌巢粮草被烧的消息传到袁军前线，袁军军心动摇，内部分裂。曹军乘势出击，大败袁军。袁绍仓惶带800骑退回河北，曹军先后歼灭和坑杀袁军7万余人，官渡之战就这样以曹胜袁败而告结束。官渡之战奠定曹操统一北方基础的战略决战。

赤壁之战

三国形成时期，孙权、刘备联军于汉献帝建安十三年（208）在长江赤壁（今湖北赤壁西北）一带大胜曹操军队，奠定三国鼎立基础的著名战役。

曹操基本统一北方后，作玄武池训练水兵，并对可能动乱的关中地区采取措施，随即于建安十三年七月出兵10多万南征荆州，欲一统南北。他便率领20多万人马（号称80万）南下。此时孙权已自江东统军攻克夏口，打开了西入荆州的门户，正相机吞并荆、益州，再向北发展；而依附荆州牧刘表的刘备，"三顾茅庐"得诸葛亮为谋士，以其隆中对策，制定先占荆、益，联合孙权，进图中原的策略，并在樊城大练水陆军。

曹操军劳师、水土不服、短于水战、战马无粮等弱点，坚定了孙权抗曹决心。孙权不顾主降派张昭等反对，命周瑜为大都督，程普为副都督，鲁肃为赞军校尉，率3万精锐水兵，与刘备合军共约5万，溯江水而上，进驻夏口。

曹操乘胜取江陵后，又以刘表大将文聘为江夏太守，仍统本部兵，镇守汉川。益州牧刘璋也遣兵给曹操补军，开始向朝廷交纳贡赋。曹操更加骄傲轻敌，不听谋臣贾诩暂缓东下的劝告，送信恐吓孙权，声称要决战吴地。冬天，亲统军顺长江水陆并进。

孙刘联军在夏口部署后，溯江迎击曹军，遇于赤壁。曹军步骑面对大江，失去威势，新改编及荆州新附水兵，战斗力差，又逢疾疫流行，以致初战失利，慌忙退向北岸，屯兵乌林（今湖北洪湖境），与联军隔江对峙。

曹操下令将战船相连，减弱了风浪颠簸，利于北方籍兵士上船，欲加紧演练，待机攻战。周瑜鉴于敌众己寡，久持不利，决意寻机速战。部将黄

盖针对曹军"连环船"的弱点，建议火攻，得到赞许。黄盖立即遣人送伪降书给曹操，随后带船数十艘出发，前面10艘满载浸油的干柴草，以布遮掩，插上与曹操约定的旗号，并系轻快小艇于船后，顺东南风驶向乌林。接近对岸时，戒备松懈的曹军皆争相观看黄盖来降。此时，黄盖下令点燃柴草，各自换乘小艇退走。火船乘风闯入曹军船阵，顿时一片火海，迅速延及岸边营屯。联军乘势攻击，曹军伤亡惨重。曹操深知已不能挽回败局，下令烧余船，引军退走。

联军水陆并进，追击曹军。曹操引军离开江岸，取捷径往江陵，经华容道（今潜江南）遇泥泞，垫草过骑，得以脱逃。曹操留曹仁守江陵，满宠屯当阳，自还北方。

周瑜等与曹仁隔江对峙，并遣甘宁攻夷陵（今宜昌境）。曹仁分兵围甘宁。周瑜率军往救，大破曹军，后还军渡江屯北岸，继续与曹仁对峙。刘备自江陵回师夏口后，溯汉水欲迂回曹仁后方。曹仁自知再难相持，次年被迫撤退。

赤壁之战，曹操自负轻敌，指挥失误，加之水军不强，且军中出现瘟疫，终致战败。孙权、刘备在强敌面前，冷静分析形势，结盟抗战，扬水战之长，巧用火攻，创造了中国军事史上以弱胜强的著名战例。赤壁之战导致了孙刘联盟抗曹，刘备得以苟延残喘，发展自己的势力，推延了曹操统一的步伐。

郾城大捷

宋高宗绍兴十年（公元1140年），金朝撕毁和约，再次以金兀术为统帅，兵分四路大举进犯，金向南宋发动全面进攻。岳飞奉命坐镇郾城，指挥抗金。

各路宋军英勇抗击，都取得一定胜利。其中，以中路岳飞率领的岳家军战果最辉煌。先后收复了蔡州、颍昌（今河南许昌）、郑州、洛阳。又派义军首领梁兴等回太行山联络各地义军，在敌人后方展开配合斗争。岳飞带兵进驻郾城。

完颜兀术得到郾城兵少的消息，亲率龙虎大王、盖天大王、昭武大将军韩常等将，及15000精锐骑兵突袭郾城，企图一举摧毁岳飞司令部。当时岳飞手下只有背嵬军和部分游奕军，其余兵力来不及集结。这是前所未有的恶战。当日下午开始交战，岳飞首先命令岳云率领背嵬军和游奕马军首先出城应战，岳云挥动两杆铁槌枪率背嵬军直贯敌阵。在岳云的骑兵打败金军的第一批骑兵后，金军后续的十万步兵也全部开入战场，岳家军与金军开始全军接战。杨再兴要活捉完颜兀术，单骑冲阵，杀金军百余人，自身受伤几十处仍然战斗不止。

在战斗最激烈的时刻，岳飞亲率40名骑兵突出阵前，都训练霍坚急忙上前挽住战马，说："相公为国重臣，安危所系，奈何轻敌。"岳飞用马鞭抽在霍坚的手上说"非尔所知"，岳飞跃马驰突于敌阵之前，左右开弓，箭无虚发。全军士气大振。连担任参谋的文官幕僚都参加战斗，并立有战功。

在相持胶着后，金军将最精锐的重甲"铁浮图"骑兵投入战斗，皆重铠，贯以韦索三人为联号"拐子马"，官军不能当。是役也，以万五千骑来，岳飞即令手持大斧，大刀的步兵上阵，专砍马腿，近身肉搏，"手拽厮劈"，岳飞告诫步卒以麻札刀入阵，勿仰视，第剁马足。拐子马相连，一马仆，二马不能行，官军奋击，遂大败之。杀得金军尸横遍野，溃退而去。兀术大恸曰："自海上起兵，皆以此胜，今已矣！"

岳家军的统制官杨再兴单骑冲入敌阵，欲擒兀术，未获，杀敌数百人，身受重伤；岳飞亲率骑兵与兀术大战，大破金兵。兀术败退，准备渡河北归。岳飞立即报告高宗要他速令各路并进，发动总攻，高宗、秦桧则令各路"班师"，岳飞右翼的张俊部队首先撤回。岳飞处于孤立地位，被迫撤军。

南昌起义

"八一"南昌起义是中国共产党为反击国民党当权派屠杀共产党人和工农群众，挽救革命，于1927年8月1日在江西省城南昌发动的武装起义。

8月1日凌晨2时，周恩来、贺龙、叶挺、朱德、刘伯承等指挥各路起义军向驻守南昌的国民党军队发动进攻，经过四个多小时的激战，占领了全城。当天上午，在南昌举行了国民党中央委员、各省区特别市和海外各党部代表联席会议，通过了《中央委员宣言》，成立了中国国民党革命委员会，同时对起义部队进行了整编，仍沿用国民革命军第二方面军番号，以贺龙兼代总指挥。旋因敌以重兵进攻南昌，中共前委决议依中央原定方针转兵广东，相机夺取广州，再次北伐。

起义军自8月3日起先后撤离南昌，经江西瑞金、会昌，转进福建长汀、上杭，于9月下旬到达广东潮州、汕头地区。随即被优势敌军击散，一部分退至海陆丰地区，加入了东江地区农民的武装斗争；另一部分在朱德、陈毅率领下转战至湘南，开展游击战争。1928年4月下旬到达井冈山地区，与毛泽东率领的部队会师，合编为中国工农革命军第四军。周恩来

南昌起义打响了武装反抗国民党当权派的第一枪，是中国共产党独立领导武装斗争和创建革命军队的开始，保存下来的起义部队成为工农红军的骨干之一。后来1933年7月1日，中华苏维埃共和国临时中央政府决定，自是年起，每年8月1日为中国工农红军成立纪念日。中华人民共和国成立后，将此纪念日改称为中国人民解放军建军节。

平型关大捷

平型关大捷发生于1937年9月中旬，由于沿平绥路西进的侵华日军占领大同后，分兵两路向雁门关、平型关一线进攻，企图进逼太原。为了配合友军作战，阻挡日军的攻势，八路军第115师在师长林彪、副师长聂荣臻指挥下，奉命开抵平型关地区集结待机。

9月14日，115师先头部队进抵大营，派出侦察部队调查平型关地区地理情况和敌情，为平型关歼敌做各种准备。23日，林彪、聂荣臻在上寨召集干部会议，作出初步计划。24日，第二集团军、第六集团军送来"平型关出击计划"，拟定71师附新编第2师及独立8旅一部配合115师向平型关以东的日军

出击。

林彪师长即命令部队25日零时出发。战士们顶着狂风暴雨，涉急湍山洪，在拂晓前到达了指定地区，把全师主力布置在平型关到东河南镇10余里长的公路南侧山地边缘上。343旅之686团位于白崖台附近，左侧是685团，右侧是687团，口袋底是第33军之独立8旅，115师第344旅，687团断敌退路并打援敌，688团作为预备队。这一部署使得进攻平型关的敌人完全处于包围圈伏击之中。八路军同时又以一部从关沟出发，主动接应郭宗汾的出击部队。

平型关战斗要图

1937年9月25日

25日晨5时半左右，敌第一辆汽车进入伏击圈，聂荣臻传令：沉住气，无命令不许开火。等敌人板垣师团第21旅团千余人及汽车、大车300余辆进入伏击圈后，115师某团5连连长曾贤生率全连首先向敌冲杀，用手榴弹炸毁敌人最后一辆汽车。敌人退路被截断，于是拼命冲杀，反复争夺公路两侧制高点——老爷庙。敌人争夺失败，预示着被围歼的灭顶之灾，于是企图冲破独8旅阵地逃命。独8旅把一线配备改为纵深配备，拼死抵抗。

最终以八路军取得胜利告终。此次战役打破了日军不可战胜的神话，给日军最精锐的部队板垣第5师团第21旅团一部歼灭性打击，因为敌人死不缴械，千余日军全部被击毙，我军伤亡也很严重。

平型关大捷，歼敌1000多人，这是中国抗战开始后取得的第一次大胜

利。这场战役振奋了全国人心，鼓舞了全国人民的抗战热情。它有力地打击了日军的嚣张气焰。有力支援了平汉铁路和同蒲铁路友军的作战，使已陷入敌围的出击部分郭宗汾部得到支援，免于被歼之险厄。从而高长中华人民的反侵略志气，打击了日军的侵略气焰。

百团大战

百团大战，是指在中国抗日战争期间，日本出于战略要求从1938年秋开始政治诱降为主，希与中华民国国民政府议和；而在另一方面，汪精卫于1940年3月在南京成立另一个"国民政府"，以"和平反共建国"为号召，意图拉拢支持反共的人民。同时国共摩擦不断，双方互不信任。

在这种情况下，中国共产党不清楚国民政府与日方谈判的进展，对于形势过于严重估计，担心国民政府有可能和日方妥协。加上认为日军有可能西进，于是八路军高层决定发动一场较大规模破袭战打击日军，坚定全国坚决抗日的决心

为了克服投降危险，振奋全国人民的抗战信心，粉碎日寇对我抗日根据地施行的"囚笼政策"，我华北军民在八路军副总司令彭德怀的直接指挥下，决定发动了对日作战。

战斗开始后，各根据地又有不少部队参加了战斗，战争初期战报统计共达一百零五个团，因此定名为百团大战。百团大战共经历了三个阶段：

第一阶段（1940年8月20日～9月10日）

战役最早由8月20日晚8点开始的华北交通要道破袭战为序幕，当时正太铁路是日军获得山西煤炭资源的重要通道，也是对晋察冀边区等抗日根据地进行"扫荡"的据点的主要分布区，同时井陉煤矿也在这条铁路上。因而正太铁路成为战役第一阶段的主要战场，集中了30个团的兵力。

作战初期八路军兵力部署异常隐蔽，日军直至战斗打响才发觉中国军队的动向，日本方面将9个独立混编师投入战场。至9月下旬为止，正太铁路全线瘫痪，并破坏北宁铁路、平绥铁路、平汉铁路、津浦铁路，井陉煤矿亦遭

破坏。并占领娘子关的部分地区。

第二阶段（1940年9月20日～10月上旬）

在第二阶段时期，除暂留约10个团兵力继续阻挠道路和桥梁的修筑，主力则把战斗对象转移到铁路交通线两侧的日本守军与被抗日根据地包围的日军据点，目的是巩固并扩大战果，其中以榆辽战役、涞灵战役最为激烈。延安地区、山东地区、安徽地区的八路军也投入作战。日军也投入使用了战争公约所禁止的毒气与生物兵器展开反扑，战争也进入相持阶段。

第三阶段（1940年10月6日～12月5日）

日本军队开始将各地的机动兵力集结于华北地区，对抗日根据地进行报复性"扫荡"，借以迫使八路军退出华北交通要道，先后对太行山地区、太岳地区、晋察冀边区、晋西北等地进行扫荡。八路军则分兵展开运动战和游击战、麻雀战（骚扰游击战术）进行反击。到1940年12月5日，历时三个半月的百团大战因日军展开大扫荡而宣告结束。

百团大战八路军（包括当地民兵在内）共进行战斗1824次，日军死伤20645人，伪军5155人；俘虏日军281人、伪军等18000多人（日方记载日军与皇协军死伤共约4千多人），日军投降47人，伪军反正11845人；破坏铁路900多里、公路三千里；破坏桥梁、车站260多处；并缴获了大批武器和军用物资。八路军伤亡17000余人，共产党所控制的华北抗日根据地也随之大幅度扩大为华北437个县中的10个县。

百团大战是抗战时期中国军队主动出击日军的一次最大规模的战役，他打出了敌后抗日军民的声威，振奋了全国人民争取抗战胜利的信心，在战略上有力的支持了国民党正面战场。在这次战役中，中国共产党领导的华北敌后抗日军民，齐心协力，前赴后继，同日本侵略者浴血奋战，充分表现了中华民族不屈不挠的战斗精神。百团大战严重地破坏了日军在华北的主要交通线，收复了被日军占领的部分地区，粉碎了日军的"囚笼政策"，给了侵华日军以强有力的打击，推迟了日军的南进步伐。百团大战对坚持抗战、遏制当时国民党妥协投降暗流、争取时局好转起了积极作用，进一步鼓舞和增强了全国人民夺取抗战胜利的信心，用事实驳斥了国民党顽固派对共产党、八

路军"游而不击"的诬蔑，百团大战对坚持抗战、遏制当时国民党妥协投降暗流、争取时局好转起了积极作用，进一步鼓舞了全国人民夺取抗战胜利的信心，提高了中国共产党和八路军的声威。百团大战在中国抗日战争史上写下了光辉的一页。

台儿庄战役

日本侵略军1937年12月13日和27日相继占领南京、济南后，为了迅速实现灭亡中国的侵略计划，连贯南北战场，决定以南京、济南为基地，从南北两端沿津浦铁路夹击徐州。台儿庄是徐州的门户，它位于徐州东北30公里的大运河北岸，临城至赵墩的铁路支线上，北连津浦路，南接陇海线，扼守运河的咽喉，是日军夹击徐州的首争之地。

1938年3月24日，日本侵略军濑谷支队向台儿庄发起进攻，与中国守军第2集团军第31师展开激战。日军一部突入东北角，被守军击退。27日，濑谷支队主力一部突入北门，第31师与敌展开拉锯战，守军伤亡甚重。28日，突入台儿庄的日军被第31师围攻，敌方损失甚重。29日，李宗仁遂令第2集团军死守台儿庄阵地，并严令汤恩伯部南下，协助第2集团军解决台儿庄之敌。31日，中国军队将进入台儿庄之敌完全包围。4月3日，中国军队向日本侵略军发起攻击。日军拚力争夺，占领了市街大部。中国军队一次又一次反击，展开街垒战，夺回被日军占领的市街。双方陷于苦战。6日晚，中国军队全线攻击濑谷支队。战至7日凌晨，除一部日军突围至峄县附近固守待援外，被围之敌全部被歼。

台儿庄战役是中国军队取得的一次重大胜利。在历时半个月的激战中，中国军队付出了巨大牺牲，参战部队4.6万人，伤亡失踪7500人。在中国军队的英勇抗击下，取得了歼灭日军1万余人的巨大胜利。此次战役沉重地打击了日本侵略者的凶焰，鼓舞了全国军民坚持抗战的斗志。

辽沈战役

　　解放战争进入第三年后，战略决战的时机已经成熟。当时，东北战场是全国五大战场中我正规军数量超过国民党正规军数量并掌握了战争主动权的第一个战场。因此，中共中央军委和毛泽东决定首先在东北同国民党军进行战略决战，制订了《关于辽沈战役的作战方针》，规定了主力南下北宁线（今京沈铁路），攻克锦州，把敌人关在东北就地歼灭的作战方针。

　　开始时，第四野战军司令员林彪不愿南下锦州作战，企图回师长春。在毛泽东批评和纠正了林彪在攻锦（州）打援问题上的犹豫之后，东北野战军按照中共中央军委的战略部署，集中了12个纵队和1个炮兵纵队，连同各独立师共53个师，70余万人，发起辽沈战役。

　　1948年9月12日，第四野战军发起辽沈战役。东北野战军在林彪、罗荣桓指挥下开始攻锦作战。蒋介石急忙调集华北、山东的一部分兵力组成东进兵团，并以沈阳主要兵力组成西进兵团，两路增援锦州。敌西进兵团也被解放军顽强阻击于黑山、大虎山东北地区。10月14日，东北野战军对锦州发起总攻，经过31个小时的激战，全歼守敌近9万人，生俘国民党东北"剿总"副总司令范汉杰。

　　第一阶段夺取锦州，封闭东北国民党军

　　东北野战军南下，向北宁路沿线发起进攻。至10月1日，先后占领了昌黎、绥中、义县及塔山等地，切断北宁线，将范汉杰兵团分割包围在锦州、葫芦岛、山海关三个地区。2日，蒋介石飞抵沈阳，抽调十一个师组成由侯镜如指挥的东进兵团，以11个师又3个骑兵旅组成由廖耀湘指挥的西进兵团，企图东西对进，以解锦州之围。10日，东进兵团向塔山猛攻，遭到解放军顽强阻击；西进兵团也进展缓慢。14日，东北野战军五个纵队和一个师分别从东、南、西三个方向，向锦州发起总攻，31小时内于次日晚占领锦州，全歼守敌10万余人，封闭了国民党军从陆上撤回关内的通道，形成关门打狗之势，被称为锦州攻坚战。

　　蒋介石于15日再飞沈阳，督促东西兵团继续进攻，企图重新打通北宁

线，并命令长春守军立即突围。17日，国民党六十军在曾泽生军长率领下起义，东北"剿总"副司令郑洞国也于19日率部投降，长春解放。

第二阶段辽西会战，歼灭廖耀湘兵团

东北野战军根据毛泽东关于全力抓住沈敌、暂不打锦葫的指示，除以两个纵队继续阻击锦西、葫芦岛之外，主力从锦州挥师东进，前阻后断，在运动战中歼灭廖耀湘兵团。

10月26日夜，解放军出动数倍兵力对被包围在大虎山以东地区的廖耀湘兵团实施分割围歼，至28日全歼10万余人，生俘兵团司令廖耀湘等高级将领，史称"辽西会战"。

第三阶段攻占沈阳

解放全东北在围歼廖兵团的同时，为防止沈阳守军从海上撤走，解放军以三个纵队与5个独立师构成对沈阳的四面包围，又以3个纵队直插营口，断其海上退路。11月1日，解放军向沈阳市区发起总攻，次日攻克，歼13万余人。2日解放营口，歼14000人。敌第五十二军一部从海上撤往葫芦岛。锦西、葫芦岛地区国民党十二个师于9日经海上撤向关内。辽沈战役至此结束。

辽沈战役是解放战争时期中国人民解放军在辽宁西部和沈阳、长春地区对国民党军进行的一次战略性进攻战役。辽沈战役历时52天，共歼灭国民党军47万余人，东北全境获得解放。这一胜利使人民解放军获得巩固的战略后方和强大的战略预备队，从根本上改变了国共双方总兵力的对比，对加速解放战争的进程具有重大意义。使中国革命形势发展到一个新的转折点。是解放战争战略决战的第一个战役。

淮海战役

在1948年9月的济南战役过程中，集结在徐州地区的国民党军三个兵团17万余人，在华野阻援打援部队阵地前面徘徊，不敢北上与华野交战。这说明敌人是避免在不利条件下与我军打大规模的仗，也说明我军对敌人进行战略决战的有利条件正在逐渐成熟。

淮海战役自1948年11月6日开始，至1949年1月10日结束，共分三个阶段。

第一阶段：1948年11月6日，华东野战军分路南下。8日，国民党军何基沣、张克侠率部2万余人战场起义。10日，我军把黄百韬兵团分割包围于徐州以东的碾庄地区。经过10天逐村恶战，至22日全歼敌军10万余人，敌兵团司令黄百韬自杀。同时，中原野战军为配合作战，出击徐（州）蚌（埠）线。11月16日，攻克宿县，完成对徐州的战略包围。这时，中共中央军委决定由刘伯承、陈毅、邓小平、粟裕、谭震林组成总前委，邓小平为书记，统一指挥淮海战役。

第二阶段：11月23日，中原野战军在宿县西南的双堆集地区，包围了从华中赶来增援的黄维兵团12个师。28日，蒋介石被迫决定徐州守军作战略退却。徐州"剿总"总司令刘峙撤至蚌埠，副总司令杜聿明留在徐州指挥。12月1日，敌弃徐州向西南逃窜。4日，华东野战军追击部队将徐州逃敌包围。6日，敌孙元良兵团妄图突围，即被歼灭，孙元良只身潜逃。同日中原野战军和华东野战军集中9个纵队的优势兵力，对黄维兵团发起总攻。经过激战，至15日全歼敌12万余人，生俘黄维。此后，为配合平津战役，按照中共中央军委的统一部署，对杜集团围而不歼，部队进行了20天休整。

第三阶段：1949年1月6日至10日，华东野战军对被包围的杜聿明集团发起总攻，经过4天战斗，全歼邱清泉、李弥两个兵团共30万人，俘获杜聿明，击毙邱清泉，李弥逃脱。

这次战役，我军参战部队60万人，敌军先后出动兵力80万人，历时66天，共歼敌55.5万余人，使蒋介石在南线战场上的精锐部队被消灭干净，基本上解放了长江以北的华东和中原广大地区，使敌人的长江防线和统治中心京、沪地区，直接暴露在我军面前。淮海战役结束后，淮河以南的敌人仓惶南逃。华东野战军第6、第7、第8、第13纵队分路南下，解放了江淮间广大地区，前出到长江北岸，为尔后的渡江战役创造了条件。

平津战役

　　1948年11月，华北地区傅作义所部50余万国军放弃承德、保定、山海关、秦皇岛等地，以6个军18个师守北平、5个军16个师守天津，1个军8个师守张家口，准备在战局不利时从天津塘沽坐船南撤投入淮海战场或向西撤退退回绥远地区。同时，林彪、罗荣桓率东北野战军主力80万人在辽沈战役结束后迅速入关，与聂荣臻指挥的华北军区2个兵团共100余万人，按照中共中央军委的方针将国军包围在华北地区。战前，傅作义到南京面见蒋介石。蒋介石将华北党政大权、统筹经济权力、及直接接受山东青岛的美国西太平洋舰队援助的权力授予傅作义。

　　平津战役共分为三个阶段：

　　第一阶段

　　华北军区徐向前率领的第1兵团停攻太原、杨成武率领的第3兵团撤围归绥，使傅作义感到过于孤立而撤逃。1948年11月25日，华北军区第3兵团由集宁地区东进，29日向张家口地区守军发起攻击，形成对张家口包围之势。傅作义急令在北平守军连夜驰援张家口；又令昌平的第104军主力移至怀来，涿县的第16军移至南口、昌平间，以确保北平与张家口的联系。

　　12月2日，华北军区第2兵团（杨得志）由易县、紫荆关向涿鹿、下花园

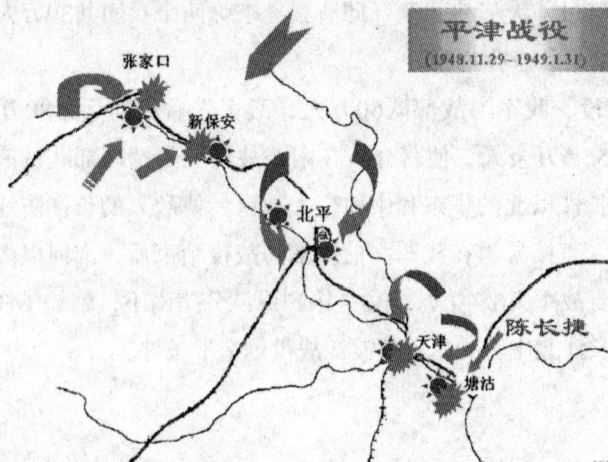

平津战役
(1948.11.29—1949.1.31)

张家口
新保安
北平
天津
塘沽
陈长捷

青少年应该知道的历史知识

急进，割断怀来、宣化间的联系；

东北野战军先遣兵团由蓟县向南口、怀来急进，切断北平、怀来间的联系，抓住傅作义的援军，使其既不能西逃，也不能东撤。

12月5日，先遣兵团主力一部在行进中攻克密云，歼灭第13军1个师，主力向延庆、怀来急进；华北第2兵团进抵涿鹿以南。傅作义感到北平受到威胁，遂令第35军由张家口星夜东撤，令第104、第16军由怀来、南口向西接应第35军；并令第92、第62军和第94军主力由津、塘地区开往北平加强防御。35军在回京途中于新保安被包围。至此，解放军将北平、天津从中间隔断，并完成了对上述地区的包围和分割，切断了国军西撤或南撤的路线。

第二阶段

国军35军在新保安被围困后，在北平西面的国军部队全力向西攻击，企图解35军之围，但在作战中被人民解放军反包围。之后解放军发动新保安战役，消灭傅作义嫡系部队35军2个师。23日人民解放军又在张家口东北将城内突围的国军第11兵团7个师5万人大部消灭。

1949年1月2日起，各攻击部队34万人在天津周围集结。1月10日，淮海战役结束，人民解放军胜利，消息传来士气大振。1月14日发起总攻，经29小时激战，全歼守军，生俘天津警备司令陈长捷。

第三阶段

天津被攻陷后，国军北平守军已陷于绝境。傅作义决定与共产党于1月21日谈判达成和平解放北平问题的协议。1月31日中午12时，中国人民解放军第四野战军由西直门进入北平城，接管北平防务。平津战役结束。

平津战役历时64天，共歼灭和改编敌52万余人，基本上解放了华北全境。使古都的文物完整的保存下来。平津战役的胜利，连同辽沈战役和淮海战役的胜利，使国民党军的精锐师团丧失殆尽。从此，中国人民革命战争在全国胜利的局面已经基本确定。

纳西比战役

英国资产阶级革命时期一次重要战役。1645年6月，国会军与王军在纳西比附近展开决战。克伦威尔指挥新模范军骑兵大败王军，取得胜利。这次战役为国会军在第一次内战中获胜奠定了基础。纳西比战役是英国资产阶级革命的转折点。1645年6月，国会军与国王军在纳西比附近遭遇。纳西比是一个位于小山顶上的村落，它的四周都是旷野，树木稀少，中间是一些丘陵，国王军队的步兵就部署在纳西比以北8公里的一个山岭上。6月14日上午8时，查理一世的部将鲁普特因未能发现国会军队行动的迹象，感到很不耐烦，便命令搜索部队外出侦察。接着他又亲自策马前往一个高地上观察，远远看见国会军队似乎正在全线撤退。他认为机不可失，便命令部队离开坚固的防御阵地，向南追击。

其实国会军队并非撤退。原来当天凌晨3时，费尔法克斯在纳西比以南七八公里处检阅部队后，认为国王军队会继续后撤，便命令部队向纳西比以北7公里处的哈尔波罗地区前进。但出发不久，他们便发现国王军队并没有北撤，而是在向南开进。当费尔法克斯看到远方的敌军时，就大胆制定了一个诱敌深入的战略。鲁普特果然中计，他率军奋力追赶，甚至不顾许多重装备远远甩在后面。

上午10时，两军激战开始了。双方交战不久，国会军左翼的将领伊利顿就中弹受了重伤。国会军左翼群龙无首，立即发生了混乱。国王军右路鲁普特趁机率军发起冲锋，将伊利顿的军队逐出了战场，并一路穷追到纳西比村。这时在中央战场，双方步兵正在进行激烈的肉搏战。国会军由于左翼溃散，被国王军中路阿斯特里和右路鲁普特形成钳形攻击，遭到巨大打击，斯基彭也受了伤，他指挥的正面混乱不堪，逐渐有些招架不住。

在此关键时刻，克伦威尔命令国会军右路的3600名骑兵向敌军左翼实施反复的冲锋，将国王军南格达里的军队击溃。随后，他又指挥骑兵向中央靠拢，像一把利剑，楔入阿斯特里率领的敌军中路左侧。国王军本来进展顺利的中路顿时大乱，国会军的中路步兵一看来了援军，勇气顿生，又反身冲杀

青少年应该知道的历史知识

回去。

在阵后观战的查理一世见势不妙，急忙调动预备队去援助阿斯特里。但就在这时，突然发生了一件出人意料的事情：当国王正要指挥近卫军出击时，他的马却突然向右跑去，既不向敌军冲锋，又不去支援阿斯特里，只是一路向右狂奔。国王左右的众将不知发生了什么事情，也都糊里糊涂地带着近卫骑兵部队向右冲去。于是国王军中路就成了一支孤军，无法阻挡克伦威尔的骑兵冲击。克伦威尔顺利地打垮了中路的国王军，国会军因此得以反败为胜。国王军却因失去指挥，兵败如山倒，一直溃退到莱斯特，从此一蹶不振。

国王的马之所以狂奔，原来是因为有一只马蹄钉的马掌上脱落了一颗钉子，马在奔跑时失去控制，才突然向右转去的。

这一战使克伦威尔掌握了国会的军事力量，也使英国形势向有利于革命的方面转化。不久，国王查理一世就成了国会的阶下囚，以叛国罪于1649年1月被判处死刑。克伦威尔指挥新模范军骑兵大败王军，取得胜利。这次战役为国会军在第一次内战中获胜奠定了基础。封建专制的英国变成了资本主义议会制的英国。英国从此走上了资本主义道路。

滑铁卢战役

英、普、奥等组成的第六次反法联盟，终于打败了拿破仑·波拿巴，拿破仑被迫退位，被放逐到他的领地厄尔巴岛上，波旁王朝复辟。但拿破仑并不甘心自己的这次失败，他仍然在关心着时局的发展。

1815年初，反法同盟在维也纳开会，由于分赃不均而大吵大闹，以至于剑拔弩张、横刀相向。同时，法国人民由于封建贵族的残酷统治，越来越不满意波旁王朝的统治而更加怀念拿破仑时代。

拿破仑见时机已成熟，便决定东山再起。1815年2月26日夜，拿破仑率领1050名官兵，分乘6艘小船，巧妙躲过监视厄尔巴岛的波旁王朝皇家军舰，经过三天三夜的航行，于3月1日抵达法国南岸儒昂湾。拿破仑感慨万端、兴

致勃发。

士兵们在拿破仑的鼓舞下，热血沸腾。部队开始进军巴黎。沿途所到，不少人欢呼雀跃。波旁王朝派出的阻击部队，因多是拿破仑旧部，所以纷纷归附，这样，到3月12日，拿破仑未放一枪一弹，顺利进入巴黎。此时，他的部队已发展到1.5万人。路易十八看到大势已去，仓皇逃出巴黎。拿破仑在万民欢腾声中，重登王位。

正在维也纳开会的反法联盟各国首脑，惊恐万状，立刻停止争吵，并马上拟定了临时宣言，称拿破仑是世界和平的扰乱者和敌人，他"不受法律保护"，与此同时，他们迅速集结兵力，到3月25日，英、俄、普、奥、荷、比等国结成的第七次反法联盟，并有重兵70万。联军准备分头进攻巴黎。法军方面，拿破仑也在加紧备战，到6月上旬，已有18万人集结在鹰旗之下，他希望到6月底能有50万人上阵。但令拿破仑遗憾的是，过去富有作战经验的老将已不愿再为拿破仑效力，这对法军非常不利。

对于联军的强大阵容，拿破仑认真地进行了分析，他决定要化被动为主动，以攻为守。他认为威胁最大的是比利时方面的英普军队，所以要集中主要兵力对付，而莱茵河、意大利方面的联军，只要派少量兵力进行牵制就行了。同时，他还决定，要趁联军尚未会齐的时候，争取战机，率先击溃英普联军，其他联军便好应付了。

计划已定，拿破仑便于6月12日派12.5万法军、火炮300门，悄悄移动到比利时边境，驻扎到离普军只隔一片密林的地方。展开了战斗。

滑铁卢位于比利时南部，离首都布鲁塞尔不远。英军驻在一个山岗，由威灵顿率领，法军则由拿破仑亲自指挥。清晨，下起滂沱大雨。上午11时30分，天气转晴，拿破仑下令出击。法军越过低洼地带，向英军驻的山岗奋勇冲去。英军顽强抵抗，炮弹像骤雨般落在法军的阵地，法军死伤惨重，不得不撤兵。

下午1时，法军第二次进攻英军阵地，还是无法得逞。拿破仑正伺机发动第三次规模更大的攻势时。破仑自以为兵员充足，有恃无恐。在他的指挥下，80门大炮同时瞄准英军的阵地进行炮轰。法国骑兵浩浩荡荡地登上了英军驻的山岗，拿破仑信心十足，以为胜利在握，哪知道枪声突然大作，埋伏在四周的英军将法军团团围困，法军措手不及，伤亡无数，只好向後撤退。

下午6时，拿破仑孤注一掷，把最後的4000名近卫军都调入进攻的行列，晚上9时，明月东升，普军突破法军防线，拿破仑的部队乱成一团，无法坚持下去，只得四处溃逃。拿破仑泪流满面，脸色苍白，带了一万名残兵退回巴黎，从此结束了他的戎马生涯。

法军仓皇溃退

6月22日，拿破仑第二次被迫退位，囚禁在圣赫勒拿岛上，直到1821年郁郁而终。拿破仑的第二次执政，总共只有一百天左右，历史上称为"百日王朝"。

滑铁卢战役是拿破仑军事生活中最黑暗的一天，他在这一天，上演了他的英雄末路。对于第七次反法联盟来说，滑铁卢战役中英普联军在比利时大败拿破仑，结束了拿破仑的统治，并把他流放到大西洋的圣赫勒拿岛。但是，滑铁卢战役是全世界唯一一场失败者比成功者得到更多荣誉的战争。他的将士们至今还受到世人的崇敬，原因是因为他们为了拿破仑而誓死抗争到最後一秒中。拿破仑的这么的一场战斗，真正的明誓了他的个人精神，"一个不屈的男子汉。

正如维克多·雨果所说，"失败反而把失败者变得更崇高了，倒了的拿破仑·波拿巴仿佛比立着的拿破仑·波拿巴更为高大。"不过，这也正又一次证明了，复辟王朝是不可能成功的这一事实。

凡尔登战役

凡尔登战役第一次世界大战中，德军和法军于1916年2~12月在法国凡尔登筑垒地域进行的战役。1916年初，德国统帅部决定把战略重点西移，德军总参谋长法金汉将打击目标定在法国境内著名要塞凡尔登。

凡尔登是英法军队战线的突出部，它像一颗伸出的利牙，对深入法国北部的德军侧翼形成严重威胁。德、法在这里曾有过多次交手，但德军皆未

能夺取要塞。如果此次德军能一举夺取凡尔登，必将沉重打击法军士气。同时，占领了凡尔登，也就打通了德军迈向巴黎的通道，占领了巴黎，法国就不攻自灭了，剩下的英、俄两军就不足为奇了。

1916年1月开始，法金汉就悄悄结集部队准备攻击凡尔登，同时，德国明目张胆地向香贝尼增兵，做出要在香贝尼发动攻势的姿态。

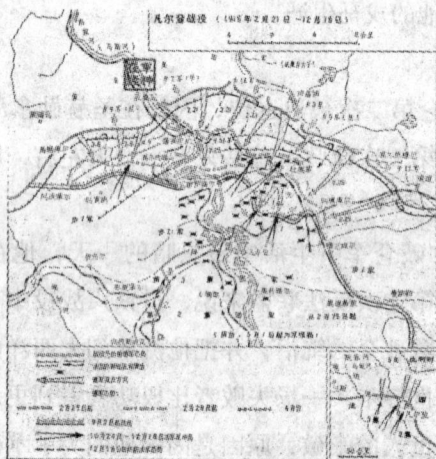

凡尔登战役形式图

法军总司令霞飞果然上当了。自1914年德军无力攻克凡尔登而转移进攻方向之后，法国人就认为凡尔登要塞已经过时，霞飞在1915年即停止强化要塞。而此时德军向香贝尼移动的动作使霞飞异常警惕，他认为德军会向香贝尼进攻，然后从这里进军巴黎。然而，德国人正在继续往凡尔登方向悄悄结集兵力。随着结集迹象的渐渐明显和暴露，英法联军终于弄清了德军的真正意图。霞飞慌了神，火速下令向凡尔登增兵。但到2月21日，仅有两个师赶到凡尔登。而这一天，德军开始向凡尔登进攻。

德军炮兵团以猛烈的炮火轰击凡尔登要塞，然后发起了冲锋。凡尔登战役的序幕拉开了。德军的1000门大炮如雷霆一般轰击着，轮番的冲锋一浪高过一浪。

凡尔登要塞司令贝当指挥守军和增援来的军队拼命抵抗。但因增援部队只赶来两个师，加上他自己的两个师，总共才有四个师的兵力，头一天就被德军推进了6公里。不过总算稳住了阵脚。

战斗对于法军来说是艰苦的。德军有27个师，1000门大炮，而法军只有10万人，270门大炮。但好歹算抵住了德军的进攻。待法国援军赶到之后，双方开始了拉锯战。

德军未在头天一举拿下凡尔登，已经失去了战机，双方都在向凡尔登增兵，摆开了决一死战的阵势。激战到4月，法军的兵力已与德军相当。德国人急了，由皇太子亲征，并首次使用了毒气弹。但法军仍将德军的攻势一次次阻止在要塞前。7月，德军发起了最后一次进攻高潮，但仍被法军抵挡住。

经数月苦战，德军虽在凡尔登以北、以东地区楔入法军防线7～10公里，但未能达成战役突破。8月29日，E.v0n法尔肯海恩被免职，P.von兴登堡元帅接任德军总参谋长。9月2日，德皇批准停止进攻。10月24日，法军发起大规模反攻，于11月初收复杜奥蒙堡和沃堡。12月15～18日，法军再次发动反攻，基本收复被德军攻占的阵地。战役至此结束。

凡尔登战役德法双方投入了近200万兵力，伤亡人数共计达七十多万。德军在这一战役中耗尽了元气。法军反攻开始以后，逐次收复了凡尔登以东的大片土地，德军节节败退。到1917年，德、奥阵营日益衰败，终于在1918年战败投降，第一次世界大战随即结束。由于伤亡惨重，凡尔登战场被称为"绞肉机"、"屠场"和"地狱"。

凡尔登战役是第一次世界大战的决定性战役和转折点，德军未能实现它夺取凡尔登包抄巴黎南路的计划，在耗尽兵力后再也找不到出路，德意志帝国从此逐步走向最后失败。

莫斯科保卫战

1941年6月22日，纳粹德国与其盟友入侵苏联，使苏联及苏联红军领导层大吃一惊。德军以闪电战战术快速深入苏联领土。

德军认为莫斯科在政治和军事战略上具有重大意义。德军计划以各坦克集团实施突击，割裂苏军防御，并在维亚济马、布良斯克两地域合围歼灭西

方面军、预备队方面军和布良斯克方面军，尔后以强大快速集群从北面和南面包围莫斯科，在步兵兵团实施正面进攻的同时，攻占苏联首都。

尽管苏军进行了顽强抵抗，德军仍然突破了防御。1941年10月13日，苏军维亚济马集团大部被歼。莫扎伊斯克防御线成了莫斯科接近地上的主要抵抗地区。10月中旬～11月初，在莫扎伊斯克防御地区展开的多次激烈战斗中，苏军对德军优势兵力进行了顽强抵抗，将其阻止于拉马河等地区。

莫斯科疏散许多政府机关和最重要的企业；10月20日，国防委员会在莫斯科及其附近地域实行戒严。当局命令居民在街道筑起防御工事，连克里姆林宫附近都不例外，组建新的民兵师，使全城做好巷战准备。

苏联政府向东撤退到古比雪夫，但斯大林仍然留在莫斯科。

11月，德军经过调整和补充后，向莫斯科重新发起进攻。德军突击企图从北面和南面迂回莫斯科。11月底～12月初，德军付出了巨大损失的代价，前出到莫斯科运河。

12月5日莫斯科以南的小镇图拉被局部包围。德军遇到苏军顽强抵抗。莫斯科附近的战斗变得越来越激烈。苏军派了无数新兵和自愿者，甚至一个妇女营投入到德军的机枪炮火中。首都保卫者的口号是"俄罗斯虽大，但已无处可退，后面就是莫斯科！"苏军经过11月底～12月初的顽强防御和多次反突击，德军突向莫斯科的最后企图破产了。苏军虽然经常处在危急状态，但终于坚持下来并消耗了德军。

1941年～1942年的冬季就算以俄国人的标准来看都异常地严寒。德军因战线过长，补给不足，战役中消耗过大，没有既设防御阵地和战役预备队，又无在冬季条件下作战的准备。11月上旬入冬，虽然道路能够使用，但德军的冬季装备不足，由于认为在入冬前就能结束战事。保暖衣服和白色伪装服都不足，坦克和其他车辆都因为低温而不能动弹。德军士气严重受挫。而苏军则士气高涨。

苏军转入反攻并粉碎莫斯科城下德军的条件已经具备。斯大林任命华西列夫斯基中将担任代理总参谋长，并命令他立即拟定反攻作战计划。苏军反攻的指导思想是，同时粉碎德军"中央"集团军群分别从北面和南面威胁莫斯科的最危险的突击集团。反攻的基本任务赋予了西方面军。加里宁方面军和西南方面军分别在其北面和南面实施突击。

1941年12月5日，朱可夫带领苏军发动大规模反击，此时德军进攻能力显然已经衰竭。

1942年1月7日亦都重夺了莫斯科以北的加里宁。

1月8日西方面军，加里宁方面军和布良斯克方面军实施了进攻战役进攻维亚济马。由于缺乏实施大规模进攻行动的经验以及缺少快速兵团，因而未能全部完成所赋予的围歼"中央"集团军群基本兵力的任务，2月初，来自西欧的德军增援部队和中央集团军群北翼部队，分别实施反突击，苏军的态势恶化。4月20日，苏军最高统帅部命令西方向部队转入防御、撤回外线作战部队，会战至此结束。

莫斯科保卫战的胜利彻底打击了法西斯德国的嚣张气焰，使德军再也无力在全线发动进攻。为第二次世界大战的根本转折奠定了坚实的基础。

斯大林格勒战役

在第二次世界大战的苏德战争中，苏军为保卫斯大林格勒和粉碎斯大林格勒方向的德军集团而实施的战役（1942年7月—1943年2月）。

德军统帅部利用欧洲尚未开辟第二战场之机，继续增强东线军事力量。这就使德军能于1942年夏季在苏德战场南翼展开进攻，以进至高加索各石油区和顿河、库班河以及伏尔加河下游等物产丰富地区。

苏军最高统帅部大本营从其预备队中把第62、第63、第64集团军调到了斯大林格勒方向。7月12日，组建了斯大林格勒方面军。斯大林格勒方面军的任务是在520公里宽的地带内实施防御，阻止德军继续前进。

方面军的基本力量集中于顿河大弯曲部，制止德军强渡顿河并沿最近道路突向斯大林格勒。斯大林格勒州的劳动者给了军队大力支援。战役是在斯大林格勒的远接近地开始的。从7月17日起，第62、第64集团军各前进支队在奇尔河、齐姆拉河一线对敌军进行激烈抵抗达6昼夜。这就迫使德军第6集团

军展开一部分主力，从而赢得了改善基本地区防御的时间。7月23日，开始争夺第62、第64集团军主要防御地带。德军企图对顿河大弯曲部的苏军两翼实施包围突击将其合围，并进至卡拉奇地域，从西面突向斯大林格勒。至8月10日前，苏军退到顿河左岸，在斯大休格勒外层围郭占领防御，阻止了德军前进。

早在7月31日，德军统帅部就被迫将坦克第4集团军（司令为霍特上将）从高加索方向调到斯大林格勒方向，其先头部队于8月2日进逼科捷和尼科夫斯基镇，形成了从西南突向斯大林格勒的直接威胁。斯大林格勒西南接近地的最初战斗开始了。为防守这一方向，新大林格勒方面军分编出一个新方面军即东南方面军在东南方面军实施了反突击，迫使德军坦克第4集团军暂时转入防御。至8月17日前，德军在此亦被阻止于外层防御围郭。

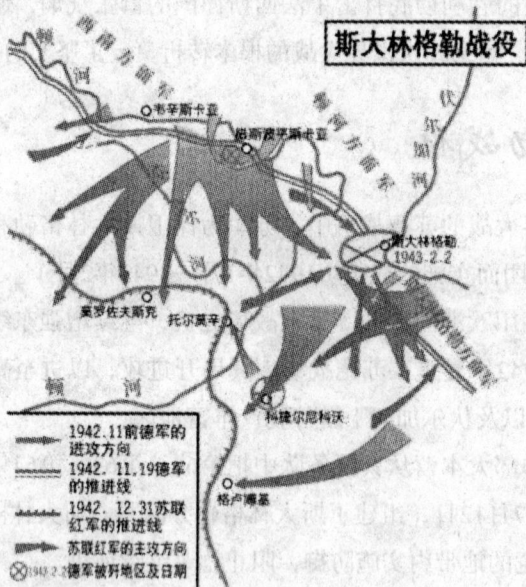

斯大林格勒战役

- ➡ 1942.11前德军的进攻方向
- ⇢ 1942.11.19德军的推进线
- ⟶ 1942.12.31苏联红军的推进线
- ➡ 苏联红军的主攻方向
- ⊗ 1943.2.2德军被歼地区及日期

8月19日，德军再度发起进攻，力图从西面和西南面同时实施突击以攻占斯大林格勒。8月23日，第6集团军坦克第14军在斯大林格勒以北突至伏尔加河。德军企图从北面沿伏尔加河实施突击夺取该市。斯大林格勒军级防空地域各部队在抗击这一突击中起了重要作用。同日，德军航空兵出动飞机约

2000架次，对斯大林格勒进行了狂轰滥炸。在该市上空的空中战斗中，苏军飞行员和高射炮手共击落敌机120架。使斯大林格勒保卫者的处境得以改善。德军被阻止于西北市郊。然而德军统帅部力图在最短期限内攻占斯大林格勒。

9月12日，德军从西面和西南面也逼近了该市，在该市以北几乎连续实施的反突击，给了斯大林格勒保卫者有力支援。11月11日，他们最后一次企图攻占该市，并在"街垒"工厂以南冲到了伏尔加河。但这已是德军最后一次得逞。

1942年11月18日，斯大林格勒会战的防御阶段终于结束。苏军统帅部在防御战役过程中就制定了斯大林格勒反攻计划。

11月19日，西南方面军和顿河方面军第65集团军实施突击，揭开了反攻的序幕。

斯大林格勒方面军于11月20日开始进攻。至11月30日前，苏军压缩合围圈，将敌占区缩小一半以上，但因兵力不足，未能从行进间分割和歼灭德军集团。从12月16日起展开进攻。这一进攻迫使德军统帅部最后放弃了解救被围集团的打算。至12月底前，沃罗涅日方面军左翼，西南方面军和斯大林格勒方面军击溃了合围对外正面前的德军。这就为肃清被围于斯大林格勒的德军创造了有利条件。苏军在12月间进行的空中封锁，粉碎了德军借助航空兵进行补给的企图。

至1943年1月12日日终前，苏军已逼近罗索什卡河第二防御地带。为突破该地带，主要力量被转移到第21集团军地带。在1月22～25日的顽强战斗中，各兵团粉碎了德军在该线的抵抗。1月26日晚，第21集团军在马马耶夫岗西北坡，与从斯大林格勒迎面进攻的第62集团军会师。德军集团被分割成两部分。2月2日；北集群投降。

至此，历时200余天的斯大林格勒会战结束。此役成为苏德战场的转折点，正如德国陆军总参谋长蔡茨勒将军所说："我们在斯大林格勒损失25万官兵，那就等于打断了我们在整个东线的脊梁骨"。

战争篇

鸦片战争

18世纪70年代，英国开始把鸦片大量输入中国。到了19世纪，鸦片输入额逐年增多。英国资产阶级为了抵销英中贸易方面的入超现象，大力发展毒害中国人民的鸦片贸易，以达到开辟中国市场的目的。

1839年从6月3日至25日，虎门销烟后，英国政府很快作出向中国出兵的决定。1840年6月28日英舰封锁珠江海口，第一次鸦片战争正式爆发，英国侵略中国的战争正式开始。

7月初，英军侵占浙江定海，8月初到达天津大沽口外，直逼京畿。道光皇帝害怕了，连忙撤去林则徐的职务，任命琦善为钦差大臣。年底，琦善在广州与英国侵略者谈判。英军却于1841年1月7日突然在穿鼻洋发动进攻，攻陷沙角、大角炮台。1月中旬，琦善被迫答允英国全权代表义律提出的割让香港、赔偿烟价600万元、开放广州等条件。琦善私允英军条件，违背了清廷

的指示精神，后来受到严惩。但在26日，英军却不待中国政府同意就占领香港。清政府得知沙角、大角炮台失守后立即对英宣战。2月下旬，英军攻陷虎门炮台，水师提督、爱国将领关天培与守军数百人壮烈牺牲。

1841年5月，英军逼近广州城外，清军全部退入城内。下旬，新任靖逆将军奕山向英军乞和，与英国订立了可耻的城下之盟——《广州和约》，规定由清朝方面向英军交出广州赎城费600万元。

英国政府不满足义律从中国攫取的利益，改派璞鼎查为全权公使，增调援军，扩大侵华战争。1841年8月下旬，璞鼎查率英舰自香港北犯，26日攻陷厦门。9月英军侵犯台湾。10月攻陷定海、镇海、宁波。1842年5月，英军继续北犯，6月攻陷长江口的吴淞炮台，宝山、上海相继失陷。接着，英军溯江西上，8月5日到达江宁（南京）江面。腐败无能的清朝政府命令盛京将军耆英赶到南京，于29日与璞鼎查在英国军舰上签订了中国近代史上第一个不平等条约——中英《南京条约》，第一次鸦片战争到此结束。

鸦片战争标志着中国近代史的开端，从此中国开始经受更加深重的苦难，中国人民面临着更为复杂曲折的斗争。使中国社会的性质开始发生根本的变化，开始沦为半殖民地半封建社会。1840～1842年的鸦片战争，是封建的中国变为半殖民地半封建的中国的转折点。

第二次鸦片战争

第二次鸦片战争是英法资产阶级第一次联合侵略中国的战争。1856～1860年（咸丰六年至十年）英、法在俄、美支持下联合发动的侵华战争。因其实质是鸦片战争的继续。

1856年10月，下旬，英军突然发动进攻，占领广州以南沿江各炮台，并一度冲进广州城内。由于力量不够，1857年1月英军从省河撤退，等待援军。

1857年9月，英国全权代表额尔金统率海陆军来到香港。10月，法国全权代表葛罗也率兵到达。12月中旬，英法联军5000余人发动了对广州的进攻，29日占领广州。两广总督叶名琛被俘。广东巡抚、广州将军等人投降敌人，在英法监视下组织了中国近代史上第一个地方傀儡政权。

1858年4月，英法舰队到达大沽口外海面。5月20日，联军发动进攻，大沽炮台在经过顽强抵抗后失陷。英法舰队随即溯白河（即海河）而上，到达天津。清政府慌作一团，立即派大学士桂良等赶往天津议和。

在英法的威吓下，桂良于6月下旬分别与英、法签订了可耻的卖国条约——中英、中法《天津条约》。《天津条约》规定：外国公使驻北京；开牛庄（后改营口）、登州（后改烟台）、台南、淡水、潮州（后改汕头）、琼州、汉口、九江、江宁（南京）、镇江为通商口岸；中国海关雇用外人；外国传教士入内地自由传教；外国人往内地游历通商；外国商船可在长江各口来往；中国给英国赔款银400万两，法国200万两。

1860年8月1日，英法联军在北塘登陆，21日陷大沽炮台，24日占领天津。清军退守张家湾、通州（今通县）一线。9月9日，联军向通州推进，21日在通州八里桥打败清军。次日，咸丰皇帝仓皇逃往热河。10月初，联军占领圆明园，在恣意抢劫破坏之后，又放火焚烧，一座世界上最瑰丽多姿的宫苑杰作就这样毁于英法侵略军之手。13日，北京留守当局向英、法投降，交出安定门，联军兵不血刃控制了北京城。10月下旬，清政府代表、恭亲王奕䜣与英、法代表先后交换《天津条约》批准书，并订立《北京条约》。第二次鸦片战争至此结束。

第二次鸦片战争，清政府再一次向外国侵略者屈服，造成了极为严重的后果，中国在半殖民地道路上陷得更深了。但是，广大中国人民反抗外国侵略的斗争从未停止过。他们在英法联军所到之处，奋起进行保卫祖国的斗争，显示了中国人民有同自己的敌人血战到底的英雄气概。它使中国损失了更多的主权和领土，中国社会半殖民地化程度进一步加深了。

甲午中日战争

1894年春，朝鲜爆发东学党农民起义，朝鲜政府请求清政府派兵协助镇压。日本政府同时也诱使清政府派兵，为自己出兵朝鲜制造借口。

朝鲜政府为消除日本出兵借口，6月13日请求中国撤兵。叶志超部准备从牙山订期内渡，清政府要求日本同时撤兵。日本虽已失去出兵朝鲜的借口，

但仍决心扩大事端，促成中日关系破裂，它不仅拒绝撤兵，反而继续向朝鲜增派军队。

7月23日，日军攻占朝鲜王宫，拘禁国王李熙，成立以大院君李昰应为首的傀儡政府。

当天，日本不宣而战，在丰岛海面对中国海军发动突然袭击，击沉中国运兵船"高升"号；同时日本陆军向驻牙山中国军队发起进攻，终于挑起了这场侵略战争。8月1日，中日政府同时宣战。甲午战争开始。

在战争初期，战争是在朝鲜半岛及海上进行，陆战主要是平壤之战，海战主要是黄海海战。

平壤之战发生于9月15日，是双方陆军首次大规模作战。日军企图向城内推进，遭到清军阻击。至中午，野津道贯见难以得手，下令暂停攻击，退回驻地。此时对清军来说，战事尚有可为，但清军

邓世昌

总统（总指挥）叶志超贪生怕死，于午后4时树白旗停止抵抗，并下令全军撤退。六天里，清军狂奔500里，于21日渡鸭绿江回国。日军占领朝鲜全境。

1894年9月17日，即平壤陷落的第三天，日本联合舰队终于在鸭绿江口大东沟附近的黄海海面挑起一场激烈的海战。日本"吉野"冲在最前面，正遇上全身着火的"致远"舰。管带邓世昌下令撞沉"吉野"。"致远"舰向"吉野"号右舷高速撞去。日舰官兵见状大惊失色，拼命逃窜，并向"致远"舰连连发射鱼雷，"致远"舰躲过一条鱼雷后，不幸为另一条所中，全舰官兵共252名壮烈战死。

"经远"继续迎战"吉野"，也中弹起火，管带林永升、大副陈策阵亡，随后舰也被敌鱼雷击沉，全舰270人除16人获救外，全部殉难。

青少年应该知道的历史知识

黄海海战历时5个多小时，其规模之大，时间之长，为近代世界海战史上所罕见。

平壤、黄海战后，日本方面广造舆论，大肆渲染胜利，更加刺激了其扩大侵略战争的野心。而在清朝方面，身负军事指挥重任的李鸿章则夸大失败，以进一步推行其消极避战方针，同时慈禧太后的主和也渐趋明朗化。

随着清军节节败退，在清廷内部，主和派已占上风，大肆进行投降活动。不久旅顺口失陷，日本海军从此在渤海湾获得重要的根据地，从此北洋门户洞开，北洋舰队深藏威海卫港内，战局更加急转直下。

威海卫之战是保卫北洋海军根据地的防御战，也是北洋舰队对日的最后一战。其时，威海卫港内尚有北洋海军各种舰艇26艘。1895年1月20日，大山岩大将指挥的日本第二军，包括佐久间左马太中将的第二师团和黑木为桢中将的第六师团，共2万5千人，在日舰掩护下开始在荣成龙须岛登陆，23日全部登陆完毕。30日，日军集中兵力进攻威海卫南帮炮台。驻守南帮炮台的清军仅六营三千人。营官周家恩守卫摩天岭阵地，英勇抵御，壮烈牺牲。日军也死伤累累，其左翼司令官大寺安纯少将中弹毙命。由于敌我兵力众寡悬殊，南帮炮台终被日军攻占。2月3日日军占领威海卫城。

在此期间，日本联合舰队司令伊东佑亨曾致书丁汝昌劝降，遭丁汝昌拒绝。10日，定远弹药告罄，刘步蟾下令将舰炸沉，以免资敌，并毅然自杀与舰共亡。11日，丁汝昌在洋员和威海营务处提调牛昶昞等主降将领的胁迫下，拒降自杀。洋员和牛昶昞等又推署镇远管带杨用霖，出面主持投降事宜。杨用霖拒不从命，自杀殉国。

随着战争的失利，清政府进一步加紧了乞降活动。2月11日，决定派李鸿章为全权大臣，赴日议和。4月17日，李鸿章与日本内阁总理大臣伊藤傅文在马关春帆楼签订《马关条约》。

《马关条约》是中国近代史上最丧权辱国的不平等条约，严重破坏了中国的主权与领土完整。祖国的宝岛台湾也沦为日本的殖民地，遭受日本殖民者长达半个世纪的殖民统治。该条约的签订，使中国社会的半殖民地化大大加深，同时它也成为中国近代民族觉醒的一个重要转折点。

八国联军侵华战争

随着义和团运动在直隶和京津地区的迅猛发展，外国列强多次胁迫清政府予以镇压。

1900年4月，义和团刚在北京近郊发展起来，俄国公使就提出镇压。美国、英国、法国、德意志帝国各国公使也奉本国政府密令，联合照会清朝政府"剿除义和团"，并将舰队聚集大沽口进行威胁。5月间，义和团在京津一带迅速发展，越来越多的清军士兵参加义和团，以端亲王爱新觉罗·载漪为首的排外势力在清政府内占据上风。

各国公使眼看清政府已无法控制形势，总理衙门也"无力说服朝廷采取严厉的镇压措施"，便策划直接出兵干涉。5月28日，英国、法国、德国、奥匈帝国、意大利、日本、俄国、美国八国在各国驻华公使会议上正式决定联合出兵镇压义和团，以"保护使馆"的名义，调兵入北京，清政府被迫同意。

5月30日至6月2日，八国的海军陆战队400多人，陆续由天津乘火车开到北京，进驻东交民巷。随后，各国继续向中国增兵，各国军舰24艘集结大沽口外，聚集在天津租界的侵略军达2000余人。6月6日前后，八国联合侵华政策相继得到各自政府的批准，侵略中国的战争爆发。

1900年6月11日，英国海军中将西摩尔率领八国联军2000多人强占火车由天津驶往北京。帝国主义的野蛮侵略，激起义和团坚决抵抗。6月12日，义和团与清军董福祥、聂士成部联合作战，切断侵略军与天津的联系。6月14日至18日，侵略军被义和团群众包围在廊坊、落垈、杨村一带，面对用近代枪炮武装的侵略军，义和团奋勇杀敌，视死如归，不惜以血肉之躯与敌人拼搏，表现出极大的勇气和爱国热情，打死打伤敌军300余名，西摩尔溃不成军，被迫沿北运河退回天津，义和团粉碎了八国联军进犯北京的计划。

6月中旬，侵华帝国主义海军在沙俄海军将领指挥下，联合进攻大沽口炮台，遭到守军坚决抵抗，清军共击伤击沉敌舰6艘，毙伤敌军200余名。正当战事激烈时，守将罗荣光不幸中弹牺牲，清军失去指挥，大沽炮台失守。

在此前后，日本使馆书记生在前往永定门接应西摩尔联军时被清兵当作间谍处死。德驻华公使克林德在东单牌楼行凶被守军击毙。21日，清政府向各国"宣战"。

大沽口失陷后，俄、英、德、美援军数千人，闯入天津海河西岸紫竹林租界，对天津城及其外围发动猛攻，义和团奋起投入天津保卫战。董福祥率义和团一部进攻老龙头火车站，毙伤俄军500余名，数度占领车站。张德成率义和团及清军一部围攻紫竹林，以"火牛阵"踏平雷区，冲入租界。聂士成部清军坚守城南海光寺一带。7月9日八里台一战，聂士成身中7弹，腹破肠流仍坚持战斗，直至血竭而亡。14日，天津为联军攻陷。

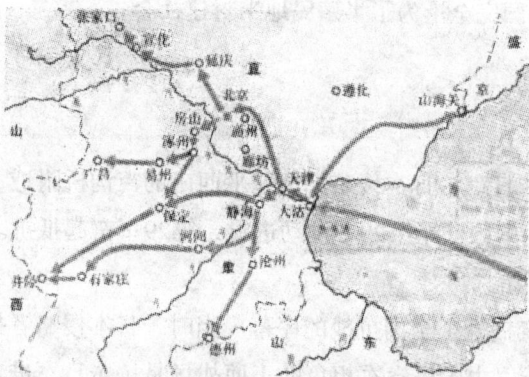

八国联军战争形势

8月4日，联军2万余人由天津进犯北京。13日进至北京城下，进攻东便门、朝阳门、东直门。英军率先由广渠门破城窜入。14日，北京失陷。次日晨，西太后和光绪皇帝仓惶出逃。联军入城后，解除了义和团对东交民巷和西什库教堂的围攻，义和团被迫退出北京，转往外地坚持抗击侵略者。西太后在流亡途中，指定李鸿章为与列强议和全权代表，发布彻底铲除义和团的命令，轰轰烈烈的义和团反帝爱国运动被中外反动势力联合扼杀了。

八国联军占领北京后，派兵四处攻城略地，扩大侵略。9月，俄军在侵占秦皇岛、山海关同时，集中庞大兵力，分五路对东北地区实行军事占领。10月中旬，德军统帅瓦德西率兵3万来华，攻占保定、张家口等地。

八国联军侵华，给中国人民带来了深重的灾难。侵略军所到之处，杀人放火、奸淫抢劫，无数村镇沦为废墟，天津被烧毁三分之一，北京一片残墙断壁。连八国联军总司令瓦德西也供认，"所有中国此次所受毁损及抢劫之损失，其详数将永远不能查出，但为数必极重大无疑"。八国联军在北京公开大肆抢劫，清宫无数文物珍宝被洗掳一空，大批群众残遭杀戮。

1901年9月7日，奕劻和李鸿章代表清廷与帝国主义签订了卖国投降的《辛丑条约》。条约规定：中国赔银4亿5千万两；北京使馆区及北京至山海关铁路沿线交由外国驻军；禁止中国人民组织反帝组织等。《辛丑条约》保住了清政府权位，加强了帝国主义对中国人民的统治，清政府由此成为帝国主义的傀儡。中国完全沦为了半殖民地半封建社会。

抗日战争

1937年7月7日夜，日本侵略军在北平西南的卢沟桥附近，以军事演习为名，突然向当地中国驻军第29军发动进攻，第29军奋起抵抗。中国抗日民族解放战争从此开始。

卢沟桥事变揭开了全国抗战的序幕。当时，日本侵略者把国民党作为主要作战对象，所以由国民党军担负的正面战场是抗击日军进攻的主要战场。在全国抗战初期，国民党表现了一定的抗日积极性，先后进行了平津会战、淞沪会战、忻口会战、徐州会战、太原会战、武汉会战等重要战役，并取得了台儿庄战役的胜利，阻滞了日军的推进，粉碎了日军3个月灭亡中国的狂妄企图。

但是，由于国民党在政治上实行单纯依靠政府和军队的片面抗战路线，在军事上则采取单纯防御的战略方针，所以，尽管国民党军队的许多官兵对日军的进攻进行了英勇的抵抗，但正面战场的战局仍非常不利，先后丢失了华北、华中的大片领土，国民政府亦迁都重庆。

而中国共产党代表中华民族的根本利益，提出一条依靠人民群众的全面抗战的路线。1937年8月下旬，共产党领导的红军主力改编为国民革命军第八路军，开赴华北抗日前线；10月间，南方各省的红军游击队也改编为新四军，开赴华中前线。八路军和新四军深入敌后，开辟敌后战场，主要从战略上配合国民党军作战。

随着战局的扩大，战线的延长和长期战争的消耗，日军的财力、物力、兵力严重不足，已无力再发动大规模的战略进攻。日本的侵华方针因此有了重大变化：逐渐将其主要兵力用于打击在敌后战场的八路军和新四军，而对国民党政府则采取以政治诱降为主的方针。

日本侵略军集中了大部分兵力和几乎全部伪军，对中国共产党领导的敌后抗日根据地进行了残酷的"大扫荡"。抗日根据地军民开展了艰苦的斗争，坚决地进行反"扫荡"、反"蚕食"斗争，敌后战场逐渐成为抗日战争的主要战场。在日本政府的诱降下，国民政府内亲日派头子汪精卫公开投降。1940年3月，他在南京成立了伪国民政府，组织伪军，协同日本侵略军进攻抗日根据地。同时，国民党的反共倾向也日渐增长，蒋介石采取"消极抗日，积极反共"的政策，掀起了多次反共高潮，妄图消灭共产党和敌后抗日根据地。中国共产党坚持"发展进步势力，争取中间势力，孤立顽固势力"的方针，领导解放区军民一面抗击日伪军的"大扫荡"，一面打退了国民党的反共高潮，巩固和发展了抗日根据地。至1943年12月，日军在兵力严重不足的情况下，被迫收缩战线，华北方面军停止向抗日根据地的进攻。

1945年，八路军、新四军向日军发动了大规模的春、夏季攻势，扩大了解放区，打通了许多解放区之间的联系。当时，由于国民党军队主力分散在中国的西南、西北大后方地区，日军占领的大部分城镇、交通要道和沿海地区都处在解放区军民的包围之中，因此全面反攻的任务，自然地主要由敌后抗日根据地的人民军队来进行。1945年5月，苏军攻克柏林，德军正式向盟军投降，第二次世界大战欧洲战场的战争宣告结束。1945年8月，美国军队在太平洋战场上对日作战胜利，逼近日本本土。8月6日和9日，美国在日本的广岛、长崎投掷了两颗原子弹。8月8日，苏联政府对日宣战，出兵中国东北。8月9日，毛泽东发表了《对日寇的最后一战》的声明，要求八路军、新四军及其他人民军队，在一切可能的条件下，对一切不愿投降的侵略者及其走狗实

行广泛的进攻。1945年8月14日，日本政府照会美、英、苏、中四国政府，宣布接受《波茨坦公告》。

1945年8月15日，日本天皇裕仁正式宣布日本无条件投降。9月2日，日本投降的签字仪式在美国战列舰"密苏里号"上举行。9月9日，在南京陆军总部举行的中国战区受降仪式上，日本驻中国侵略军总司令冈村宁次代表日本大本营在投降书上签字，并交出他的随身佩刀，以表示侵华日军正式向中国缴械投降。至此，抗日战争胜利结束。

抗日战争的胜利，是中国百年来反对帝国主义斗争的第一次完全胜利，洗雪了百年来受帝国主义奴役和压迫的耻辱。中国人民为世界反法西斯战争的胜利承担了巨大的牺牲，作出了不可磨灭的贡献。显示了中国人民的巨大力量和不屈不挠的斗争精神，成为中华民族有衰败到中心振兴的转折点。抗日战争是中国近代历史的一个根本转折，为国家的独立，民族的解放奠定了基础，中国人民的革命事业由此走向胜利。

美国独立战争

自英国开发海外殖民地以来，为了维护英国本土的垄断利益，颁布了一些限制殖民地经济发展的法令。随着北美殖民地自身发展，殖民地人民越来越希望减低对英国本土的依赖，寻求独立发展其自身的经济。然而，这却引起了英国当局的不满，因为英国当局希望北美殖民地能继续充当其廉价的原材料供应地及商品倾销的市场，因此，英国当局开始采取很多高压政策以阻遏殖民地经挤的自由发展。

1775年4月18日，英国驻马萨诸塞的总督托马斯·盖奇将军得悉当地民兵在距波士顿21英里的康科德设有武器库，遂出动800名英军奔袭康科德，搜集殖民地民兵的武器，并意图一并拘捕该地的"通讯委员会"成员，但却被殖民地居民得悉，并通知了民兵组织"一分钟人"。"一分钟人"得知消息后，当晚派人驰赴列克星敦和康科德报信，并立即作出防卫，4月19日清晨，5时左右，英军遭到列克星敦的民兵阻拦，英军突然开火，民兵猝不及防，死

伤十多人。随后民兵与英军在正式交火，美国独立战争第一枪正式打响，

1775年12月22日，英国当局正式出兵5万镇压殖民地民兵。1775年6月15日，第二届大陆会议举行，并决定殖民地居民组建正规的大陆军，乔治·华盛顿为大陆军总司令。北美独立战争全面展开。华盛顿率领大陆军采取持久作战以消耗英军的策略，与英军展开长期的作战。

列克星敦和康科德战斗后，大陆军为解除英军可能由加拿大直下纽约、控制哈德逊河流域的威胁，远征加拿大。1775年11月12日占领蒙特利尔。1776年初进攻魁北克失利。最后退出加拿大。大陆会议于1776年7月4日通过了《独立宣言》，正式宣布13个殖民地独立。

1776年7月4日，北美殖民地正式宣布脱离英国而独立，美国正式成立。

英军在控制了重要城市和海岸线后，力图速战速决。1777年在萨拉托加，美军立即以3倍兵力包围该地的英军，伯戈因无法再战，被逼于10月17日率领5700名英军投降。萨拉托加大捷大大改变美国独立战争的形势，使大陆军开始掌握战略主动权。

从1777年10月至1781年3月美国开始在国际外交上获得优势，法国、西班牙、荷兰亦相继加入战争，协助美军对抗英军。1778年2月，法国正式承认美国，并与其互订军事同盟。

1781年9月28日，华盛顿部大陆军和罗尚博伯爵部法军在维吉尼亚与拉法叶侯爵部大陆军会合，法美联军共1.7万人完成了对约克镇的合围。康瓦利斯无路可退，只得于1781年10月17日与美法联军进行投降谈判。10月19日，驻守约克镇的英军共8000人正式投降。1783年9月3日，美国成为美洲首个独立国家，英国正式承认美国独立。

美国独立战争为世界历史上首次殖民地居民打败宗主国并获得独立的战争，很大程度上鼓舞了美洲其他殖民地的人民，推动了其后的拉丁美洲独立战争，美国在脱离英国独立后，其经济及军事迅速发展，很快便跃升为世界主要强国之一。

美国南北战争

南北战争的根本原因是南方的30万奴隶主，在新移民区扩张奴隶制度，威胁了自由州的存在和发展，侵犯了包括南方自由人民在内的联邦绝大多数人民的利益。南方州的战争目的不是从联邦中退出，而是要同北方州争夺边境州和其他未开垦地区的土地，要把奴隶制扩展到整个北美大陆。

1860年共和党人林肯当选为总统，由于林肯竞选到了第16任美国总统，而林肯是主张废除奴隶制的，南方种植园主以此为借口而发动战争。林肯就任美国总统是美国南北战争导火线。

1861年4月15日至1865年4月，美国南方与北方之间进行的战争。北方领导战争的是资产阶级，在南方，领导战争的是种植场奴隶主。

1860年共和党人林肯当选为总统，美国民主党遭到惨败，这就成为南方奴隶主脱离联邦和发动叛乱的信号。南部蓄奴州南卡罗来纳州首先脱离联邦，接着佐治亚州、亚拉巴马、佛罗里达、密西西比、路易斯安那和得克萨斯诸州相继脱离，并于1861年2月宣布成立"南部同盟"，另立以杰斐逊·戴维斯为总统的政府。1861年4月12日叛乱政府军开始炮轰在南卡罗来纳的联邦萨姆特要塞，14日被攻陷。林肯政府于4月15日发布讨伐令，内战爆发。不久，弗吉尼亚、北卡罗来纳、田纳西、阿肯色4州退出联邦参加南部联盟。

战争初期北方实力大大超过南方，北方有2234万人，南方只有910万人，而且其中有380多万是黑奴。北方有发达的工业，四通八达的铁路网和丰

富的粮食，而南方几乎没有工业，铁路也很少。但南方有充分的军事准备，拥有装备及训练都较精良的军队。而且，内战前夕J.布坎南总统曾设法把大量武器和金钱输送到南方去。林肯政府在内战初期进行战争的目的是恢复南北的统一，担心触动奴隶制度会把一些边境奴隶州推向南方叛乱者一方，从而失掉边境诸州这个重要的战略地区。由于北方政府不肯宣布解放奴隶。因此，在内战这一阶段，北方在军事上连遭失败。

在1861年7月马纳萨斯和1862年夏的半岛战役中，北军损失惨重。北军虽然在西线取得一系列辉煌战果，从南军手中夺取了几个重要战略据点，但是这些战果都被东线的惨败所抵消。

在北方军事上屡次失败的情况下，共和党内部的激进派及社会上的废权主义者提出解放奴隶和武装黑人的主张。林肯也意识到解放奴隶的必要性。

1862年9月22日，林肯发表预备性的《解放黑人奴隶宣言》。宣布：如果在1863年1月1日以前南方叛乱者不放下武器，叛乱诸州的奴隶将从那一天起获得自由。消息传到南方后，成千上万的奴隶逃往北方。英国工人阶级也展开了支持北方的运动，迫使英国政府放弃了原来的干涉计划。

林肯政府还实行一系列革命措施和政策：1862～1863年实行武装黑人的政策。因此，成千上万黑人报名参加北方军队，其中主要是南方逃亡奴隶；1862年5月颁布的《宅地法》规定：一切忠于联邦的成年人，只要交付10美元的登记费，就可以在西部领取64.74公顷土地，在土地上耕种5年后就可以成为这块土地的所有者。林肯政府严厉镇压反革命分子，清洗军队中南方代理人。1863年开始实行征兵法，以代替募兵制，从而，增强北方的兵力。同时，林肯调整了军事领导机构，实行统一指挥，任命有卓越军事才能的U·S·格兰特为全军统帅。

1863年，北方在军事上出现转机。同年7月1日葛底斯堡大捷，歼灭南军2.8万人，成为内战的转折点。战场上的主动权转到北方军队手中。1865年4月9日，R·E·李的部队陷入北方军队的重围之中，被迫向格兰特请降。美国内战终止。美国恢复统一。

南北战争是美国历史上的第二次资产阶级革命，它废除了黑人奴隶制

度，较好的解决了农民的土地问题，维护了国家统一，为美国的资本主义发展扫清了道路，并为美国跻身于世界强国之列奠定了基础。

北方在战争中的胜利，确立了北方大资产阶级在全国的统治地位。内战消灭了奴隶制，从而为美国的资本主义迅速发展扫清了道路。《宅地法》的实施，加速了西部的开发，促进农业资本主义发展中美国式道路的胜利。因而19世纪末美国一跃而成为世界上最先进的工农业资本主义大国。黑人在内战后的重建时期仍受到多方面的歧视和种植场主的剥削，但在政治上取得公民权及选举权，从奴隶枷锁下解放出来。

因此，美国内战在美国历史发展中是具有划时代的进步意义的。南北战争是美国历史上第二次资产阶级革命，虽然伤亡人数超过60万，但较好的解决了公民的土地问题，发展了西部的荒地，发展后的西部的土地大部分成为了工业中心，维护了国家统一，为美国资本主义的加速发展扫清了道路，并为美国跻身于世界强国之列奠定了基础。

局限性是林肯只是废除了南方叛乱诸州的奴隶制，这些黑人虽然被解放了，但是并没有获得和白人一样的权力，黑人问题依然存在。

会议篇

中共一大

　　中国共产党第一次全国代表大会于1921年7月23日至31日在上海法租界贝勒路树德里3号（后称望志路106号，现改兴业路76号）召开。出席大会的各地代表共12人，他们是：上海小组的李达、李汉俊，武汉小组的董必武、陈潭秋；长沙小组的毛泽东、何叔衡，济南小组的王尽美、邓恩铭；北京小组的张国焘、刘仁静；广州小组的陈公博；旅日小组的周佛海。参加会议的还有武汉小组的包惠僧（他是在广州与陈独秀商谈工作期间，受陈个人委派参加会议的）。他们代表着全国57名中共党员。

　　当时，对党的创立作出了重要贡献的李大钊、陈独秀因各在北京和广州，工作脱不开身，而没有出席大会。共产国际派马林（荷兰人）和赤色职工国际代表尼克尔斯基（俄国人）出席了会议。

　　俄国十月革命后，马克思主义在中国得到广泛传播。中国的先进分子李

大钊、陈独秀、毛泽东等接受了马克思主义，并把它与中国正在发展的工人运动结合起来。他们在工人中宣传马克思主义，讲解革命道理，组织工人进行斗争。在这个基础上，各地先后成立了一些党的早期组织，这些地方分别是上海、北京、武汉、长沙、广州、济南。此外，旅居日本和法国的中国共产主义者也成立了这样的组织。这些组织当时叫法不一，有的叫共产党，有的则称共产党小组或支部，由于它们性质相同，因此，后来统称它们为各地共产主义小组。各地共产主义小组建立后，积极开展工作，推动了马列主义与中国工人运动的结合，这样，正式成立中国共产党的条件已经成熟。

1921年6月，上海共产主义小组通知各地共产主义小组，派代表到上海召开中国共产党第一次全国代表大会。7月下旬，除旅法小组因路途遥远未能派代表外，其他各地代表陆续抵达上海。由于当时革命活动处于秘密状态，所以，参加会议的外地代表，统一安排居住在以北京大学暑假旅行团的名义临时租借的私立博文女校内。

党的第一次全国代表大会，前后共开了7次会议。共产国际代表马林和尼克尔斯基出席了第一天的会议（马林后来又出席了第六次会议）。他们代表共产国际对会议的召开表示热烈的祝贺，马林还介绍了共产国际的情况。接着拟定了会议日程。在24日的会议上，各地代表汇报了工作，并交流了经验。25日至26日，大会休会，由党纲起草委员会起草党的纲领和今后工作计划。27日至29日，大会继续进行，连续3天详细讨论了党的纲领和工作计划。各地代表在党的性质、纲领和组织原则等主要问题上取得了基本一致的意见。

30日晚，举行第六次会议时，突然有一陌生男子闯进了会场，当询问他时，他答称走错了地方。其实这个人是法租界巡捕房的一个暗探。他的行动引起了与会人员的警觉。会议立即中断，代表们迅速分头离开。十几分钟后，法国巡捕赶来，包围并搜查了会场，但一无所获。

当晚，代表们商量改换会议地点，在李达夫人（她是浙江嘉兴人）的提议下，决定到嘉兴南湖去开完最后一次会议。7月31日，代表们来到南湖，在一艘游船上举行了第七次会议。会议通过了《中国共产党党纲》、《关于当前实际工作的决议》，选举了党的领导机构。至此，党的第一次全国代表大会胜利闭幕。

党的"一大"通过的党纲主要内容有：确定党的名称是中国共产党；党的性质是无产阶级政党；党的奋斗目标是以无产阶级革命军队推翻资产阶级的政权，消灭资本家私有制，由劳动阶级重建国家，承认无产阶级专政，直到阶级斗争结束，即直到消灭社会的阶级区分；党的基本任务是从事工人运动的各项活动，加强对工会和工人运动的研究与领导；党的组织方面的规定为，在全党建立统一的组织和严格的纪律，地方组织必须接受中央的监督和指导等。

"一大"通过的《关于当前实际工作的决议》，确定党成立后的中心任务是组织工会和教育工人，领导工人运动，对党领导工人运动的任务、方针、政策和方法都提出了规定或要求。

"一大"选举的党的领导机构为中央局。陈独秀虽然没出席大会，但由于他当时在宣传社会主义方面的影响和威望，以及他作为党的主要创始人之一所作的贡献，大会选举他担任中央局书记。中央局的另两位领导人是李达和张国焘，他们分管组织和宣传工作。

党的第一次全国代表大会正式宣告了中国共产党的诞生，从此，在中国出现了一个完全崭新的，以马克思列宁主义为其行动指南的，统一的无产阶

级政党。中国的无产阶级因此有了战斗的司令部，中国的劳苦大众从此有了翻身解放的希望，中国的革命从此焕然一新。

由于党的"一大"召开于7月，而在战争年代档案资料难寻，具体开幕日期无法查证，因此，1941年在党成立20周年之际，中共中央发文正式规定，7月1日为党的诞生纪念日（党的生日）。

遵义会议

1934年10月中旬，中共中央机关和中央红军（又称红一方面军）8.6万人撤离根据地，向西突围转移，开始长征。长征初期，中共中央领导人博古依靠与共产国际有关系的顾问，德国人李德，犯了退却中的逃跑主义错误。在强渡湘江之后，红军和中央机关人员锐减到3万多人。严酷的事实教育了广大的共产党员和红军指战员，他们开始产生对错误领导的不满，怀疑。一些支持过"左"倾错误的中央领导人如张闻天，王稼祥等，也改变态度，转而支持毛泽东的正确主张。这样，当中央红军根据毛泽东的提议，该向敌人力量薄弱的贵州挺进，并在占领黔北重镇遵义之后，中共中央政治局于1935年1月15日至17日在这里召开了扩大会议，史称"遵义会议"。

1934年1月中共六届五中全会以后，在党和根据地的各项工作中，王明"左"倾冒险主义得到更加变本加厉的推行。在这种错误领导下，第五次反"围剿"失败了，迫使红军放弃革命根据地，开始长征。长征初期，"左"倾教条主义者从进攻中的冒险主义变成退却中的逃跑主义，并且把战略转移变成搬家式的行动，使部队的行军速度非常缓慢，致使敌人有充分的时间调集兵力，对红军实行围追堵截，红军在突围过程中损失惨重。为了摆脱尾追和堵击的敌军，毛泽东建议中央红军放弃去湘西同红二、六军团会合的企图，改向敌军力量薄弱的贵州挺进。1935年1月7日，红军攻黔北重镇遵义。

1935年1月15日至17日，中共中央在遵义召开了政治局扩大会议。参加会议的中央政治局委员有毛泽东、张闻天（洛甫）、周恩来、陈云、朱德、秦邦宪（博古），政治局候补委员有王稼祥、刘少奇、凯丰（何克全）、邓

青少年应该知道的历史知识

发；扩大参加者有红军总部和各军团负责人李富春、刘伯承、林彪、聂荣臻、彭德怀、杨尚昆、李卓然；出席会议的还有《红星报》主编邓小平（会议中被选为党中央秘书长）、共产国际驻中国的军事顾问李德及其翻译伍修权。

会议的主要议题是总结第五次反"围剿"的经验教训。首先，由博古作关于第五次反"围剿"的总结报告，他在报告中极力为"左"倾冒险主义错误辩护。

接着，周恩来来作了副报告，主要分析了第五次反"围剿"和长征中战略战术及军事指挥上的错误，并作了自我批评，主动承担了责任。毛泽东在会上作了重要发言，着重批判了第五次反"围剿"和长征以来博古、李德在军事指挥上的错误，以及博古在总结报告中为第五次反"围剿"失败辩护的错误观点。张闻天、王稼祥、朱德、刘少奇等多数同志在会上发言，支持毛泽东的正确意见。会议经过激烈的争论，在统一思想的基础上，委托张闻天起草了《中共中央关于反对敌人五次"围剿"的总结决议》，并由常委审查通过。决议肯定了毛泽东关于红军作战的基本原则，否定了博古关于第五次反"围剿"的总结报告，提出了党的中心任务是战胜川、滇、黔的敌军，在那里建立新的革命根据地。

会议决定改组中央领导机构，增选毛泽东为政治局常委，取消博古、李德的最高军事指挥权，仍由中央军委主要负责人周恩来、朱德指挥军事。会后，常委进行分工：由张闻天代替博古负总责，毛泽东、周恩来负责军事。在行军途中，又成立了由毛泽东、周恩来、王稼祥组成的三人军事指挥小组，负责长征中的军事指挥工作。至此，遵义会议以后的中央组织整顿工作大体完成。

遵义会议是中国共产党历史上的一次重要会议。它结束了王明"左"倾冒险主义在党中央的统治，确立了以毛泽东为核心的新的党中央的正确领导和毛泽东在红军和党中央的领导地位。在党生死攸关的危急关头挽救了党，挽救了红军，挽救了中国革命，使红军在极端危险的境地得以保存下来，胜利地完成长征，开创了抗日战争的新局面。它证明中国共产党完全具有独立

自主解决自己内部复杂问题的能力，是中国共产党从幼年走向成熟的标志。

中央红军第五次反"围剿"的失败和长征初期红军力量遭受的严重损失，引起了广大干部和战士对王明军事路线的怀疑和不满，纷纷要求改换错误的领导。同时，在长征途中毛泽东对执行王明军事路线的一些领导同志做了耐心细致的工作，使他们很快觉悟过来。在这种情况下，为了总结第五次反"围剿"的西征军事指挥上的经验教训，根据黎平政治局会议的决定，在毛泽东、张闻天、王稼祥等领导同志的努力促成下，红军占领遵义后，1935年1月15日至17日，在遵义召开中共中央政治局扩大会议。

七届二中会议

1949年3月5～13日在中国河北建屏县（今平山县）西柏坡举行中国共产党第七届中央委员会第二次全体会议（简称七届二中全会），参加会议的有中央委员34人，中央候补委员19人。毛泽东主持会议并作了重要报告。

会议批准了1945年6月七届一中全会以来中央政治局的工作报告，批准了由中国共产党发起的关于召开新的政治协商会议及成立民主联合政府的建议，批准了毛泽东主席关于以八项条件作为与南京国民党政府进行和平谈判基础的声明，通过了《中国共产党第七届中央委员会第二次全体会议决议》，通过了《关于军旗的决议》，规定中国人民解放军军旗为红底加五角星，加"八一"二字。

毛泽东在向全会作的报告中，提出了促进革命迅速取得全国胜利和组织这个胜利的各项方针；说明了在全国胜利的局面下，党的工作重心必须由乡村转移到城市，城市工作必须以生产建设为中心；规定了党在全国胜利以后在政治、经济、外交方面应当采取的基本政策，特别是着重分析了当时中国经济各种成分的状况和党所必须采取的政策，指出了中国由农业国转变为工业国，由新民主主义社会转变为社会主义社会的发展方向，等等。这个报告，是以毛泽东为首的中国共产党人为筹建中华人民共和国和指导建设新中国的各方面纲领和政策的集大成。

1.实现工作重心转变的方针。关于党的工作重心的转变，毛泽东在报告中指出："从1927年到现在，我们工作重点是在乡村，在乡村聚集力量，用乡村包围城市，然后取得城市。采取这样一种工作方式的时期现在已经完结。从现在起，开始了由城市到乡村并由城市领导乡村的时期。党的工作重心由乡村转到了城市。"

2.新民主主义的经济形态和政策。毛泽东认为："这是帝国主义制度压迫中国的结果，这是旧中国半殖民地和半封建社会性质在经济上的表现，这也是中国革命时期内和在革命胜利以后一个相当长的时期一切问题的基本出发点。从这一点出发，产生了我党一系列的战略上、策略上和政策上的问题。"这个极其深刻的论断，是毛泽东在长期以来深入观察、分析中国国情，坚持从中国社会及经济现状出发制定党的战略、策略和政策的丰富实践基础上得出来的。把对中国社会经济实际状况的科学分析，作为党在相当长历史时期内一切问题的出发点，生动地体现了毛泽东思想中"实事求是，一切从实际出发"的活的灵魂。

3.人民民主专政的任务。在政治上，七届二中全会强调，要实行无产阶级领导的以工农联盟为基础的人民民主专政。抗日战争期间，毛泽东即对这个问题有所思考。在《新民主主义论》中，他提出新民主主义共和国的"国体——各革命阶级联合专政"，"政体——民主集中制"，"并由各级代表大会选举政府"；后来，在《论联合政府》中，他又对这些原则作了更加具体的论述。

4.党的建设的新课题。从乡村到城市，从革命战争到经济建设，对于即将执政的中国共产党来说，党的建设问题是一个十分重大而紧迫的新课题。

在七届二中全会上，毛泽东再次告诫全党，因为胜利，党内的骄傲情绪，以功臣自居的情绪，停顿起来不求进步的情绪，贪图享乐不愿再过艰苦生活的情绪，可能生长。可能有这样一些共产党人，他们是不曾被拿枪的敌人征服过的，他们在这些敌人面前不愧英雄的称号；但是经不起人们用糖衣裹着的炮弹的攻击，他们在糖弹面前要打败仗。我们必须预防这种情况。

毛泽东进一步指出：务必使同志们继续地保持谦虚、谨慎、不骄、不躁

的作风，务必使同志们继续地保持艰苦奋斗的作风。

党的七届二中全会，是在中国新民主主义革命即将取得全国性胜利的历史转折关头的一次重要会议，为党的工作重心从农村转向城市，从战争转向生产建设，将中国由农业国转变为工业国，由新民主主义社会逐渐转变为社会主义社会，做了政治、思想、理论和方针政策等多方面的充分准备，描绘了建设新中国的宏伟蓝图，使全党在新的形势下，达到高度的团结统一，具有划时代的重大意义。

中共八大

党的七大以后，中国社会发生了一系列深刻的变化。全国人民在党的领导下，建立了中华人民共和国；到1956年上半年，全国绝大部分地区基本上完成了对生产资料私有制的社会主义改造，一个崭新的社会主义制度从此在中国建立起来。与此同时，第一个五年计划的许多重要指标已有确实把握提前完成。在这种形势下，为了加强执政党的建设，探索中国社会主义建设的道路，制定党在新形势下的路线、方针、政策，中共中央决定召开第八次全国代表大会。

大会正式召开之前，党曾在多方面为大会的顺利召开做了准备。1956年4月25日，毛泽东在中央政治局扩大会议上作了《论十大关系》的讲话，为探索适合中国国情的社会主义建设道路提出了许多重要的思想原则，从思想上、理论上为八大的召开作了重要的准备。同年8月30日至9月12日，在北京举行了八大预备会议。毛泽东在会上作了《增强党的团结，继承党的传统》的讲话，指出八大召开的目的和宗旨是：总结七大以来的经验，团结全党，团结国内外一切可以团结的力量，为建设社会主义中国而奋斗。号召全党要继承优良传统，反对主观主义、宗派主义和官僚主义。

中国共产党第八次全国代表大会于1956年9月15日至27日在北京政协礼堂召开。出席大会的正式代表1026人，候补代表107人，代表全国1073万名党员。59个国家的共产党、工人党、劳动党和人民革命党的代表团以及国内各民主党派和无党派民主人士的代表应邀列席大会。

在大会上，毛泽东致了《开幕词》，刘少奇作了《中国共产党中央委员会向第八次全国代表大会的政治报告》，邓小平作了《关于修改党的章程的报告》，周恩来作了《关于发展国民经济第二个五年计划的建议的报告》。会上，朱德、陈云、董必武等作了重要发言。

大会完全肯定了党中央从"七大"以来的路线是正确的，同时正确地分析了社会主义改造基本完成以后，中国阶级关系和国内主要矛盾的变化，确定把党的工作重点转向社会主义建设。大会提出，生产资料私有制的社会主义改造基本完成以后，国内的主要矛盾不再是工人阶级和资产阶级之间的矛盾，而是人民对于建立先进的工业国的要求同落后的农业国的现实之间的矛盾，是人民对于经济文化迅速发展的需要同当前经济文化不能满足人民需要的状况之间的矛盾。这一矛盾的实质，在中国社会主义制度已经建立的情况下，也就是先进的社会主义制度同落后的社会生产之间的矛盾。解决这个矛盾的办法是发展社会生产力，实行大规模的经济建设。为此，大会作出了党和国家的工作重点必须转移到社会主义建设上来的重大战略决策。大会在总结中国第一个五年计划实施经验的基础上，继续坚持既反保守又反冒进，即在综合平衡中稳步前进的经济建设方针。

八大关于主要矛盾的实质的提法，在理论上有不完全准确的地方，因为这个提法没有全面地指出，社会主义的生产关系已经建立起来，它是和生产力的发展相适应的；同时它又还很不完善，这些不完善的方面和生产力的发展又是相矛盾的。但是上述提法的着眼点，在于把中国生产力发展还很落后这一基本国情突出出来，强调在社会主义改造已经基本完成的情况下，国家的主要任务已经由解放生产力变为在新的生产关系下保护和发展生产力，全党要集中力量去发展生产力。这个着眼点，历史证明是正确的。

大会通过了第二个五年计划的建议和新党章。规定了党和全国人民当前的主要任务是：集中力量发展社会生产力，实现国家工业化，逐步满足人民日益增长的物质和文化需要。强调要坚持民主集中制和集体领导制度，加强党和群众的联系。

大会讨论通过了《关于政治报告的决议》、《中国共产党章程》和《关于发展国民经济第二个五年计划（1958年至1962年）的建议》。

大会选举产生了第八届中央委员会，中央委员97人，候补中央委员73人。同时，根据党的事业发展的需要，八大决定中央委员会增设副主席和常委，中央书记处增设总书记和候补书记，并加强中央监察委员会的机构，设书记、副书记。

八大制定的党的路线是正确的，提出的许多新的方针和设想是富于创造精神的。当然，由于实践的时间还很短，理论上和思想上还不可能很成熟，许多新的观念和方针还不可能牢固地确立并取得深刻的共识。许多新的设想还没有付诸实施，或者没有充分付诸实施，很快又发生反复。但是，八大对中国自己的建设社会主义道路的探索，毕竟取得了初步成果，历史证明这些成果对于党的事业的发展有长远的重要意义。这次大会为新时期的社会主义事业的发展和党的建设指明了方向。

中共十一届三中全会

中国共产党第十一届中央委员会第三次全体会议于1978年12月18日至22日在北京举行。出席会议的有中央委员169名，候补中央委员112名。中央及地方有关部门的负责人列席了会议。

全会的中心议题是讨论把全党的工作重点转移到社会主义现代化建设上来。

这次全会前，召开了历时36天的中央工作会议。在中央工作会议上，党的许多老一辈革命家和领导骨干，对"文化大革命"结束后两年来党的领导工作中出现的失误提出了中肯的批评，对党的工作重点转移到经济、政治方面的重大决策，党的优良传统的恢复和发扬等，提出了积极的建议。邓小平在会议闭幕式上作了题为《解放思想，实事求是，团结一致向前看》的重要讲话。这次中央工作会议，为随即召开的十一届三中全会作了充分准备。邓小平的讲话实际上成了三中全会的主题报告。

十一届三中全会结束了粉碎"四人帮"之后两年中党的工作在徘徊中前进的局面，实现了建国以来党的历史的伟大转折。

十一届三中全会所作出的这些在领导工作中具有重大意义的转变，标志着中国共产党从根本上冲破了长期"左"倾错误的严重束缚，端正了党的指导思想，使广大党员、干部和群众从过去盛行的个人崇拜和教条主义束缚中解放出来，在思想上、政治上、组织上全面恢复和确立了马克思主义的正确路线，结束了1976年10月以来党的工作在徘徊中前进的局面，将党领导的社会主义事业引向健康发展的道路。党的十一届三中全会揭开了党和国家历史的新篇章，是建国以来我党历史上具有深远意义的伟大转折。

亚太经合组织第九次非正式会议

2001年10月21日，亚太经合组织（APEC）第九次领导人非正式会议在上海科技馆举行，中国国家主席江泽民主持。澳大利亚总理霍华德、文莱苏丹博尔基亚、加拿大总理克雷蒂安、智利总统拉戈斯、中国香港特别行政区行政长官董建华、印度尼西亚总统梅加瓦蒂、日本首相小泉纯一郎、韩国总统金大中、马来西亚总理马哈蒂尔、墨西哥总统福克斯、新西兰总理克拉克、巴布亚新几内亚总理莫劳塔、秘鲁总统托莱多、菲律宾总统阿罗约、俄罗斯总统普京、新加坡总理吴作栋、泰国总理他信、美国总统布什和越南总理潘文凯出席会议。

上午8时许，与会领导人身着精心设计、富有浓厚中国民族特色的服装，陆续抵达科技馆。国家主席江泽民与他们一一握手。领导人在APEC领导人会议签名卷上签字留念后，在江泽民陪同下步入会场。江泽民主持了会议，并与其他领导人就全球及地区宏观经济形势、人力资源能力建设以及APEC的未来发展方向等议题进行了务实友好、坦诚热烈的讨论。与会各成员领导人就上述问题达成了广泛共识，通过并发表了《领导人宣言》。领导人还利用午餐会就反对恐怖主义问题交换了意见，并发表了《亚太经合组织领导人反恐声明》。会议取得圆满成功。

江泽民在会上发表题为《加强合作，共同迎接新世纪的新挑战》的重要讲话，全面阐述了我对当前世界和地区经济形势的看法，以及对推进APEC合作进程的主张。

江泽民指出，虽然目前亚太地区经济面临一些困难，"9·11"事件更增加了经济发展的不确定性，但亚太地区从长远看依然是世界经济最具活力的地区。从APEC的共同利益出发，各成员应加强宏观政策协调，深化经济结构改革，坚定地支持多边贸易体制。

江泽民说，人力资源开发已成为APEC合作的核心内容之一。他向领导人介绍了中国政府在人力资源开发领域牵头实施的人力资源能力建设促进项目和APEC金融合作与发展项目。江泽民说，新世纪APEC应始终站在全球与区域经济发展的前沿，尊重多样性，坚持协商一致、自主自愿等原则构成的"APEC方式"，增强凝聚力，缩小成员间的差距，实现共同繁荣和发展。

其他与会领导人在发言中表示对世界和亚太地区的中长期经济发展前景充满信心，一致同意在人力资源能力建设方面加强合作，使所有成员从全球化和新经济中均衡受益。与会领导人表示在新世纪应赋予APEC合作以新的内涵，深化APEC大家庭精神，推动其发挥更大的作用。

2001年上海APEC会议领导人合影

与会领导人认为，此次APEC会议是"9·11"事件之后举行的首次最高级别领导人会议，成员领导人如期与会，说明他们对此次会议寄予厚望，也表明了他们对发展本地区经济的决心和信心。与会领导人高度评价中国改革开放取得的巨大成就，生机勃勃的上海就是中国发展的缩影。领导人纷纷祝贺中国成功举办此次会议，感谢中国热情友好的接待和周密细致的安排。

会议在下午4时落下帷幕。江主席与其他领导人一同步出会场，向新闻界宣读了《领导人宣言》。

APEC会议结束了，会议产生的影响是深远的，中国作为本次会议的东道主，也给与会各方留下了难以忘怀的印象。

中共十七大

中国共产党第十七次全国代表大会于2007年10月15日至21日在北京召开。这次大会出席代表2213人，特邀代表57人，共2270人，实到2237人。

大会由吴邦国主持。

胡锦涛代表第十六届中央委员会向大会作了题为《高举中国特色社会主义伟大旗帜，为夺取全面建设小康社会新胜利而奋斗》的报告。胡锦涛指出，这次大会的主题是：高举中国特色社会主义伟大旗帜，以邓小平理论和"三个代表"重要思想为指导，深入贯彻落实科学发展观，继续解放思想，坚持改革开放，推动科学发展，促进社会和谐，为夺取全面建设小康社会新胜利而奋斗。

胡锦涛代表第十六届中央委员会向大会所作的报告共分十二个部分：一、过去五年的工作；二、改革开放的伟大历史进程；三、深入贯彻落实科学发展观；四、实现全面建设小康社会奋斗目标的新要求；五、促进国民经济又好又快发展；六、坚定不移发展社会主义民主政治；七、推动社会主义文化大发展大繁荣；八、加快推进以改善民生为重点的社会建设；九、开创国防和军队现代化建设新局面；十、推进"一国两制"实践和祖国和平统一大业；十一、始终不渝走和平发展道路；十二、以改革创新精神全面推进党的建设新的伟大工程。

胡锦涛在报告中指出，中国特色社会主义伟大旗帜，是当代中国发展进步的旗帜，是全党全国各族人民团结奋斗的旗帜。解放思想是发展中国特色社会主义的一大法宝，改革开放是发展中国特色社会主义的强大动力，科学发展、社会和谐是发展中国特色社会主义的基本要求，全面建设小康社会是党和国家到二〇二〇年的奋斗目标，是全国各族人民的根本利益所在。

胡锦涛强调，全党必须坚定不移地高举中国特色社会主义伟大旗帜，带领人民从新的历史起点出发，抓住和用好重要战略机遇期，求真务实，锐意进取，继续全面建设小康社会、加快推进社会主义现代化，完成时代赋予的崇高使命。胡锦涛在总结了改革开放的伟大历史进程后指出，改革开放是决

定当代中国命运的关键抉择，是发展中国特色社会主义、实现中华民族伟大复兴的必由之路；只有社会主义才能救中国，只有改革开放才能发展中国、发展社会主义、发展马克思主义。改革开放以来我们取得一切成绩和进步的根本原因，归结起来就是：开辟了中国特色社会主义道路，形成了中国特色社会主义理论体系。高举中国特色社会主义伟大旗帜，最根本的就是要坚持这条道路和这个理论体系。在当代中国，坚持中国特色社会主义道路，就是真正坚持社会主义；坚持中国特色社会主义理论体系，就是真正坚持马克思主义。胡锦涛在报告中提出实现全面建设小康社会奋斗目标的新要求：增强发展协调性，努力实现经济又好又快发展；扩大社会主义民主，更好保障人民权益和社会公平正义；加强文化建设，明显提高全民族文明素质；加快发展社会事业，全面改善人民生活；建设生态文明，基本形成节约能源资源和保护生态环境的产业结构、增长方式、消费模式。胡锦涛强调，要以改革创新精神全面推进党的建设新的伟大工程，使党始终成为中国特色社会主义事业的坚强领导核心。深入学习贯彻中国特色社会主义理论体系，着力用马克思主义中国化最新成果武装全党；继续加强党的执政能力建设，着力建设高素质领导班子；积极推进党内民主建设，着力增强党的团结统一；不断深化干部人事制度改革，着力造就高素质干部队伍和人才队伍；全面巩固和发展先进性教育活动成果，着力加强基层党的建设；切实改进党的作风，着力加强反腐倡廉建设。胡锦涛最后说，让我们高举中国特色社会主义伟大旗帜，更加紧密地团结在党中央周围，万众一心，开拓奋进，为夺取全面建设小康社会新胜利、谱写人民美好生活新篇章而努力奋斗！

胡锦涛主持了闭幕大会。

会议首先通过了2名总监票人和36名监票人名单。

在总监票人和监票人监督下，到会的2235名代表和特邀代表以无记名投票方式，选举出由204名委员、167名候补委员组成的十七届中央委员会，选举出中央纪律检查委员会委员127名。11时36分，胡锦涛宣布，第十七届中央委员会和中央纪律检查委员会，已经中国共产党第十七次全国代表大会选举产生。全场响起经久不息的热烈掌声。随后，大会通过了关于十六届中央委员会报告的决议。大会批准胡锦涛同志代表十六届中央委员会所作的报告。大会认为，报告科学回答了党在改革发展关键阶段举什么旗、走什么路、以什么样的精神状态、朝着什么样的发展目标继续前进等重大问题，对继续推进改革开放和社会主义现代化建设、实现全面建设小康社会的宏伟目标作出了全面部署，对以改革创新精神全面推进党的建设新的伟大工程提出了明确要求。报告描绘了在新的时代条件下继续全面建设小康社会、加快推进社会主义现代化的宏伟蓝图，为我们继续推动党和国家事业发展指明了前进方向，是全党全国各族人民智慧的结晶，是我们党团结带领全国各族人民坚定不移走中国特色社会主义道路、在新的历史起点上继续发展中国特色社会主义的政治宣言和行动纲领，是马克思主义的纲领性文献。大会通过了关于中央纪律检查委员会工作报告的决议。大会充分肯定了中央纪律检查委员会的工作。大会通过了关于《中国共产党章程（修正案）》的决议，决定这一修正案自通过之日起生效。大会一致同意将科学发展观写入党章。

党的十七大是在我国改革发展关键阶段召开的一次十分重要的大会。大会号召，全党全国各族人民高举中国特色社会主义伟大旗帜，更加紧密地团结在党中央周围，认真学习贯彻党的十七大精神，万众一心，开拓奋进，为夺取全面建设小康社会新胜利、谱写人民美好生活新篇章而努力奋斗。

改革篇

商鞅变法

秦国在春秋时期，社会经济的发展落后于关东齐、楚、燕、赵、魏、韩这六个大国。其井田制瓦解、土地私有制产生和赋税改革，都比关东各国晚了很久。如鲁国"初税亩"是在公元前594年，秦国的"初租禾"是在公元前408年，落后186年。可是这时，秦国已使用铁制农具，社会经济发展较快，这不仅加速了井田制的瓦解和土地私有制的产生过程，而且还引起社会秩序的变动。公元前384年，秦献公即位，下令废除人殉的恶习。次年又迁都栋立。

春秋战国时期是奴隶制崩溃、封建制确立的大变革时期，在这一时期，铁制农具的使用和牛耕的逐步推广，导致奴隶主的土地国有制，逐步被封建土地私有制所代替。随着封建经济的发展，新兴地主阶级的经济和政治势力越来越大。新兴地主阶级纷纷要求在政治上进行改革，发展封建经济，建立

地主阶级统治。各国纷纷掀起变法运动，如魏国的李悝变法、楚国的吴起变法等。商鞅变法正是在这种背景下发生。这种社会变革、变法运动体现了生产关系必须适应生产力发展、上层建筑必须适应经济基础变化的规律。

为了为了增强秦国实力，富国强兵，秦孝公任用商鞅实行变法。

1. 经济措施

商鞅对经济的改革是以废除井田制、实行土地私有制为重点。这是战国时期各国中唯一用国家的政治和法令手段在全国范围内改变土地所有制的事例。主要内容如下：

（1）废井田、开阡陌

商鞅在经济上推行的重大举措是"废井田、开阡陌"。所谓"阡陌"，指"井田"中间灌溉的水渠以及与之相应的纵横道路，纵者称"阡"，横者称"陌"。"开阡陌封疆"就是把标志土地国有的阡陌封疆去掉，废除奴隶制土地国有制，实行土地私有制。从法律上废除了井田制度。法令规定，允许人们开荒，土地可以自由买卖，赋税则按照各人所占土地的多少来平均负担。这样就破坏了奴隶制的生产关系，促进了封建经济的发展。

（2）重农抑商、奖励耕战

商鞅推行重农抑商的政策。规定，生产粮食和布帛多的，可免除本人劳役和赋税，以农业为"本业"，以商业为"末业"。商鞅还招募无地农民到秦国开荒。这些政策有利于增殖人口、征发徭役和户口税，发展封建经济。

（3）统一度量衡

商鞅变法前，秦国各地度量衡不统一。为了保证国家的赋税收入，商鞅制造了标准的度量衡器。商鞅还统一了斗、桶、权、衡、丈、尺等度量衡。要求秦国人必须严格执行，不得违犯。

2. 政治措施

商鞅对政治的改革是以彻底废除旧的世卿世禄制、建立新的封建专制主义中央集权制。推行郡县制为重点。他在这方面的贡献远远超过李悝和吴起。主要内容如下：

（1）励军功，实行军功爵制

商鞅下令"有军功者，各以率受上爵，为私斗争，各以轻重被刑"，以奖励军功而禁止私斗。规定爵位依军功授予，宗室非有军功不得列入公族簿籍。即"有功者显荣，无功者虽富无所荣华"。就是说有功劳的贵族子弟，可享受荣华富贵；无功劳的，虽家富，不得铺张。

制定军功爵制的作法，意味着商鞅彻底废除了旧世卿世禄制，今后将根据军功的大小授予爵位，官吏从有军功爵的人中选用。

（2）除世卿世禄制，鼓励宗室贵族建立军功

《史记》记载，秦国规定"宗室非有军功论，不得为属籍。明尊卑爵秩等级，各以差次名田宅，臣妾衣服以家次。有功者显荣，无功者虽富无所芬华"。即依军功大小定贵族身份之高低。该规定沉重打击了奴隶主旧贵族，因而，招致了他们的怨恨。《史记》记载："商君相秦十年，宗室贵戚多怨望者"。历史上任何一次变法，不仅是一种治国方略的重新选择，而且是一种利益关系的重新调整，这也是改革受阻的真正原因。

（3）改革户籍制度，实行连坐法

秦国的都、乡、邑、聚原来都是自然形成的大小居民点。商鞅为了加强封建专制的统治，管理广大居民，规定居民要登记各人户籍。轻罪用重刑。将魏国李悝的《法经》颁布实行，还增加了连坐法。

（4）推行县制

商鞅在政治方面的重大改革是"集小都乡邑聚为县"，以县为地方行政单位，废除分封制，"凡三十一县"（也有史书认为是41县或36个县）。县设县令以主县政，设县丞以辅佐县令，设县尉以掌管军事。县下辖若干都、乡、邑、聚。商鞅通过县的设置，把领主对领邑内的政治特权收归中央。该措施有力地配合了"废井田、开阡陌"政策，用政治手段保证了土地私有。巩固了中央集权的封建统治，削弱了豪门贵族在地方的权力。

通过变法，废除了奴隶主贵族的世袭特权，促进了封建经济的发展，加强了新兴地主阶级的中央集权制度。国家战斗力不断增强，富国强兵的秦国，成为战国后期最强大的国家。为后来秦统一六国奠定了基础。但是商鞅实行的严刑峻法和文化高压政策，对后来的秦朝也有消极影响。

孝文帝改革

鲜卑族是我国历史上一个古老的民族，拓拔部是鲜卑族活动在大兴安岭北端东麓一带的一个分支。拓跋部不断南迁，在西晋时，部落首脑拓跋猗卢因为帮助当时统治者抗击刘渊、石勒有功，被封为代王，建立了代国。但不久，代国被兴起的前秦所灭，拓跋部的历史也暂时的中断了。淝水之战后，前秦统治遭到了瓦解，拓跋部的拓跋跬趁机复国，召开部落大会，即位代王，并改国号为魏，称皇帝，史称北魏。此后几代北魏统治者都致力于统一、兼并战争，先后灭掉了北方仅存的大夏、北燕和北凉，于439年统一了北方。

在民族征服的过程中，北魏统治者对各族人民实行了民族歧视和残酷的民族压迫政策，在征服战争中也常常出现疯狂的民族杀戮，民族矛盾不断激化。

到了北魏中期，民族矛盾虽已日趋缓和，但由于统治阶级过度的剥削和压迫，阶级矛盾也日益尖锐起来，农民起义年年爆发，特别是公元445年在陕西杏城的卢水胡人盖吴领导的起义，发动了十余万群众参加起义，北魏政府派出6万骑兵前来镇压，统治者拓跋焘亲临指挥，最终盖吴被叛徒杀害，盖吴起义失败了，却使北魏统治者受到了极大的震动。各族人民和睦相处，互相影响，民族融合的趋势增强。

473年，拓跋宏即位，是为孝文帝。此后，农民起义依旧有增无减，而朝廷残酷的镇压非但没有平息人民的起义，反而激发了更多矛盾和斗争。为了革除鲜卑旧俗吸收汉族的先进文化巩固北魏的统治，冯太后孝文帝先后进行了一系列的改革，统称为孝文帝改革。

孝文帝改革涉及政治、经济、文化等各个领域，范围极其广泛，内容也极为丰富。总体概括起来有以下四点：

第一，推行均田制。在均田制的同时又颁布了与之相联系的三长制和租调制。均田制使农民分得了一定数量的土地，将农民牢牢束缚在土地上，成为国家的编户，保证了地主们的基本利益及土地私有制。而租调制则相对减轻了农民的租调负担，改善了农民的生产生活条件，从另一方面促进了生产力的发展。

第二，整顿吏治。吏治的败坏不仅激化了社会矛盾，同时也使统治阶级内部产生了矛盾。在这项改革措施中，以"治绩"的好坏为标准。整肃了官僚机构，巩固了封建统治。

第三，迁都洛阳。为了接受汉族先进文化，加强对黄河流域的控制，孝文帝决定迁都洛阳。495年正式迁都洛阳。

第四，实行汉制与移风易俗。主要内容有改官制、禁胡服、断北语、改复姓、定族姓、迁都洛阳等，这是孝文帝改革中最重要的措施。

孝文帝的改革体现了民族融合的巨大推动作用。整个中华民族的文明就是各个民族不断交流、融合所产生的，中华民族是一个大家庭，我们应该具有高度的民族凝聚力与民族情感，懂得民族间的尊重与友爱。然而孝文帝的改革也遇到了鲜卑旧贵族的强烈反对，在孝文帝的坚决镇压下才保证了汉化政策的推行，巩固了改革的成果，由此也可见孝文帝改革的勇气与决心以及高瞻远瞩的改革眼光。

孝文帝改革有利于北方经济的恢复和发展。迁都洛阳以后，鲜卑统治者接受了汉族先进文化制度，大大加速了北魏政权的封建化进程，对北魏社会政治生活乃至整个中国历史产生了深远的影响。促进了民族的交流和融合：北魏孝文帝改革不仅缓和了民族矛盾，巩固了封建统治，更促进了民族的大融合，为结束长期分裂局面，重新走向国家统一奠定了基础。

大化改新

日本的社会在7世纪初，发生了政治变革运动。发生于646年，年号"大化"，因此称为大化改新。

593年，圣德太子摄政后实行的推古天皇改革，初步确立中央集权制和皇权中心思想，削弱了氏姓贵族奴隶主的保守势力。但改革没有触动部民制，更未摧毁氏姓贵族势力。圣德太子死后，外戚苏我氏专权，苏我虾夷、苏我

入鹿父子排斥改革势力，杀死圣德太子之子山背大兄王，另立天皇。640年，圣德太子派到中国留学30多年的高向玄理、留学僧南渊请安归国，他们带回隋唐的封建统治制度和思想文化，并传授给皇室贵族，为日本的封建化提供了思想基础。

645年6月，中大兄皇子、中臣镰足等人在皇极天皇接见高句丽、百济、新罗使节时，于朝中杀死苏我入鹿，其父虾夷翌日自杀。这一事件史称乙巳之变。政变后，皇极天皇退位，革新派拥立孝德天皇，以中大兄为皇太子，中臣镰足为内臣，僧旻和高向玄理为国博士，建元大化，迁都难波（今大阪）。

新政府以唐朝律令制度为蓝本，参酌日本旧习，规定了中央集权的封建国家体制。646年元月以诏书形式公布改新的主要内容：

废止私有土地、部民，行公地公民制，皇室贵族、地方豪族的部民和屯仓、田庄，均收归国有，但保留朝廷的手工业部民，国家赐大夫以上的高官以食封（按级别所赐封户的赋课）。

确定中央、地方的行政区划和组织，中央分京师和畿内（京都周围地带），地方分国、郡、里。整备军事、交通制度。官吏由国家任免，废除世袭制。

编制户籍、计帐实行班田收授之法，统定班给人民土地和应负租赋的数额。废旧贡纳制，实行租庸调的新税法及向皇室献纳仕丁（夫役）、采女（宫女）的制度。

律令规定授予皇族以下贵族、官吏的位阶及相应的特权。

大化革新是个逐步的过程，大约经历了半个世纪，改革的纲领在实施中也不断完善和修改。大化革新之后，日本在经济方面废除了部民制，建立起封建土地国有制。在政治方面，废除了贵族的世袭特权，建立以皇权为中心的中央集权国家。在军事上，实行征兵制，在京师设立了五卫府，在地方设军团，所有军队一律归中央统一指挥。具体措施归纳概括两方面：

经济方面

在经济方面，废除部民制，建立班田收授法与租庸调制。"罢昔在天皇等所立子代之民，处处屯仓及别臣、连、伴造、国造、村首所有部曲之民，处处田庄。"废除了皇室的屯仓，贵族的田庄以及部民，收归国有，成为"公地、公民"。在此基础上实行了班田收授法与租庸调制。班田六年一班，即政府每隔6年，班给6岁以上的男子口分田2段，女子为男子的2/3，私奴婢为公民的1/3，公奴婢同公民数。受田人死后，口分田归公。班田农民担负租庸调。租，即实物地租，受田每段交纳租稻2束2把。庸，是力役及其代纳物，凡50户充仕丁1人，50户负担仕丁1人之粮，1户交纳庸布1丈2尺，庸米5斗。调，征收的地方特产，分为田调、户调、付调。田调按土地面积征收。田1町征收绢1丈、絁2丈、布4丈。户调按户征收，其数量为"1户赀布1丈2尺"。付调随各乡土特产征收。

政治方面

在政治方面，建立中央集权天皇制封建国家。新政权建立不久，为树立了中央集权的指导思想，天皇在大槻树下召集群臣盟誓，"天覆地载，帝道唯一"。649年下诏，令国博士高向玄理与僧旻"置八省百官"，建立中央机构。地方设国、郡、里，分别由国司、郡司、里长治理。"八省百官"制和国郡里制均受唐朝的三省六部制和州县制的影响。两者虽在形式上有差异，但其性质都是中央集权的行政体制。647年，制定七色十三阶冠位。两年后又制定十九阶冠位。对于大夫以上的贵族赐予食封，以下的给予布帛，作为俸禄。

大化改新部分地解放了生产力，完善了日本的统治制度，奠定了日本的国家发展方向。大化改新为日本确立了一套在当时颇为先进的管理体制，使日本社会环境稳定，社会经济得到发展，为以后的繁荣奠定了基础，是日本由奴隶社会向封建社会过渡的标志。

明治维新

在19世纪中期的亚洲，日本处于最后一个幕府——德川幕府时代。掌握大权的德川幕府对外实行"锁国政策"，禁止外国传教士、商人与平民进入日本，只有荷兰与中国的商人被允许在原本唯一对外开放的港口——长崎继续活动；此外德川幕府亦严禁基督教信仰。明治天皇画像

同一时期，在日本一些经济比较发达的地区，开始出现家庭手工业或手工作坊。作坊内出现了"雇用工人"制，形成资本主义的生产体系。在商品经济形态的快速扩展下，商人阶层，特别是金融事业经营者的力量逐渐增强。商人们感觉到旧有制度严重制约着他们的发展，于是开始呼吁改革政治体制。具有资产阶级色彩的大名（藩地诸侯）、武士，和要求进行制度改革的商人们组成政治性联盟，与反对幕府的基层农民共同形成"倒幕派"的实力基础。

1853年，美国海军准将马休·佩里率领舰队进入浦贺，要求与德川幕府谈判，史称"黑船事件"。1854年，日本与美国签订了神奈川《日美亲善条约》，同意向美国开放除长崎外的下田和箱馆（函馆）两个港口，并给予美国最惠国待遇等。由于接踵而来的一系列不平等条约的签订，德川幕府再度成为日本社会讨伐的目标。

日本封建阵营出现分化，中下级武士中要求改革的分子形成革新势力，号召尊王攘夷。革新势力的代表人物有吉田松阴、高杉晋作等人，主要集中在长州（今山口县）、萨摩（今鹿儿岛县）、土佐（今高知县）、肥前（今佐贺县和长崎县）等西南部强藩。这些藩国在历史上与幕府矛盾较深，接受海外影响较早，输入近代科学技术和拔擢中下级武士都比较积极。

幕府末期，在经济中产生资本主义萌芽的同时，出现了所谓豪农豪商阶层。下级武士中的革新势力和出身豪农豪商的志士，联合与幕府有矛盾的西南强藩和皇室公卿等，在尊王攘夷的口号下，展开了要求改革幕政、抵御外侮的斗争，并在人民群众推动下，发展为武装倒幕。

以天皇为首的新政府，于1868年9月3日天皇下诏将江户改称东京。10月

23日改年号为明治。1869年5月9日迁都东京。并颁布一系列改革措施：

（1）明治政府强制实行废藩置县政策，将日本划分为3府72县，建立中央集权式的政治体制。

（2）改革身份制度，废除传统时代的"士、农、工、商"身份制度，将过去的公卿诸侯等贵族改称为"华族"，大名以下的武士改为"士族"；为减轻因"版籍奉还"而连带的财政负担，逐步废除封建俸禄。

（3）社会文化方面，提倡学习西方社会文化及习惯，翻译西方著作。

（4）引进西方近代工业技术；改革土地制度，废除原有土地政策，许可土地买卖，实施新的地税政策。

（5）军事方面，改革军队编制，陆军参考德国训练，海军参考英国海军编制；并于1872年颁布征兵令，凡年龄达20岁以上的成年男子一律须服兵役。实行军国主义，武士道精神。

经过明治维新而渐趋富强的日本，利用强盛的国力，逐步废除与西方列强签订的不平等条约，收回国家主权，摆脱了沦为殖民地的危机；而后随着经济实力的快速提升，军事力量也快速强化，更在1895年以及1904年～1905年，分别于中日甲午战争与日俄战争中击败昔日强盛的两个大国—大清帝国与沙皇俄国，受到西方列强的注意，成为称雄一时的亚洲强国；。

明治维新使日本迅速崛起，通过学习西方，"脱亚入欧"，改革落后的封建制度，走上了发展资本主义的道路。同时，日本废除了不平等条约，摆脱了民族危机，成为亚洲唯一能保持民族独立的国家。但明治维新具有不彻底性，在各方面保留了大量封建残余。后来，日本走上了对外侵略的道路，跻身于世界资本主义列强的行列。明治维新是指19世纪末日本所进行的由上而下、具有资本主义性质的全面西化与现代化改革运动。

俄国农奴制改革

19世纪上半叶，资本主义因素在俄国农奴制社会内部逐步发展起来。大工厂逐渐代替手工工场，机器生产逐渐代替手工操作，自由雇佣劳动逐渐代

替农奴劳动。在农业中，商品经济有了很大的发展，自给自足的自然经济日趋瓦解。资本主义发展要求打破农奴制的束缚。

1853～1856年克里米亚战争的失败，彻底暴露了农奴制度的腐朽性，加深了农奴制的危机。

1858～1860年爆发的农民暴动和起义总计近290次。在农民反抗运动的推动下，以赫尔岑、别林斯基、车尔尼雪夫斯基等人为代表的革命民主主义者同自由主义者在解决农民问题上展开了论争。自由主义者卡韦林等人提出在保存沙皇政权、不触动地主土地所有制的情况下，废除农奴制度。革命民主主义者主张彻底废除农奴制度，推翻沙皇统治。

农奴制严重阻碍俄国资本主义发展，沙皇俄国强化农奴制，导致阶级矛盾尖锐，农奴起义不断，1825年12月，"十二月党人"发动起义，冲击了俄国社会。19世纪中期，进步文学家的文学作品宣传了启蒙思想，动摇了封建思想的基础。克里米亚战争的失败，暴露了农奴制的弊端，加剧社会矛盾，推动农奴制改革。由于当时俄国没有形成足以推翻农奴制度和专制制度的革命力量，废除农奴制的改革是由沙皇政府自上而下进行的。

为了维护贵族和地主的利益，发展资本主义工业和农业，增强抵御西欧国家扩张的能力，防止自下而上的人民革命运动的发生，缓解社会矛盾，维护和巩固动摇的沙皇专制统治。

1861年沙皇亚历山大二世实行了自上而下的资产阶级性质的改革。

1861年3月3日（俄历2月19日），亚历山大二世批准废除农奴制度的"法令"和"宣言"。法令规定，农民有人身自由和一般公民权，地主不能买卖和交换农民，农民有权拥有财产、担任公职进行诉讼和从事工商业。在全部土地归地主所有的前提下，农民可以使用一定数量的份地，但必须向地主缴纳赎金（这种赎金大大超过了土地的实际价格）。农民在签订赎买契约之前还要为地主服劳役或缴纳代役租。

俄国的1861年改革废除了农奴制，为俄国资本主义发展提供了必要的劳动力、国内市场、资金以及相对稳定的社会环境，加快了俄国工业化的历史进程。从此，俄国开始从农奴制时代进入了一个崭新的历史发展阶段。但这次改革很不彻底，农奴制残余在俄国社会、政治、经济、生活领域中仍大量存在，民主革命依然是俄国社会发展所面临的历史使命。农奴制改革以后，俄国进入了资本主义阶段。可是，由于统治阶级实行的这次改革是很不彻底的，因而不可避免地保留了封建农奴制残余。

罗斯福新政

在美国乃至世界经济发展史上，爆发于1929年至1933年的经济危机，美国爆发经济危机，持续四年的经济大萧条，整体经济水平倒退，这一切都是美国长期自由放任政策造成的。当时的胡佛政府反危机失败，全国要求改革，罗斯福就任总统。他针对当时的实际，顺应广大人民群众的意志，大刀阔斧地实施了一系列旨在克服危机的政策措施，历史上被称为"罗斯福新政"，（1933年3月9日至6月16日），他的新政主要在于对资本主义生产关系的宏观干预和局部调整。

主要内容：

（1）整顿银行与金融系，迅速恢复银行的信用。由于大萧条是由疯狂投机活动引起的金融危机而触发的。罗斯福总统的新政也先从整顿金融入手。

（2）中心措施是复兴工业；通过了《全国工业复兴法》。根据《国家工业复兴法》，各工业企业制定本行业的公平经营规章，确定各企业的生产规模、价格水平、市场分配工资标准和工作时日数等，以防止出现盲目竞争引起的生产过剩，从而加强了政府对资本主义工业生产的控制与调节，缓和了阶级矛盾。

（3）调整农业政策；让农民缩减大片耕地，屠宰大批牲畜，由政府付款补贴，提高并稳定农产品价格。

（4）推行"以工代赈"；新政的另一项重要内容是救济工作。1933年5月，国会通过联邦紧急救济法，成立联邦紧急救济署，将各种救济款物迅速拨往各州，第二年又把单纯救济改为实行"以工代赈"，给失业者提供从事公共事业的机会，维护了失业者的自力更生精神和自尊心，以工代赈的形

式修建的一大批工程项目，不仅大大缓解了失业困难，刺激了经济的早日复苏，而且许多基础设施建设使美国经济受益无穷。

（5）大力兴建公共工程，缓和社会危机和阶级矛盾，增加就业刺激消费和生产；

通过罗斯福新政使美国经济回升，失业人数大幅度下降，新政在很多方面改变了美国人的生活。资本主义国家对经济的宏观控制和管理得到加强。美国联邦政府的权力明显增强。资本主义制度得到调整、巩固与发展。大胆借鉴社会主义的长处，用改革的方法挽救了资本主义危机，避免了法西斯上台。

新政在美国和世界资本主义发展史上具有重要意义。开创了国家干预经济新模式，美国进入国家垄断资本主义时期。罗斯福新政是美国资本主义的自我调整，在经济大危机打击下，新政从调整金融、农业、工业、兴办公共工程等方面实施改革措施。使美国经济缓慢恢复，并开创资本主义国家大规模干涉经济的先例。罗斯福的"新政"措施，最终目的是为了加强国家资本主义，以克服经济危机，巩固资本主义制度。但它不能从根本上消除经济危机。

罗斯福新政留下了大量防止再次发生大萧条的措施和政策，为美国投入二次大战及战后的快速崛起奠定了坚实的基础，罗斯福也因此成为自亚伯拉罕·林肯以来最受美国和世界公众欢迎的总统而永载史册。

革命篇

陈胜吴广起义

陈胜、吴广是中国著名的农民义军领袖，他们领导的起义是爆发于秦末的中国历史上第一次大规模的农民起义。

公元前210年，秦始皇病死，秦始皇的小儿子胡亥即位，这就是秦二世。秦二世是个昏庸而残暴的皇帝。在他的统治下，老百姓的徭役赋税负担更为沉重，刑法愈加苛毒。广大劳动人民在饥饿与死亡线上挣扎。

公元前209年，秦二世下令征发淮河流域的900名贫苦农民去防守渔阳（今北京密云）。

佣农出身的陈胜和贫农出身的吴广被指定为屯长。当他们走到蕲县大泽乡（安徽宿县西南）的时候，连绵的阴雨把他们阻隔在这里，不能如期赶到渔阳戍地。按照秦法规定，误了期限就要全部被处死。

押送他们的两个军尉非常凶暴，陈胜和吴广就借机把军尉杀掉，接着对

大家说：各位遇到大雨，都已误期，误期要被处斩。即使不杀我们，而戍守边疆死的也有十之六七。何况壮士不死则已，既然要死，就要干出一番轰轰烈烈的事业来！他们的话激励了戍卒的斗志。大家推举陈胜为将军，吴广为都尉，提出了"伐无道，诛暴秦"的口号，组成一支农民起义军。中国历史上第一次农民大起义爆发了。

为了扩大影响，他们夜晚在驻地附近神祠中燃篝火，作狐鸣，发出"大楚兴，陈胜王"的呼声，被民间传为神话。陈胜、吴广率领农民起义军，占领大泽乡、攻下蕲县，很快攻占了五六个县城。起义军所到之处，贫苦农民纷纷响应。陈胜、吴广领导的起义军攻占陈县后，建立了"张楚"政权，陈胜为王。这是中国历史上第一个农民革命政权。

起义军乘胜前进，分三路攻秦。这时起义军已发展壮大到几十万人，有兵车千辆。

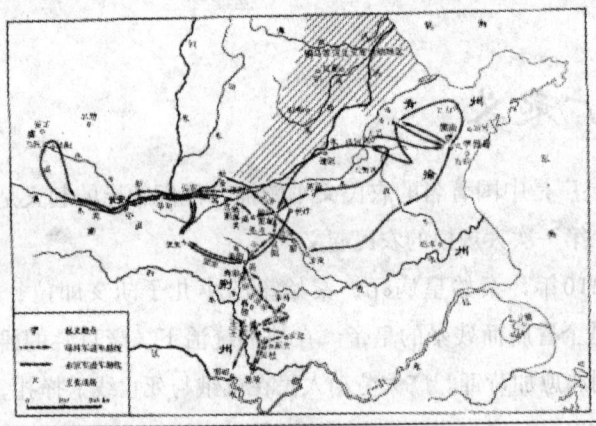

起义军的一路人马由周文率领的农民军很快进抵关中的戏地，逼近咸阳。秦二世见起义军打到都城附近，十分惊慌，急忙派遣少府章邯率领几十万在骊山修墓的刑徒，迎击起义军。同时，又从边塞调军队30万人，与起义军对抗。周文农民军虽然英勇作战，但因孤军深入，缺乏作战经验，在遭到秦军突然袭击时，打了败仗，被迫退出函谷关，等待增援。

农民军的另一路人马由武臣率领占领了旧赵都城邯郸后，在混进起义

青少年应该知道的历史知识

军队伍的旧贵族势力的代表人物张耳、陈余怂恿下自立为赵王。陈胜为了顾全大局，勉强予以承认，并命他率军西上支援周文。张耳、陈余不但不救援周文农民军，反而割据自立，不听陈胜指挥。接着，六国旧贵族相继割地称王。这样，就造成陈胜、吴广所领导的起义军处于腹背受敌的境地。周文率军在曹阳坚持斗争三个月，多次失利，终因众寡悬殊，又无后援，损失过重，周文最后自杀。不久，围攻荥阳的吴广被部将阴谋杀害。吴广死后，军心涣散。其他几支起义军，先后也被秦军各个击破。公元前209年12月，章邯率秦军向陈县扑来，陈胜亲自领导义军奋力抵抗，因兵力太少，不幸失利。陈胜被车夫庄贾暗杀了。

陈胜的部下吕臣等人坚持斗争，这支起义军后来与项羽、刘邦等人领导的起义军会合，继续同秦军战斗。公元前206年，秦王朝在农民起义军的沉重打击下灭亡了。陈胜、吴广起义虽不到一年而败亡，但因此而在全国燃起反秦烈火，不久就推翻了秦王朝的统治。

法国大革命

在革命前，法国的居民被分成三个等级：天主教高级教士封建贵族资产阶级、农民、无产者及除第一第二等级外其他阶层1789年5月5日路易十六在凡尔赛宫召开三级会议，企图对第三等级增税，以解救政府财政危机。第三等级代表则要求制定宪法，限制王权，实行有利于资本主义的改革。6月17日第三等级代表宣布成立国民议会，7月9日改称制宪议会。路易十六调集军队企图解散议会。

路易十六在1774年登上王座时，代表法国3个等级的三级会议已经有160年没有召开。1789年5月5日，由于财政问题，路易十六在凡尔赛宫召开三级会议，国王希望在会议中讨论增税、限制新闻出版和民事刑法问题，并且下令不许讨论其他议题。而第三等级代表不同意增税，并且宣布增税非法。

1789年7月14日群众攻克了象征封建统治的巴士底监狱，释放七名犯人，大多是政治犯，取得初步胜利。这一天后来成为了法国国庆日。

不久，由人民组织起来的制宪会议掌握了大权。1789年，制宪会议颁布了"废除一切封建义务"的"八月法令"，紧接着又通过了著名的《人权宣言》，向全世界庄严宣布了"人身自由，权利平等"的原则。

8月26日通过《人权宣言》，宣布"人们生来而且始终是自由平等的"。10月份国王再次筹划利用雇佣军推翻制宪议会失败后，王室被迫从凡尔赛宫迁到巴黎，制宪议会也随之迁来。巴黎出现一批革命团体，其中雅各宾俱乐部、科德利埃俱乐部在革命中发挥巨大作用。

1791年6月20日路易十六乔装出逃失败，部分激进领袖和民众要求废除王政，实行共和，但君主立宪派则主张维持现状，保留王政。7月16日君主立宪派从雅各宾派中分裂出去，另组斐扬俱乐部。

9月制宪议会制定了一部以"一切政权由全民产生"、三权分立的宪法，规定行政权属于国王、立法权属于立法会议，司法权属各级法院。9月30日制宪议会解散，10月1日立法议会召开。法国成为君主立宪制国家。

9月21日，由普选产生的国民公会开幕，9月22日成立了法兰西第一共和国。1793年1月21日，国民公会经过审判以叛国罪处死路易十六。

吉伦特派当政以后，把主要力量用于反对雅各宾派和巴黎无套裤汉。从1792年秋季起，人们不满他们的温和政策，要求打击投机商人和限制物价。以忿激派为代表的平民革命家要求严惩投机商，全面限定生活必需品价格。而吉伦特派却颁布法令镇压运动。

与此同时，法国军队在1792年10月后已经打到了国外。欧洲各国非常害怕，在1793年2月，普鲁士、奥地利、西班牙、荷兰、萨丁尼亚、汉诺威、英国成立了反法同盟，对法国进行武装干涉。然而吉伦特派无力抵抗外国军队，巴黎人民于5月31日～6月2日发动第三次起义，推翻吉伦特派的统治，建立起雅各宾专政。

雅各宾专政后，平定了被推翻的吉伦特派在许多地区煽起的武装叛乱。6月3日～7月17日颁布3个土地法令，使大批农民得到土地。6月24日公布1793年宪法，这是法国第一部共和制的民主宪法，但是由于战争未能实施。7月，改组并加强作为临时政府机关的救国委员会，并把投机商人处决。10月底，

青少年应该知道的历史知识

他们把吉伦特派及其支持者斩首，包括布里索、罗兰夫人、科黛，美国革命家托马斯·潘恩也被捕入狱。1793年底～1794年初将外国干涉军全部被赶出国土，国内的叛乱也基本平息。

1794年3～4月雅各宾内部开始了激烈的斗争。马拉被暗杀，罗伯斯比尔以搞阴谋的罪名处死了雅各宾派中与他政见不和的丹东、埃贝尔等人，使雅各宾派趋于孤立，人民也开始反对恐怖政策。

7月，国民公会中反罗伯斯比尔独裁的力量组成热月党，于7月27日（法国新历共和二年热月9日）发动热月政变推翻罗伯斯比尔并将他斩首。

热月党人于10月解散国民公会，成立新的政府机构督政府。恐怖时期结束，但政局仍然不稳。

1799年英国又组成反法联盟，以西哀士为首的右翼势力要求借助军人力量控制局面。11月9日（共和八年雾月18日）拿破仑·波拿巴发动雾月政变，结束了督政府的统治，建立起临时执政府，自任执政。法国大革命匆匆收场。

法国大革命是一次广泛而深刻的政治革命和社会革命，它摧毁了法国的封建专制制度，建立起资产阶级的政治统治，促进了资本主义经济的发展，传播了资本主义自由民主的进步思想。它是一次欧洲范围的革命，推动了欧洲的反封建斗争，并为欧洲的民主制度奠定了基础。期间所颁布的《人权宣言》和《拿破仑法典》在世界历史上产生了深远的影响。

俄国十月革命

俄国1907年起彼得·斯托雷平上台执政，政治上依靠铁腕政策维护沙皇专制，残酷镇压自由主义和社会主义者。经济上实行寡头资本主义政策，推行土地私有化改革，实现了俄国经济的高速增长，但由于其掠夺性私有化改革的极端不公正，底层民众并没有太多从经济的发展中获利，反而使相当一部分农民的私有财产遭受损害。而俄国参与第一次世界大战更使社会不满度急剧上升，最终1917年爆发二月革命，沙皇尼古拉二世下台，罗曼诺夫王朝

灭亡。

由于斯托雷平的专制私有化改革给俄国社会带来的恶劣影响，曾经拥护自由主义市场经济的十月党、进步党等组织在二月革命的浪潮下明显失势。而自由主义左派党宪政民主党由于在革命前领导宪政民主运动，成为唯一一支有一定政治号召力的自由主义党派。相比之下，在当时俄国拥有较高支持率的分别是两大左派党社会革命党和社会民主党。

宪政民主党担忧俄国的民粹主义趋势无法控制，于是主张放慢民主的进程，引起了社会革命党和社会民主党两大党派的不满。两党普遍要求临时政府尽快开始立宪会议选举，废除斯托雷平土地改革，退出第一次世界大战。其中以列宁为代表的布尔什维克呼声甚猛。布尔什维克鼓动前线的士兵反战归国，并积极在民间进行宪政民主的宣传。列宁也曾一度拥护宪政，表示即使布尔什维克在选举中失败，他们也将服从人民群众的选择。

1917年俄币10月25日（11月7日公历）下午9时，列宁不顾布尔什维克温和派的反对，领导赤卫队员、士兵和民众包围了临时政府的所在地——冬宫，并于次日凌晨两点占领之。

晚上在阿芙乐尔巡洋舰上起义成功的士兵用炮轰击冬宫，而且在冬宫发生了激烈的武装冲突。冬宫的防卫长官帕里琴斯基自己打开了冬宫大门，并把他们带到了临时政府部长们正在开会的地方。起义当晚，彼得格勒军事革命委员会发布《关于临时政府被推翻的通告》称：起义"未流一滴血就取得了胜利。"

布尔什维克掌权后，宣布成立"工农临时政府"。要求立即举行立宪会议选举，并要求排除自由主义少数派宪政民主党，建立清一色的社会主义民主政府。

立宪会议于1918年1月5日召开。布尔什维克不愿接受败选的结局，会议当天列宁政府在彼得格勒戒严，并调集忠于布尔什维克的军队进入首都，强制解散了立宪会议。布尔什维克违反宪政规则的行为激起了民众强烈的不满，当日就出现了抗议解散立宪会议的工人游行示威，而布尔什维克军人却向和平的游行队伍开枪射击。同日孟什维克、社会革命党等反对派联合发表传单，谴责布尔什维克背叛工人阶级，并称其统治为"沙皇专制"。

由于列宁承诺会在革命后为人民带来和平，十月革命后，俄国退出了第一次世界大战，沙皇尼古拉二世在此次革命后被枪决。革命引起了西方社会极度的恐慌，并支持俄国的对抗势力，希望扼杀革命，从而引发战争，托洛斯基说苏维埃的权力是由内战建立的，事实上俄共的权力是在内战后才建立起来的。

十月革命是共产主义运动在人类历史上首次获得的胜利。第一个宣称为实现了"无产阶级领导"的社会主义国家也因此诞生。马克思列宁主义在世界上由此获得了更广泛的影响，传统资本主义世界收到极大的冲击。不过，也有人认为此革命是曲解了马克思主义。

十月革命是20世纪国际共产主义运动的序幕，触发了此后各国社会主义运动在全球范围的扩张，许多殖民地或半殖民地的解放运动也因此得到了更多支持。苏联与西方资本主义国家长达大半个世纪的对抗也从此开始，直至冷战结束，苏联解体。

十月革命第一次成功建立了社会主义制度的国家，也被认为是无产阶级第一次掌握政权，是人类历史上一次意义重大的变革。十月革命也对其他国家的社会进步（比如中国）产生了重大影响，1917年11月7日，"十月革命"爆发当天，刘镜人在致北京政府外交部的电报中说："近俄内争益烈，广义派势力益张，要求操政权，主和议，并以暴动相挟制。政府力弱，镇压为难，恐变在旦夕。"随着苏俄十月革命对中国影响的扩大，《新青年》开始宣传马克思主义。中国共产党的领袖毛泽东曾经评价："十月革命一声炮响，为我们送来了马克思主义。""中国无产阶级的先锋队，在十月革命以后学了马克思列宁主义，建立了中国共产党。"

文化篇

文字演变

汉字经过了6000多年的变化，其演变过程是：

甲骨文→金文→小篆→隶书→楷书→行书

（商）（周）（秦）（汉）（魏晋）草书

以上的"甲金篆隶草楷行"七种字体称为"汉字七体"

中国文字——汉字的产生，有据可查的，是在约公元前14世纪的殷商后期，这时形成了初步的定型文字，即甲骨文。甲骨文既是象形字又是表音字，至今汉字中仍有一些和图画一样的象形文字，十分生动。我国已发现的最早的文字，因刻在乌龟甲壳和牛的肩胛骨上，故称"甲骨文"。内容涉及政治，经济，军事，气候，习尚等许多方面，是研究当时历史的重要资料。甲骨文先后出土约14万片，单字总数约4500个，可认者约1700字。甲骨文是现在汉字的"祖先"，距今约3000多年，我国有文字记载的历史即从那时

开始。

到了西周后期，汉字发展演变为大篆。大篆的发展结果产生了两个特点：一是线条化，早期粗细不匀的线条变得均匀柔和了，它们随实物画出的线条十分简练生动；二是规范化，字形结构趋向整齐，逐渐离开了图画的原形，奠定了方块字的基础。

秦始皇统一天下之后，实行了一连串的改革；其中，统一文字就是一项十分重要的政策。后来秦朝丞相李斯对大篆加以去繁就简，改为小篆。小篆除了把大篆的形体简化之外，并把线条化和规范化达到了完善的程度，几乎完全脱离了图画文字，成为整齐和谐、十分美观的基本上是长方形的方块字体。但是小篆也有它自己的根本性缺点，那就是它的线条用笔书写起来是很不方便的，所以几乎在同时也产生了形体向两边撑开成为扁方形的隶书。隶书，是小篆的简便写法，最早流行于秦代下层人物中间，相传为程邈在监狱中将其整理成一种新字体。至汉代，隶书发展到了成熟的阶段，汉字的易读性和书写速度都大大提高。隶书在汉代（公元前206～220年）得到了很大发展，变无规则的线条为有规则的笔画，奠定了现代汉字字形结构的基础。隶书之后又演变为章草，而后今草，至唐朝有了抒发书者胸臆，寄情于笔端表现的狂草。随后中国东汉（25～220）末年，一种新的汉字字体：楷书出现了。楷书笔画平直，字形方正，书写简便。直至今天，楷书仍是汉字的标准字体。糅和了隶书和草书而自成一体的楷书（又称真书）在唐朝开始盛行。我们今天所用的印刷体，即由楷书变化而来。介于楷书与草书之间的是行书，它书写流畅，用笔灵活，据传是汉代刘德升所制，传至今日，仍是我们日常书写所习惯使用的字体。

到了宋代，随着印刷术的发展，雕版印刷被广泛使用，汉字进一步完善和发展，产生了一种新型书体——宋体印刷字体。印刷术发明后，刻字用的雕刻刀对汉字的形体发生了深刻的影响，产生了一种横细竖粗、醒目易读的印刷字体，后世称为宋体。当时所刻的字体有肥瘦两种，肥的仿颜体、柳体，瘦的仿欧体、虞体。其中颜体和柳体的笔顿高耸，已经略具横细竖粗的一些特征。到了明代隆庆、万历年间，又从宋体演变为笔画横细竖粗、字形方正的明体。原来那时民间流行一种横划很细而竖划特别粗壮、字形扁扁的洪武体，像职官的衔牌、灯笼、告示、私人的地界勒石、祠堂里的神主牌等都采用这种字体。以后，一些刻书工人在模仿洪武体刻书的过程中创造出一种非颜非欧的肤廓体。特别是由于这种字体的笔形横平竖直，雕刻起来的确感到容易，它与篆、隶、真、草四体有所不同，别创一格，读起来清新悦目，因此被日益广泛地使用，成为16世纪以来直到今天非常流行的主要印刷字体，仍称宋体，也叫铅字体。

在中国文字中，各个历史时期所形成的各种字体，有着各自鲜明的艺术特征。如篆书古朴典雅，隶书静中有动，富有装饰性，草书风驰电掣、结构紧凑，楷书工整秀丽，行书易识好写，实用性强，且风格多样，个性各异。

汉字的演变过程，可以简略归纳为五个阶段：声、形、象、数、理。

汉字的演变是从象形的图画到线条的符号和适应毛笔书写的笔画以及便于雕刻的印刷字体，它的演进历史为我们进行中文字体设计提供了丰富的灵感。在文字设计中，如能充分发挥汉字各种字体的特点及风采，运用巧妙，构思独到，定能设计出精美的作品来。

古代天文

中国是世界上天文学起步最早、发展最快的国家之一，我国古代天文学从原始社会就开始萌芽了。公元前24世纪的帝尧时代，就设立了专职的天文官，专门从事"观象授时"。早在仰韶文化时期，人们就描绘了光芒四射的太阳形象，进而对太阳上的变化也屡有记载，描绘出太阳边缘有大小如同弹丸、成倾斜形状的太阳黑子。

我国最早的天象观察，可以追溯到好几千年以前。无论是对太阳、月亮、行星、彗星、新星、恒星，以及日食和月食、太阳黑子、日珥、流星雨等罕见天象，都有着悠久而丰富的记载，观察仔细、记录精确、描述详尽、其水平之高，达到使今人惊讶的程度，这些记载至今仍具有很高的科学价值。在我国河南安阳出土的殷墟甲骨文中，已有丰富的天文象现的记载。这

表明远在公元前14世纪时，我们祖先的天文学已很发达了。举世公认，我国有世界上最早最完整的天象记载。我国是欧洲文艺复兴以前天文现象最精确的观测者和记录的最好保存者。

我国古代在创制天文仪器方面，也做出了杰出的贡献，创造性地设计和制造了许多种精巧的观察和测量仪器。我国最古老、最简单的天文仪器是土圭，也叫圭表。它是用来度量日影长短的，它最初是从什么时候开始有的，已无从考证。

此外，西汉的落下闳改制了浑仪，这种我国古代测量天体位置的主要仪器，几乎历代都有改进。东汉的张衡创制了世界上第一架利用水利作为动力的浑象。元代的郭守敬先后创制和改进了10多种天文仪器，如简仪、高表、仰仪等。

张衡地动仪

世界天文史学界公认，我国对哈雷彗星观测记录久远、详尽，无哪个国家可比。我国公元前240年的彗星记载，被认为是世界上最早的哈雷彗星记录从那时起到1986年，哈雷彗星共回归了30次，我国都有记录。1973年，我国

青少年应该知道的历史知识

考古工作者在湖南长沙马王堆的一座汉朝古墓内发现了一幅精致的彗星图，图上除彗星之外，还绘有云、气、月掩星和恒星。天文史学家对这幅古图做了考释研究后，称之为《天文气象杂占》，认为这是迄今发现的世界上最古老的彗星图。早在2000多年前的先秦时期，我们的祖先就已经对各种形态的彗星进行了认真的观测，不仅画出了三尾彗、四尾彗，还似乎窥视到今天用大望远镜也很难见到的彗核，这足以说明中国古代的天象观测是何等的精细入微。

古人勤奋观察日月星辰的位置及其变化，主要目的是通过观察这类天象，掌握他们的规律性，用来确定四季，编制历法，为生产和生活服务。我国古代历法不仅包括节气的推算、每月的日数的分配、月和闰月的安排等，还包括许多天文学的内容，如日月食发生时刻和可见情况的计算和预报，五大行星位置的推算和预报等。一方面说明我国古代对天文学和天文现象的重视，同时，这类天文现象也是用来验证历法准确性的重要手段之一。测定回归年的长度是历法的基础。我国古代历法特别重视冬至这个节气，准确测定连续两次冬至的时刻，它们之间的时间间隔，就是一个回归年。

根据观测结果，我国古代上百次地改进了历法。郭守敬于公元1280年编订的《授时历》来说，通过三年多的两百次测量，经过计算，采用365.2425日作为一个回归年的长度。这个数值与现今世界上通用的公历值相同，而在六七百年前，郭守敬能够测算得那么精密，实在是很了不起，比欧洲的格里高列历早了300年。

我国还有不少太阳黑子记录，如公元前约140年成书的《淮南子》中说："日中有踆乌。"公元前165年的一次记载中说："日中有王字。"战国时期的一次记录描述为"日中有立人之像"。更早的观察和记录，可以上溯到甲骨文字中有关太阳黑子的记载，离现在已有3000多年。从公元前28年到明代末年的1600多年当中，我国共有100多次翔实可靠的太阳黑子记录，这些记录不仅有确切日期，而且对黑子的形状、大小、位置乃至分裂、变化等，也都有很详细和认真的描述。这是我国和世界人民一份十分宝贵的科学遗产，对研究太阳物理和太阳的活动规律，以及地球上的气候变迁等，是极为

珍贵的历史资料，有着重要的参考价值。

古代历法

在世界上中国是最早发明历法的国家之一，它的出现对中国经济，文化的发展有一定的影响。

农历，中国传统历法之一，也被称为"阴历"、"殷历"、"古历"、"黄历"、"夏历"和"旧历"等。农历属于阴阳历并用，一方面以月球绕地球运行一周为一"月"，平均月长度等于"朔望月"，这一点与阴历原则相同，所以也叫"阴历"；另一方面设置"闰月"以使每年的平均长度尽可能接近回归年，同时设置二十四节气以反映季节的变化特征，因此农历集阴、阳两历的特点于一身，也被称为"阴阳历"。至今几乎全世界所有华人以及朝鲜半岛和越南等国家，仍旧使用农历推算传统节日如春节、中秋节、端午节等节日。

智慧的中国人在经年的劳作中发明了历法和节气。相传，在很久以前，有个名字叫万年的青年，有一天，他上山砍柴的时候，因为太阳晒得太热，坐在树荫下休息。突然，地上树影的移动启发了他。回家之后，他就用了几天几夜设计出一个测日影计天时的晷仪。可是，当天阴有雨或有雾的时候，就会因为没有太阳，而影响了测量。后来，山崖上的滴泉引起了他的兴趣，他又动手做了一个五层漏壶。天长日久，他发现每隔三百六十多天，天时的长短就会重复一遍。

当时的国君叫祖乙，天气的

不测，也使他很苦恼。万年听说后，忍不住就带着日晷和漏壶去见国君，对祖乙讲了日月运行的道理。祖乙听后龙颜大悦，觉得很有道理。于是把万年留下，在天坛前修建日月阁，筑起日晷台和漏壶亭。祖乙对万年说："希望你能测准日月规律，推算出准确的晨夕时间，创建历法，为天下的黎民百姓造福。"

冬去春来，年复一年。后来，万年经过长期观察，精心推算，制定出了准确的太阳历。当他把太阳历呈奉给继任的国君时，已是满面银须。国君深为感动，为纪念万年的功绩，便将太阳历命名为万年历，封万年为日月寿星。

人类根据太阳，月球及地球运转的周期制定了年、月、日，和顺应大自然与四季的春夏秋冬的法则，从而形成了历法。中国古代的历法有三种，阳历，阴历和阴阳合历。阳历也叫太阳历；阴历也叫太阴历，月亮历；阴阳合历，也就是俗称的农历。其中的阴阳合历一直沿到今天。为什么农历可以沿用到今天呢？

在今天看来，当时历法的产生，是中国古人为了掌握农务的时候（简称农时），长期观察天文运行的结果。中国的农历之所以被称为阴阳合历，是因为它不仅有阳历的成份，又有阴历的成份。它把太阳和月亮的运行规则合为一体，作出了两者对农业影响的终结，所以中国的农历比纯粹的阴历或西方普遍利用的阳历实用方便。农历是中国传统文化的代表之一，它的准确巧妙，常常被中国人视为骄傲。

汉族地区使用的农历又称夏历，是一种阴阳合历，以月相定月份，以太阳定年周期。以太阳和月亮同时升起，因而在地球上看不到月亮的朔日为每月的开始，每月长短根据月相不同，可能为30日或29日，12个月为一年。将太阳年划分为24个节气，第1、3、……23等奇数为"节"，第2、4、……24为"气"，或"中气"。由于太阳年周期和以月相为周期的12个月不一致，约隔每四年增加一个月，增加到没有中气的月后面，如2004年2月只有一个节"惊蛰"，没有气，将闰月增加到2月后为闰2月。每年的闰月位置都不太一致。

农历一年一般为12个月，一个月天数依照月亮围绕地球运行周期而定，为29或30天，闰年为13月，中国农历年平年为353或354天，闰年为384或385天，平均每年约为365.2422天（即太阳环绕地球一周的时间）。

农历可按如下方式推断：当月亮运行到地球与太阳之间成一直线的那天，为每个月的开始，称为（朔日）初一。一年中日最长的一天为夏至，日最短为冬至，根据这两点将一年24等分，得到24节气。通常，离立春最近的那个朔日（春节）所在的月，为正月。春节在公历1月20日至2月20日之间。

从古代起，每个朝代都要"立正朔"，夏朝时，以冬至月为正月，按干支记年法是第一个月，即"子"月；商朝改正朔，推后一月，周朝又改正朔，又推后一月，汉朝定立太初历，以后每朝虽然仍然立正朔，但民间不再改变，始终以正月为新年，但"子"月仍然维持在11月。

每位皇帝即位时，要改年号纪年，有时兴之所至随时改年号，但从明朝开始，皇帝在位时不再改年号，但新皇帝即位时仍然要改，这种纪年法的缺陷是上一位皇帝的末年和下一位皇帝的元年吻合，如"同治14年"就是"光绪元年"，因为这一年是上一位皇帝去世，下一位皇帝即位的同一年。可是干支纪年始终维持，除了清代的康熙，没有一位皇帝在位超过60年，所以只要说某皇帝年号和干支，年代就相当清楚，如"光绪乙亥"就是同治14年或光绪元年或1875年，同治在位期间没有过乙亥年。

中国其他民族有自己的节日，如苗族四月八，壮族三月三，白族三月街等，都是以中国农历为依据。汉族的传统节日如新年（春节）、元宵节、端午节、盂兰盆节、中秋节等都是以农历为依据。

中国古代数学

数学在中国历史久矣。在殷墟出土的甲骨文中有一些是记录数字的文字，包括从一至十，以及百、千、万，最大的数字为三万；司马迁的史记提到大禹治水使用了规、矩、准、绳等作图和测量工具，而且知道"勾三股四弦五"；据说《易经》还包含组合数学与二进制思想。2002年在湖南发掘的秦代古墓中，考古人员发现了距今大约2200多年的九九乘法表，与现代小学生使用的乘法口诀"小九九"十分相似。

算筹是中国古代的计算工具，它在春秋时期已经很普遍；使用算筹进行计算称为筹算。中国古代数学的最大特点是建立在筹算基础之上，这与西方及阿拉伯数学是明显不同的。

真正意义上的中国古代数学体系形成于自西汉至南北朝的三、四百年期间。《算数书》成书于西汉初年，是传世的中国最早的数学专著，它是1984年由考古学家在湖北江陵张家山出土的汉代竹简中发现的。《周髀算经》编纂于西汉末年，它虽然是一本关于"盖天说"的天文学著作，但是包括两项数学成就——（1）勾股定理的特例或普遍形式（"若求邪至日者，以日下为句，日高为股，句股各自乘，并而开方除之，得邪至日。"——这是中国最早关于勾股定理的书面记载）；（2）测太阳高或远的"陈子测日法"。

《九章算术》在中国古代数学发展过程中占有非常重要的地位。它经过许多人整理而成，大约成书于东汉时期。全书共收集了246个数学问题并且提供其解法，主要内容包括分数四则和比例算法、各种面积和体积的计算、关于勾股测量的计算等。在代数方面，《九章算术》在世界数学史上最早提出负数概念及正负数加减法法则；现在中学讲授的线性方程组的解法和《九章算术》介绍的方法大体相同。注重实际应用是《九章算术》的一个显著特点。该书的一些知识还传播至印度和阿拉伯，甚至经过这些地区远至欧洲。《九章算术》标志以筹算为基础的中国古代数学体系的正式形成。

公元600年，隋代刘焯在制订《皇极历》时，在世界上最早提出了等间距二次内插公式；唐代僧一行在其《大衍历》中将其发展为不等间距二次内插公式。

李冶于1248年发表《测圆海镜》，该书是首部系统论述"天元术"（一元高次方程）的著作，在数学史上具有里程碑意义。尤其难得的是，在此书的序言中，李冶公开批判轻视科学实践活动，将数学贬为"贱技"、"玩物"等长期存在的士风谬论。

公元1261年，南宋杨辉（生卒年代不详）在《详解九章算法》中用"垛

积术"求出几类高阶等差级数之和。公元1274年他在《乘除通变本末》中还叙述了"九归捷法"，介绍了筹算乘除的各种运算法。公元1280年，元代王恂、郭守敬等制订《授时历》时，列出了三次差的内插公式。郭守敬还运用几何方法求出相当于现在球面三角的两个公式。

14世纪中、后叶明王朝建立以后，统治者奉行以八股文为特征的科举制度，在国家科举考试中大幅度消减数学内容，于是自此中国古代数学便开始呈现全面衰退之势。

明代珠算开始普及于中国。1592年程大位编撰的《直指算法统宗》是一部集珠算理论之大成的著作。但是有人认为，珠算的普及是抑制建立在筹算基础之上的中国古代数学进一步发展的主要原因之一。

纸的发明和应用

造纸术也是我国的四大发明之一。纸张的发明和应用，对人类文明的进步起到了很大的推动作用。纸张不仅是书写的理想材料，也是印刷的理想材料，因此，纸张的发明为印刷术的发明提供了良好的条件。纸在文房四宝中，较之笔、墨、砚晚出。古今中外，公认为东汉初期的宦官蔡伦是造纸术的发明人。

据范晔的《后汉书》记载："蔡伦，字敬仲，桂阳人也。……自古书契多编以竹简，其用缣帛者谓之为'纸'。缣贵而简重，并不便于人。伦乃造意，用树肤、麻头及敝布、鱼网以为纸。元兴元年，奏上之。帝善其能，自是莫不从用焉，故天下咸称蔡侯纸。"

这是历史文献中最早的关于造纸术的记载。从记载中，我们可以看到蔡伦造纸使用的原材料是树皮、麻头、旧布、渔网等价格低廉的物料，这样造

出的纸成本低，很快就得到了推广应用。但是，在也有一些文献记载了蔡伦之前就有纸张使用的例证。例如，在班固的《汉书》中，就记载了公元前12前用纸包药事例。特别是本世纪以来在甘肃天水放马滩、敦煌马圈湾烽燧遗址和敦煌甜水井汉悬泉邮驿遗址出土的西汉纸，以现存实物证实了远在蔡伦发明造纸术之前，西汉就已出现了纸张的使用。这大约比蔡伦发明造纸术要提前170年左右。

从以上我们也可以看出，早在西汉时期就发明了纸张，当时的纸张质量较差，不能用于书写，到了西汉后期，纸张的质量才有提高。而蔡伦正是在此造纸术的基础上，对原材料、工艺进行了改进，制造出了质量很高的纸，特别是蔡伦扩大了造纸的原料，而且为以后广用各种植物纤维造纸提供了条件。

公元105年，蔡伦所造的纸已经能满足书写的要求，对于蔡伦来说，造纸的目的就是用来取代木牍、竹简、缣帛等书写、记录文字的材料，由于纸质轻，价格低等优点，得到了广泛的应用。

东汉末年，山东人左伯，就是一个以造纸精美而闻名，当时的书法家都十分推崇左伯的纸，这就是说，在东汉末年，造纸技术与超过了蔡伦的造纸。

公元2世纪4世纪，是竹简、缣帛和纸张并用的时期，由于纸张的质量和产量不断提高，纸张作为写字用的材料，其使用的比列也越来越大，在这个时期，纸张已成为文人不可缺少的写字材料。

总之，在纸张得到广泛应用之后，使书有重时大的减轻，从而完全取代了过去的写字材料。

有关中国古代造纸的方法，历史上记载很少，但就纸的制作工艺及其原理，发明迄今两千年来，并无多大实质性变化。总结起可归纳以下几点：

一是将砍伐来的植物，比如麻类植物，用水浸泡，剥其皮，再用刀剁碎，放在锅里煮，待晾凉后再行浸泡、脚踩，用棍棒搅拌，使其纤维变碎、变细。

二是掺入辅料，制成纸浆。

三是用抄纸器（竹帘之类）进行抄捞、晾干，即可制成为纸。

纸虽然出现较早，但真正用于书写和推广使用是在蔡伦造出质地优良的"蔡候纸"之后。公元404年，东晋桓玄帝曾下令废简用纸，使纸的应用日益推广和普及。用历史的观点看问题，历史上任何一项重大工艺技术的发明，都不是偶然的，都具有从设想，到雏形，到完善的发展过程。蔡伦之前虽然有纸，但这无损于蔡伦作为重大改良者和完善造纸术这一发明的发明者的丰功伟绩。是蔡伦的发明创造，使纸进入了它的实用阶段，并迅速、广泛地推广开来，为完善印刷术和促进印刷术的发展提供了物美、价廉、而又易得的承印物。蔡伦的功绩和他作为完善造纸术这一伟大发明的发明家的光辉形象是不容抹煞的。

造纸术是我国的四大发明之一。纸的发明，对人类文化的发展和传播起了很大作用，是中华民族对世界科学文化的一项重大贡献。

活字印刷术的发明

印刷术是中国古代的四大发明之一。我国古代劳动人民经过长期实践和研究才发明的。

自从汉朝发明纸以后，书写材料比起过去用的甲骨、简牍、金石和缣帛要轻便、经济多了，但是抄写书籍还是非常费工的，远远不能适应社会的需要。至迟到东汉末年的熹平年间（公元172~178年），出现了摹印和拓印石碑的方法。大约在公元600年前后的隋朝，人们从刻印章中得到启发，在人类历史上最早发明了雕版印刷术。

雕版印刷是在一定厚度的平滑的木板上，粘贴上抄写工整的书稿，薄而近

乎透明的稿纸正面和木板相贴，字就成了反体，笔划清晰可辨。雕刻工人用刻刀把版面没有字迹的部分削去，就成了字体凸出的阳文，和字体凹入的碑石阴文截然不同。印刷的时候，在凸起的字体上涂上墨汁，然后把纸覆在它的上面，轻轻拂拭纸背，字迹就留在纸上了。到了宋朝，雕版印刷事业发展到全盛时期。雕版印刷对文化的传播起了重大作用，但是也存在明显缺点：第一，刻版费时费工费料，第二，大批书版存放不便，第三，有错字不容易更正。

雕版印刷一版能印几百部甚至几千部书，对文化的传播起了很大的作用，但是刻板费时费工，大部头的书往往要花费几年的时间，存放版片又要占用很大的地方，而且常会因变形、虫蛀、腐蚀而损坏。印量少而不需要重印的书，版片就成了废物。此外雕版发现错别字，改起来很困难，常需整块版重新雕刻。

活字制版正好避免了雕版的不足，只要事先准备好足够的单个活字，就可随时拼版，大大地加快了制版时间。活字版印完后，可以拆版，活字可重复使用，且活字比雕版占有的空间小，容易存储和保管。这样活字的优越性就表现出来了。

用活字印刷的这种思想，很早就有了，秦始皇统一全国度量衡器，陶量器上用木戳印四十字的诏书，考古学家认为，"这是中国活字排印的开始，不过他虽已发明，未能广泛应用"。古代的印章对活字印刷也有一定启示作用。关于活字印刷的记载首见于宋代著名科学家沈括的《梦溪笔谈》。公元1041~1048年，平民出身的毕升用胶泥制字，一个字为一个印，用火烧硬，使之成为陶质。排版时先预备一块铁板，铁板上放松香、蜡、纸灰等的混合物，铁板四周围着一个铁框，在铁框内摆满要印的字印，摆满就是一版。然后用火烘烤，将混合物熔化，与活字块结为一体，趁热用平板在活字上压一下，使字面平整。便可进行印刷。用这种方法，印二、三本谈不上什么效率，如果印数多了，几十本以至上千本，效率就很高了。为了提高效率常用两块铁板，一块印刷，一块排字。印完一块，另一块又排好了，这样交替使用，效率很高。常用的字如"之"、"也"等字，每字制成20多个字，以备一版内有重复时使用。没有准备的生僻字，则临时刻出，用草木火马上烧成。从印板上拆下来的字，都放入同一字的小木格内，外面贴上按韵分类的标签，以备检索。毕升起初用木料作活字，实验发现木纹疏密不一，遇水后易膨涨变形，与粘药固结后不易去下，才改用胶泥。

毕升发明活字印刷，提高了印刷的效率。但是，他的发明并未受到当时统治者和社会的重视，他死后，活字印刷术仍然没有得到推广。他创造的胶泥活字也没有保留下来。但是他发明的活字印刷技术，却流传下去了。

印刷术的发明和使用，对欧洲的思想和社会产生了十分重大的影响，不仅促进了宗教改革和文艺复兴，它也有助于欧洲许多民族文字和文学的建立，甚至鼓励了民族主义建立新兴国家。印刷术还普及了教育，提高了阅读能力和增加了社会流动的机会。总之，几乎现代文明的每一进展，都或多或少地与印刷术的应用和传播发生关联。印刷术能为地位低下的人提供改善社会处境的机会。

指南针的发明和应用

中国古代四大发明之一。利用磁铁在地球磁场中的南北指极性而制成的一种指向仪器，有多种形体。战国时期，已发现磁石吸铁的现象，并用天然磁石制造"司南之勺"，"其柄指南"。此后，经过长时期的实践，发现人工磁化的方法，造成更高一级的磁性指向仪器。

最早的"指南针"战国时代，我国人民利用磁铁造成了一种指示方向的工具，叫"司南"。"司南"就是指南的意思。司南的形状和现在的指南针完全不同。它是根据我国古代的勺子的形状制成的，很象我们现在用的汤匙。

司南是怎样制成的呢？古书上缺少详细的记载，又没有实物留下来，所以我们没有办法知道它的准确形状。根据专家们的研究，司南大约是把整块的天然磁铁，轻轻地琢磨成勺子的形状，并且把它的S极琢磨成长柄，使重心落在圆而光滑的底部正中。

南做好以后，还得做一个光滑的底盘。使用的时候，先把底盘放平，再把司南放在底盘的中间，用手拨动它的柄，使它转动。等到司南停下来，它的长柄就指向南方，勺子的口则指向北方。

司南的底盘是用青铜做的，有的是个涂漆的木盘，青铜和漆器都比较光滑，磨擦的阻力比较小，司南转动起来很灵活。这种底盘内圆外方，四周还刻有表示方位的格线和文字。现在的出土文物中，就有这样的铜盘和涂漆的木盘；还有东汉时候的一幅石刻，刻着一个小勺子放在一个小方台上，有人认为这就是司南。

司南是世界上最早的"指南针"。战国时候，有人去采玉，怕在荒山中迷路，就带上司南。

司南必须放在光滑的底盘上旋转，底盘还必须放平，否则就会影响它指南的作用，甚至会使它从底盘上滑下来。因此，人们发明司南以后，又继续不断地研究改进指南的工具。

指南鱼大约在公元960年，宋太祖建立宋朝，结束了五代十国时期的封建割据局面。北宋时候，农业、手工业和商业都有了新的发展。在这个基础上，我国的科学技术获得了辉煌的成就。宋朝时候，我国在指南针的制造方面，跟造纸法和印刷术一样，也有很大的发展。

指南针大约在12世纪末13世纪初之际，传到阿拉伯，然后又由阿拉伯传入欧洲，后来欧洲演变出罗盘，再于明代时经日本传回我国。指南针对西方最大的影响莫过於西方开始海外大探险。在各国相竞的向外发展下，新航线、新大陆逐一被发现，让欧洲人在短时间内看到更多不同的事物与民族，进而促使欧洲人以客观的观察和比较的眼光来看待不同的民族与文化，是为指南针的另外更深远的影响。

第三次科技革命

第三次科技革命发生在20世纪40~50年代，它发源于美国。它是人类文明史上继蒸汽技术革命和电力技术革命之后科技领域里的又一次重大飞跃。它以原子能、电子计算机、空间技术和生物工程的发明和应用为主要标志，涉及信息技术、新能源技术、新材料技术、生物技术、空间技术和海洋技术等诸多领域的一场信息控制技术革命。

第三次科技革命之所以首先在美国兴起，绝非偶然现象，而有其客观必然性。这集中表现在两个方面：一是由于战后初期美国拥有雄厚的物质基础、众多优秀的科技人才、蓬勃向上的民族创新精神、优越的地理环境和巨大的市场容量等方面的优势，为第三次科技革命首先在美国兴起创造了前提条件和可能性；二是战后以来，美国政府高度重视科技，积极采取措施推动科技事业的发展，直接促成第三次科技革命首先在美国兴起。

第三次科技革命 兴起的标志：以原子能技术、航天技术、电子计算机的应用为代表，还包括人工合成材料、分子生物学和遗传工程等高新技术。

这次科技革命不仅涌现了大量的科学成果，而且大大加快了科技转化为生产力的速度，缩短了知识变为财富的过程。其次，一种技术的发展引起好几种技术的革命。第三，新技术成为社会生产力中最活跃的因素，在促进经济增长的各种因素中，科技进步所占比例不断上升。

这次科技革命不仅极大地推动了人类社会经济、政治、文化领域的变革，而且也影响了人类生活方式和思维方式，使人类社会生活和人的现代化向更高境界发展。正是从这个意义上讲，第三次科技革命是迄今为止人类历史上规模最大、影响最为深远的一次科技革命，是人类文明史上不容忽视的一个重大事件。

思想篇

南朝思想家范缜

范缜（约450～约515），中国南朝齐、梁时思想家，无神论者。字子真。南阳舞阴（今河南泌阳县西北）人。

他曾任宁蛮主簿、尚书殿中郎、宜都太守、晋安太守。他曾同佛教有神论者进行了两次公开的论战。范缜反对佛教因果报应说，认为人生好比同一棵树上的花朵，有的花瓣被吹到厅堂，也有些花瓣飘落进粪坑中，这完全是自然现象，毫无因果可言。对于形神之辩，他认为，形神相即，不得分离。精神离开形体，不能单独存在。著有《神灭论》、《答曹思文难神灭神》（即《答曹舍人》）。

为了进一步展开论战，范缜乃以问答形式，著《神灭论》，论述其理。他指出："神即形也，形即神也，是以形存则神存，形谢则神灭也。"就是说，身体和精神是对立的统一体，精神（灵魂）从属于身体，身体存在就有精神（灵魂），人死了，精神（灵魂）也就随之消灭。又说，形体与精神是

统一的，互为依存而不能分割的。

形神关系问题，是当时哲学上的一个关键性的理论问题，也是唯物主义与唯心主义的分水岭。范缜关于"形神相即"和形质神用的一元论体系，是我国古代哲学发展史上的一个重要的里程碑。

范缜在《神灭论》最后指责"浮屠害政，桑门蠹俗，风惊雾起，驰荡不休。"由于迷信佛教，"惑以茫昧之言，惧以阿鼻之苦，诱以虚诞之辞，欣以兜率之乐"之故，"家家弃其亲爱，人人绝其嗣续。致使兵挫于行间，吏空于官府，粟馨于隋游，货殚于泥木。……惟此之故，其流莫已，其病无限。"

《南史·范缜传》载言：此论一出，朝野震动，肖子良急忙召集名僧和名士王琰等诘难之。但是，都无法难倒范缜。于是子良心生一计，以中书郎为诱饵，派王融去劝说范缜放弃神灭论，缜大笑道："使范缜卖论取官，已至令仆矣，何但中书郎邪？！"这体现了他坚持真理的高尚品德。

范缜著额《文集》十五卷，大都散佚。传世者除《神灭论》外，另有《答曹舍人》等四篇，收于《弘明集》与《全梁文》中。其生平主要见于《梁书》和《南史》。

伏尔泰

伏尔泰（1694年~1778年）：法国启蒙思想家、文学家、哲学家。伏尔泰是十八世纪法国资产阶级启蒙运动的旗手，被誉为"法兰西思想之王"、"法兰西最优秀的诗人"、"欧洲的良心"。

伏尔泰出生在巴黎一个富裕的中产阶级家庭，自小受过良好的教育。他父亲是法律公证人，希望他将来做个法官，但他对文学发生兴趣，后来成了一名文人。

伏尔泰才思敏捷，一生多才多艺。他的作品以尖刻的语言和讽刺的笔调而闻名。他说："笑，可以战胜一切。这是最有力的武器。"他曾因辛辣地讽刺封建专制主义而两度被投入巴士底狱。他的书被列为禁书，他本人多次被逐出国门。1725年他被迫流亡英国，对英国资产阶级的政治、文化发生了浓厚的兴趣。他研究英国的资产阶级君主立宪制，研究洛克的唯物主义经验论和牛顿的万有引力理论。

伏尔泰经历了路易十四、十五、十六三个封建王朝的统治，目睹了封建专制主义由盛转衰，亦亲身感受到了封建专制主义统治的腐朽和反动。他深刻地预见到革命必然到来，他对朋友说："我周围发生的一切事情，正在撒下革命的种子，尽管我自己未必成为革命的见证人，但它是必然要到来的。"

伏尔泰写过大量文学作品，其中著名的有史诗《亨利亚德》、《奥尔良少女》，悲剧《欧第伯》、喜剧《放荡的儿子》，哲理小说《老实人》。他又写过不少历史著作，如《路易十四时代》、《论各民族的风俗与精神》等。在哲学方面，他的代表作有《哲学辞典》、《形而上学论》、《牛顿哲学原理》等著作，其中最有影响的一本书是《哲学通信》被人称为"投向旧制度的第一颗炸弹。"

伏尔泰的文学观点和趣味，基本上承袭17世纪古典主义的余风，主要表现在诗歌和悲剧创作上。他的史诗《亨利亚德》（1728）以法国16世纪宗教战争为题材，写波旁王朝亨利四世在内战中取得胜利后登基为王，颁布南特赦令以保障新教徒的信仰自由。史诗中的亨利四世被当做开明君主的榜样来歌颂。伏尔泰的哲理诗说理透彻，讽刺诗机智冷隽，有独到之处。伏尔泰毕生主要从事戏剧创作，先后写了50多部剧本，其中大部分是悲剧。伏尔泰的文学作品中最有价值的是哲理小说。这是他开创的一种新体裁，用戏谑的笔调讲述荒诞不经的故事，影射和讽刺现实，阐明深刻的哲理。

孟德斯鸠

孟德斯鸠，法国伟大的启蒙思想家、法学家。孟德斯鸠不仅是18世纪法国启蒙时代的著名思想家，也是近代欧洲国家比较早的系统研究古代东方社会与法律文化的学者之一。

他的著述虽然不多，但其影响却相当广泛，尤其是《论法的精神》这部集大成的著作，奠定了近代西方政治与法律理论发展的基础，也在很大程度

上影响了欧洲人对东方政治与法律文化的看法。除此包括《波斯人信札》、《罗马盛衰原因论》。

1689年1月18日，在法国波尔多附近的拉布雷特庄园诞生。孟德斯鸠自幼受过良好教育。19岁时获法学学士学位，出任律师。

1714年开始担任波尔多法院顾问。

1716年，继承了波尔多法院院长（他的祖父、伯父一直占有这个职务）职务，并获男爵封号。孟德斯鸠博学多才，对法学、史学、哲学和自然科学都有很深的造诣，曾经撰写过许多有关论文。

1721年孟德斯鸠化名"波尔·马多"发表了名著《波斯人信札》。这部书通过两个波斯人漫游法国的故事，揭露和抨击了封建社会的罪恶，用讽刺的笔调，勾画出法国上流社会中形形色色人物的嘴脸，如荒淫无耻的教士、夸夸其谈的沙龙绅士、傲慢无知的名门权贵、在政治舞台上穿针引线的荡妇等。书中还表达了对路易十四的憎恨，说法国比东方更专制。这部书受到了普遍欢迎。

1726年，他出卖了世袭的波尔多法院院长职务，迁居巴黎，专心于写作和研究。漫游了欧洲许多国家，特别是在英国呆了两年多，考察了英国的政治制度，认真学习了早期启蒙思想家的著作，还当选为英国皇家学会会员。

1748年，他最重要的也是影响最大的著作《论法的精神》发表。这是一部综合性的政治学著作。这部书受到极大的欢迎，两年中就印行了22版。孟德斯鸠反对神学，提倡科学，但又不是一个无神论者和唯物主义者，他是一名自然神论者。他最重要的贡献是对资产阶级的国家和法的学说作出了卓越贡献，他在洛克分权思想的基础上明确提出了"三权分立"学说；他特别强调法的功能，他认为法律是理性的体现，法又分为自然法和人为法两类，自然法是人类社会建立以前就存在的规律，那时候人类处于平等状态；人为法又有政治法和民法等。孟德斯鸠提倡资产阶级的自由和平等，但同时又强调自由的实现要受法律的制约，政治自由并不是愿意做什么就做什么。他说"自由是做法律所许可的一切事情的权利；如果一个公民能够做法律所禁止的事情，他就不再有自由了。因为其他的人也同样会有这个权利。"其中还提出了"地理环境决定论"，认为气候对一个民族的性格、感情、道德、风俗等会产生巨大影响，认为土壤同居民性格之间，尤其同民族的政治制度之间有非常密切的联系，认为国家疆域的大小同国家政治制度有极密切的联系。1755年，他旅途中染病，去世。

卢梭

卢梭（1712年～1778年），他是法国著名启蒙思想家、哲学家、教育家、文学家，是18世纪法国大革命的思想先驱，启蒙运动最卓越的代表人物之一。他是《百科全书》的撰稿人之一，主要著作有《论人类不平等的起源和基础》、《社会契约论》、《忏悔录》等。

卢梭1712年6月28日出生于瑞士日内瓦一个钟表匠的家庭。卢梭的祖父原是法国新教徒，因躲避宗教迫害于16世纪中期来到瑞士。父亲是钟表匠伊萨克·卢梭，技术精湛；母亲是牧师的女儿苏萨娜·贝纳尔，颇为聪明，端庄贤淑。母亲因生他难产去世。他一出生就失去了母爱，他是由父亲和姑妈抚养大的。比他大7岁的哥哥离家出走，一去不返，始终没有音讯。这样，家里只剩下他一个孩子。

卢梭曾隐居6年之中，写了许多著名的著作，有政治学名著《社会契约论》（又译《民约论》），这是世界政治学史上著名的经典著作之一；他的政治观点，对后来的法国革命产生了很大影响。教育学论著《爱弥儿》，简述了他那独特而自由的教育思想，这是一部儿童教育的经典著作，虽然卢梭在世时，曾因此书而遭受攻击，但其独到的教育思想，不但对后来的教育学说产生了深远的影响，而且其民主自由的思想也成为法国大革命的动力。自传体小说《新爱洛绮丝》出版后，成为人人争看的畅销书，并被翻译成多种语言，风靡全欧。

按照法国当时的习俗，一本书出版之前必须经过某些知名人士的传阅。《爱弥儿》经过外界传阅后，顿时成为大家争论的中心。令人奇怪的是，卢梭这本天真无邪、充满灵感和独具创见的教育学著作，反而被外界视为异端邪说，还被法国法庭列为禁书。起初，卢梭对外界的传闻并不在意，他想这

本教育学著作是为了人类的幸福而写的，怎么会遭受知识分子、教会和国家的反对呢？怎么会将他看成邪恶之徒呢？在外界的压力下，出版社也劝卢梭不要用真实姓名发表这本书，但卢梭坚持要面对那些无谓的攻击。他想他一直服从国家的法律制度，努力做一个忠顺的公民，象其他法国人一样遵守国家法律，总不至于因热爱人类，追求人类幸福而遭受迫害吧。但是恶运偏偏降临到了他的头上，舆论界把卢梭看成了罪犯。一天晚上，卢梭正在床上阅读圣经，有人送信来，说法院明天就要派人逮捕他，最高法院判决将《爱弥儿》焚毁，并立即发出逮捕令，要将卢梭打入监牢。不得已卢梭只好告别朋友，离开法国去了瑞士。不久这个国家也命令他在一天之内离开瑞士领土，尔后卢梭又搬到普鲁士国管辖的地区。

与此同时，欧洲读者不断来信，女士、年轻人和年轻的哲学家纷纷来函，请求卢梭给予指导，这使他在精神上受到很大鼓舞。以后，卢梭又应英国哲学家休谟的邀请，去了英国，终因与休谟之间的分歧愈来愈大而离开英国。他不得已改名回到法国，重新过隐居的生活。流亡生涯、不安宁的岁月并未影响到卢梭的著述。他先后著有《忏悔录》、《一个孤独的散步者的遐想》、《山中书信》、《公民的情感》等著作。

他认为一切权利属于人民，政府和官吏是人民委任的，人民有权委任他们，也有权撤换他们，直至消灭奴役压迫人民的统治者。这就是人民主权思想。在哲学上，卢梭主张感觉是认识的来源，坚持"自然神论"的观点；强调人性本善，信仰高于理性。在社会观上，卢梭坚持社会契约论，主张建立资产阶级的"理性王国"；主张自由平等，反对大私有制及其压迫；提出"天赋人权说"，反对专制、暴政。在教育上，他主张教育目的在培养自然人；反对封建教育戕害、轻视儿童，要求提高儿童在教育中的地位；主张改革教育内容和方法，顺应儿童的本性，让他们的身心自由发展，反映了资产阶级和广大劳动人民从封建专制主义下解放出来的要求。但是卢梭抛弃了他自己的孩子，因为他觉得凭自己的经济情况无法抚养自己的孩子，把他们送到育婴堂让国家培养是对孩子的最好安排。这一点在《悲惨世界》中也被雨果反复嘲笑挖苦。而他自己的《忏悔录》也极内疚地提到了这一点。

耻辱篇

中英《南京条约》

鸦片战争前，中国是一个独立自主的封建国家。由于中国的自然经济占统治地位，在中英正当贸易中，中国处于出超地位。英国为了改变贸易入超的状况，向中国偷运鸦片。鸦片的输入给中华民族带来了深重的灾难。人民群众强烈要求禁烟。林则徐领导的禁烟运动，给英国侵略者以沉重的打击。

1840年6月，英国侵略者为保护鸦片贸易，依仗其船坚炮利，发动了侵略中国的鸦片战争。英军先后攻陷舟山、虎门、厦门、宁波、吴淞、镇江等地，并霸占香港岛。其中涌现出很多位民族英雄，如：关天培、葛云飞等等。1842年8月，英军进逼南京，索要赎城费300万元。军事失利的清朝以钦差大臣耆英、两江总督牛鉴、署乍浦副都统伊里布为代表，与英方交涉。中英和约谈判开始。

1842年8月11日至29日的条约谈判，清朝代表在英方的军事压力下毫无

反抗能力。英方不允许清方对其提出的条件做任何修改,屡屡以进攻南京相要挟。条约中的中英文本完全是英方一手制定的。

《南京条约》是中国近代史上与外国签订的第一个不平等条约。道光二十二年(1842年),清朝在与英国的第一次鸦片战争中战败。清政府代表在泊于南京下关江面的英军旗舰康华丽号上与英国签署《中英南京条约》。

中英《南京条约》共13款,主要内容是:

(1)五口通商。清朝政府开放广州、厦门、福州、宁波、上海等五处为通商口岸,准许英国派驻领事,准许英商及其家属自由居住。

(2)赔款。清政府向英国赔款2100万银元,其中600万银元赔偿被焚鸦片,1200万银元赔偿英国军费,300万银元偿还商人债务。其款分4年交纳清楚,倘未能按期交足,则酌定每年百元应加利息5银元。

(3)割地。清朝政府将香港岛割让给英国。

(4)中国海关税应与英国商定。

《南京条约》是近代西方资本主义国家强加在中国人民身上的第一个不平等条约。英国以武力侵略的方式迫使中国接受其侵略要求,这就使中国主权国家的独立地位遭到了破坏。强占香港,损害了中国领土的完整。通商口岸成为西方资本主义对中国进行殖民掠夺和不等价交换的中心。巨额赔偿加重了清政府的财政负担,同时转嫁到劳动人民的身上,使他们的生活更加艰苦。

《南京条约》签订后,西方列强趁火打劫,相继强迫清政府签订了一系列不平等条约。从此,中国开始沦为半殖民地半封建社会。

中日《马关条约》

日本明治维新后,向外"开疆拓土",陆上西进的目标是朝鲜和中国大陆。1876年日本强迫朝鲜签订第一个不平等条约《江华条约》,由此日本侵略势力进入朝鲜。清朝与朝鲜有宗藩关系,日本极力破坏这种关系,在朝鲜造成与中国的尖锐矛盾和多次冲突。日本即有计划地大力开展了针对中国的扩军备战活动。

1894年春，朝鲜爆发东学党农民起义，朝鲜政府请求中国出兵帮助镇压。日本政府表示对中国出兵"决无他意"。但当清军入朝时，日本以保护使馆和侨民等为名大军入朝，于7月25日突袭中国北洋舰队，挑起中日甲午战争。战争打响后，两国海军进行了黄海大战。陆上战斗军从朝鲜打到奉天，占领大片领土。1895年初又侵占山东威海。清政府无心抗战，一再求和，最后派直隶总督李鸿章为头等全权大臣前往日本马关，与日本全权代表、总理大臣伊藤博文和外务大臣陆奥宗光议和。

1894年3月20日双方在春帆楼会见。李鸿章要求议和之前先行停战，日方提出包括占领天津等地在内的4项苛刻条件，迫使李鸿章撤回了停战要求。24日会议后，李鸿章回使馆途中突然被日本浪人刺伤。日本担心造成第三国干涉的借口，自动宣布承诺休战，30日双方签订休战条约，休战期21天，休战范围限于沈阳、直隶、山东各地。此时日军已占领澎湖，造成威胁台湾之势，停战把这个地区除外，保持了日本在这里的军事压力。4月1日，日方提出十分苛刻的议和条款。李鸿章乞求降低条件。10日，日方提出最后修正案，要中方明确表示是否接受，不许再讨论。在日本威逼下，清政府只得接受。4月17日，李鸿章签订丧权辱国的《马关条约》。

《马关条约》为清朝政府和日本政府于1895年4月17日在日本马关签署的条约。《马关条约》的签署标志着甲午战争的结束。清朝代表为李鸿章和李经芳，日方代表为伊藤博文和陆奥宗光。

《马关条约》主要内容有：

（1）中国从朝鲜半岛撤军并承认朝鲜的"自主独立"；中国不再是朝鲜之宗主国；

（2）中国割让台湾岛及所有附属各岛屿、澎湖列岛和辽东半岛给日本；

（3）中国赔偿日本军费2亿两（二万万两）；

（4）中国开放沙市、重庆、苏州、杭州为商埠；

（5）允许日本人在中国通 商口岸设立领事馆和工厂及输入各种机器；

《马关条约》是1860年中英、中法等《北京条约》以来外国侵略者加给中国的一个最刻毒的不平等条约，它使日本得到巨大的利益，也适应了帝国主义

各国向中国输出资本的愿望。条约签订后，由于俄、德、法三国的干涉，日本将辽东半岛退还给中国，中国付给日本"酬报"银3000万两。《马关条约》的签署标志着甲午中日战争的结束。中国半殖民地化程度大大加深。

清政府和十一国家签定《辛丑条约》

《辛丑条约》是中国清朝政府与英国、美国、日本、俄国、法国、德国、意大利、奥匈、比利时、西班牙和荷兰在义和团运动失败、八国联军攻入北京后签定的一个和平协定。被认为是中国自第一次鸦片战争后签署的一系列不平等条约之一。条约签定于光绪二十七年（1901年）七月二十五日，辛丑年，故名辛丑条约。洋历9月7日，因此有"九七国耻"一说。

19世纪末帝国主义列强激烈争夺和瓜分中国，造成中国空前严重的民族危机。这种危机感促成了人们的觉醒，救亡图存成了当时最紧迫的要求。1898年资产阶级改良派的维新运动失败了，1900年又爆发了以农民为主体的轰轰烈烈的反帝爱国的义和团运动。义和团运动起自山东，迅速发展到直隶、天津、北京，引起帝国主义列强的恐慌。它们决定亲自出兵镇压义和团，英、美、日、俄、法、德、意、奥八国组织联军侵入中国，8月攻入北京。慈禧太后携带光绪皇帝及亲信臣从仓皇出逃西安。清王朝被迫向帝国主义求和。

参与八国联军的日本、法国、德国、意大利、俄国都有分割中国领土的想法。而俄国志在用其它条约获得中国的东北的领土。英美则以商业利益为重，希望保持中国门户开放，并对日、俄的野心感到不安。最后达成的协议，没有要求清政府割地，而只要求巨额的赔款。

八国联军侵华，中国战败，签定丧权辱国的《辛丑条约》主要内容有：

（1）赔款。中国赔款白银4.5亿两，分39年还清，年息4厘，本息共计9.8亿两，以海关税、常关税和盐税作担保。因为1900年乃中历庚子年，赔款故称庚子赔款。

（2）划定使馆区。将北京东交民巷划定为使馆区，成为"国中之国"。在区内中国人不得居住，各国可派兵驻守。

（3）拆炮台、驻军队。拆除大沽及有碍北京至海通道的所有炮台，帝国主义列强可在自山海关至北京沿铁路的12个地方驻扎军队。

（4）胁迫清政府承诺镇压反帝斗争。永远禁止中国人民成立或加入任何"与诸国仇敌"的组织，违者处死。各省官员必须保证外国人的安全，否则立予革职，永不录用。凡发生反帝斗争的地方，停止文武各等考试5年。

（5）设立外务部。将总理衙门改为外务部，班列六部之首，成为清政府与列强交涉的专门机构。

《辛丑条约》是列强加给中国的空前严重的不平等条约。列强勒索了巨额赔款，加剧了中国的贫困和经济衰败；外国军队长期驻扎在中国的战略要地，严重破坏了中国的主权完整和国防安全；设置特殊性质的使馆区（租界），以武力为后盾的公使团，开始凌驾于清政府之上，对政府发号施令；改变清政府外交机构的地位，加强了列强向中国勒索、发号施令的权利；禁止中国人民的反帝斗争，企图永远奴役中国人民。标志着清政府完全成为帝国主义列强在中国的代理人。确立了清政府为资本主义列强的忠实走狗的地位，从此，清政府成为资本主义列强统治中国的工具。它的签订，标志着中国完全沦为半殖民地半封建社会。

南京大屠杀

南京大屠杀指1937至1945年中国抗日战争期间，中华民国在南京保卫战中失利，首都南京于1937年12月13日沦陷后，日军于南京及附近地区进行6个星期的大规模屠杀。

1937年12月13日，日军进占南京城，在华中方面军司令官松井石根和第6师团师团长谷寿夫等法西斯分子的指挥下，对我手无寸铁的同胞进行了长达6周惨绝人寰的大规模屠杀。

日军占领上海后，直逼南京。国民党军队在南京外围与日军多次进行激战，但未能阻挡日军的多路攻击。1937年12月13日，南京在一片混乱中被日军占领。日军在华中方面军司令官松井石根指挥下，在南京地区烧杀淫掠无所不为。

12月15日，日军将中国军警人员2000余名，解赴汉中门外，用机枪扫

射，焚尸灭迹。同日夜，又有市民和士兵9000余人，被日军押往海军鱼雷营，除9人逃出外，其余全部被杀害。

16日傍晚，中国士兵和难民5000余人，被日军押往中山码头江边，先用机枪射死，抛尸江中，只有数人幸免。

17日，日军将从各处搜捕来的军民和南京电厂工人3000余人，在煤岸港至上元门江边用机枪射毙，一部分用木柴烧死。

18日，日军将从南京逃出被拘囚于幕府山下的难民和被俘军人5.7万余人，以铅丝捆绑，驱至下关草鞋峡，先用机枪扫射，复用刺刀乱戳，最后浇以煤油，纵火焚烧，残余骸骨投入长江。令人发指者，是日军少尉向井和野田在紫金山下进行"杀人比赛"。他们分别杀了106和105名中国人后，"比赛仅在进行"。

在日军进入南京后的一个月中，全城发生2万起强奸、轮奸事件，无论少女或老妇，都难以幸免。许多妇女在被强奸之后又遭枪杀、毁尸，惨不忍睹。与此同时，日军遇屋即烧，从中华门到内桥，从太平路到新街口以及夫子庙一带繁华区域，大火连天，几天不息。全市约有三分之一的建筑物和财产化为灰烬。无数住宅、商店、机关、仓库被抢劫一空。"劫后的南京，满目荒凉"。

后来发表的《远东国际法庭判决书》中写道："日本兵完全像一群被放纵的野蛮人似的来污辱这个城市"，他们"单独的或者二、三人为一小集团在全市游荡，实行杀人、强奸、抢劫、放火"，终至在大街小巷都横陈被害者的尸体。"江边流水尽为之赤，城内外所有河渠、沟壑无不填满尸体"。

据1946年2月中国南京军事法庭查证：日军集体大屠杀28案，19万人，零散屠杀858案，15万人。日军在南京进行了长达6个星期的大屠杀，中国军民被枪杀和活埋者达30多万人。

中华民族在经历这场血泪劫难的同时，中国文化珍品也遭到了大掠夺。据查，日本侵略者占领南京以后，派出特工人员330人、士兵367人、苦工830人，从1938年3月起，花费一个月的时间，每天搬走图书文献十几卡车，共抢去图书文献88万册，超过当时日本最大的图书馆东京上野帝国图书馆85万册的藏书量。南京大屠杀惨绝千古人寰！

热点篇

香港

　　香港的历史，最早可以追溯到5000年前的新石器时代。秦始皇统一中国后，先后在南方建立了南海、桂林、象郡三个郡，香港隶属南海郡番禺县，由此开始，香港便置于中央政权的管辖之下。汉朝香港隶属南海郡博罗县。东晋咸和六年（公元331年）香港隶属东莞郡宝安县。隋朝时香港隶属广州府南海郡宝安县。唐朝至德二年（公元757年），改宝安县为东莞县，香港仍然隶属东莞县。宋元时期，内地人口大量南迁香港，促使香港的经济、文化得到很大发展。明朝万历元年（1573年），香港隶属新安县。

　　香港是一个优良的深水港，曾被誉为世界三大天然海港之一，英国人早年看中了香港的维多利亚港有成为东亚地区优良港口的潜力，不惜以鸦片战争来从满清政府手上夺得此地以便发展其远东的海上贸易事业，从而展开了香港成为英国殖民地的历史。1842年～1997年6月30日，香港是英国的殖民

地。1997年7月1日，香港回归中国。

香港全境的三个部分（香港岛，九龙，新界）分别来源于不同时期的三个不平等条约。1840年第一次鸦片战争后，英国强迫清政府于1842年签订《南京条约》，割让香港岛。1856年英法联军发动第二次鸦片战争，迫使清政府于1860年签订《北京条约》，割让九龙半岛，即今界限街以南的地区。1894年中日甲午战争之后，英国逼迫清政府于1898年签订《展拓香港界址专条》，强租新界，租期99年，至1997年6月30日结束。新界的租借，让当时香港的面积扩大了十倍之多。

1982年9月，中、英两国落实香港前途问题，于1984年签订《中英联合声明》，决定1997年7月1日中华人民共和国对香港恢复行使主权。中方承诺在香港实行一国两制，香港将保持资本主义制度和原有的生活方式，并享受外交及国防以外所有事务的高度自治权，也就是"港人治港、高度自治"。

第二次世界大战以后，香港经济和社会迅速发展，不仅成为"亚洲四小龙"之一，也是全球最富裕、经济最发达和生活水准最高的地区之一。香港是亚洲重要的金融、服务和航运中心，以廉洁的政府、良好的治安、自由的经济体系以及完善的法治闻名于世。历史的变迁，让香港从一个当年只有五千人的小渔村，演变成今天誉有"东方之珠"美誉的国际大都会。

澳门

澳门位于中国东南沿海的珠江三角洲西侧，由澳门半岛、氹仔岛、路环岛和路氹城四部分组成，在总面积共32.8平方公里生活了50余万人，这也使澳门成为全球人口密度最高的地区。澳门北与广东省的珠海市拱北连接；西与同属珠海市的湾仔和横琴对望。东面则与另一个特别行政区——香港相距60公里，中间以珠江口相

香港特别行政区区徽

隔。澳门是"世界四大赌城"之一。其著名的纺织品、玩具、旅游业、酒店和娱乐场使得澳门长盛不衰。因此，澳门也是全球最富裕的城市之一。

澳门由秦朝起成为中国领土。明嘉靖三十六年（1557年），葡萄牙人从当时明朝广东地方政府取得澳门居住权，成为首批进入中国的欧洲人。据说当时葡萄牙人从妈祖阁（妈阁庙）附近登陆，向问当地人这里的地名，因在妈阁庙旁，当地人便回答「妈阁」，於是澳门便被命名为「Macau」（「妈阁」葡萄牙语的译音），大陆多拼写为Macao。自此澳门成为葡萄牙人租借地。直至1887年葡萄牙政府与清朝政府签订了有效期为40年的《中葡和好通商条约》（至1928年期满失效）后，澳门成为葡萄牙"永驻管理"之地，也是欧洲国家在东亚的第一块领地。1980年代中葡两国共同探讨澳门前途问题，其后于1987年正式签署《中葡联合声明》，定于1999年12月20日葡萄牙结束对澳门的统治，政权交还往中华人民共和国。中华人民共和国承诺向澳门实行一国两制，而且保障澳门人可享有"高度自治、澳人治澳"的权利。

澳门古称濠镜澳，与香山县的历史关系极其密切。早在春秋战国时期，香山已属百粤海屿之地。约前3世纪（即秦始皇一统中国之时），澳门被正式纳入中国版图，属南海郡番禺县地。420年（晋朝元熙二年），澳门属新会郡封乐县地。590年（隋朝开皇十年），废新会郡改属宝安县地，757年（唐朝至德二年），废宝安县，改为东莞县辖。自南宋开始，澳门属广东省香山

县。据史料记载，宋末名将张世杰与军队曾在此一带驻扎；早期在澳门定居的人在此形成小村落，倚靠捕鱼与务农种植为生。

自古就是中国神圣的领土的澳门自被葡萄牙非法侵占以来，澳葡政府时期的澳门盾徽葡萄牙人在澳门一直拥有特权或特殊地位，这使普遍居民大小程度的不满；从1849年8月29日沈志亮刺杀总督亚马留伊始，直至1966年12月3日因文化大革命和凼仔学校事件而触发的"一二·三"事件，均显示了民间对于葡萄牙人在澳门的特权一直深感不满。1974年4月25日，葡萄牙革命成功，新政府实行非殖民地化政策，承认澳门是被葡萄牙非法侵略的，是当前葡国管治下的一个中国领土，澳门的主权属于中国。

澳门特别行政区区旗

1986年，中葡两国政府于开始为澳门问题展开合共四轮谈判。1987年4月13日，两国总理在北京签订《关于澳门问题的联合声明》及两个附件。联合声明说，澳门地区（包括澳门半岛、凼仔和路环）是中国的领土，中华人民共和国将于1999年12月20日对澳门恢复行使主权。

1993年3月31日，全国人大于北京通过《澳门特别行政区基本法》（共九章145条目、另加三附件），并由时任中国国家主席江泽民颁布。

1999年12月20日零时，在中葡两国元首见证下，第127任澳门总督韦奇立和第1任澳门特别行政区行政长官何厚铧于澳门新口岸交接仪式会场场内交接澳门政权。翌日（12月21日）早上，澳门群众欢迎中国人民解放军驻澳部队进驻澳门；至此，中华人民共和国正式恢复对澳门行使主权。

青少年应该知道的历史知识

抗争篇

太平天国运动

　　1851年1月11日，洪秀全生日，拜上帝会众万人在金田村"恭祝万寿"起义，是为金田起义。洪秀全称天王，建立"太平天国"。同年3月23日，洪秀全封杨秀清为"左辅正军师"、萧朝贵为"右弼又正军师"、冯云山为"前洪秀全导副军师"、韦昌辉为"后护又副军师"。同年秋季，太平军占广西永安州（今蒙山县）。12月在永安封东、西、南、北、翼五王，其他四王皆归东王杨秀清节制。南王冯云山制订了太平天国初期的官制、礼制和军制，又创造了一套独特历法，在太平天国内使用，并且实行公有财产制。

　　1852年（咸丰二年）4月5日，太平军自永安突围，5月19日离开广西进入湖南省，5月太平军路经全州时，冯云山被清军炮火击中，6月伤重死亡。8月21日萧朝贵、石达开攻长沙（太平天国第一场硬仗），9月12日萧朝贵在攻城时战死。太平军攻长沙近三个月仍未能成功，撤围北上。1853年1月太

平军攻克武昌，人数增至五十万，3月攻占南京，改名"天京"并定都在此，随即展开北伐及西征。太平天国其疆域最广阔之时曾占有中国半壁江山，其势力发展到18个省，太平天国实际控制的区域发展到23个府州，总共面积一百五十多万平方公里。

太平天国定都天京后，于1853年颁布《天朝田亩制度》。它是太平天国的基本纲领，其基本内容是关于土地改革制度，同时提及中央及地方政制，还涉及经济制度。

但由于战事频繁及其它原因，许多列出的措施未能在太平天国统治区内有效实施。

《天朝田亩制度》的主要内容及其评价：

废除封建地主所有制，按人口和年龄平均分配土地。核心思想：无处不均匀，无人不饱暖。它是天平天国的革命纲领，放映了农民要求废除封建土地所有制的强烈愿望。但却没有真正实行过。从客观上讲，没有一个安定的环境保证实施分田方案；从主观上讲，平均分配土地与生产、生活资料统归圣库的规定都是空想，根本无法实施。

主要内容：

（1）根据"凡天下田，天下人同耕"和"无处不均匀"的原则，不论男女，按人口平均分配土地。

（2）根据"天下人人不受私，物物归上主"的原则，规定每户留足口粮，其余归圣库的产品分配原则。

理想目标：建立一个"有

田同耕，有饭同食，有衣同穿，有钱同使，无处不均匀，无人不饱暖"的理想社会。

《天朝田亩制度》，是太平天国的革命纲领。突出反映了农民阶级要求废除封建土地所有制的愿望。是农民反封建斗争的思想结晶。但是这个制度所制定的平分土地的办法，并不切合实际，要在小生产的基础上废除封建土地所有制和平均一切社会财富，以求人人平等，是农民平均主义的空想。所以《天朝田亩制度》实际上并没有真正实施过。

北伐军虽然一度进至天津附近，因孤军深入，最终在1855年全军覆没。西征军的进展比较顺利，先后攻下安庆、九江、武昌等地。

1856年（咸丰六年）6月，太平军攻破清军向荣的江南大营，解天京三年之围。向荣在8月9日死后，其死讯不久便传入天京，东王杨秀清见当时太平天国形势大好，另有图谋，假装"天父下凡"迫天王封他为"万岁"。

北王韦昌辉在这时请求天王诛杀东王，天王不肯。后来陈承瑢向天王告密，谓东王有弑君篡位之企图，天王密诏北王、翼王及燕王秦日纲铲除东王。

韦昌辉在9月1日到天京，与秦日纲在夜间入城，2日凌晨突袭东王府，杨秀清及其家人被杀，东王部属、他们的家人及其他军民共2万多人亦被杀，史称"天京事变"。

翼王石达开抵达天京后，责备韦昌辉滥杀，二人不欢而散，石达开当夜逃出城外，韦昌辉其后尽杀翼王府中家属。

石达开从安庆起兵，声讨韦昌辉，此时在天京以外的太平军大多支持石达开。洪秀全为平众怒，11月2日将韦昌辉处死，不久又处死秦日纲和陈承瑢。

天京事变后，为了避免再次爆发内讧，石达开不得已于1857年5月避祸离京，前往安庆。

1857年9月，天王迫于形势的恶化遣使请石达开回京，石达开上奏天王，表示无意回京，但会调陈玉成、李秀成、韦俊等将领回援，并以"通军主将"身份继续为天国作战。此后，石达开前往江西救援被困的临江、吉安，拥戴他

的安徽太平军将领大都留守安徽。因没有水师，无法渡过赣江，救援行动失败，石达开又于次年进军浙江，并联合国宗杨辅清进军福建，欲开辟浙闽根据地，与天京根据地连成一体。

1859年春，石达开自江西起兵入湘，发动"宝庆会战"。彼时湘军正计划分兵三路进攻安庆，闻石达开长驱直入湖南腹地，军心全线动摇，只得因势利导，全力援湘。面对湘军的重兵驰援，石达开孤军作战，未能攻克宝庆，被迫退入广西休整。

1861年9月，石达开自桂南北上，于1862年初经湖北入川，自此，为北渡长江，夺取成都，建立四川根据地，石达开转战川黔滇三省，先后四进四川，终于1863年4月兵不血刃渡过金沙江，突破长江防线。5月，太平军到达大渡河，对岸尚无清军，石达开下令多备船筏，次日渡河，但当晚天降大雨，河水暴涨，无法行船。三日后，清军陆续赶到布防，太平军为大渡河百年不遇的提前涨水所阻，多次抢渡不成，粮草用尽，陷入绝境。为求建立"生擒石达开"的奇功，四川总督骆秉章遣使劝降，石达开决心舍命以全三军，经双方谈判，由太平军自行遣散四千人，这些人大多得以逃生。剩余两千人保留武器，随石达开进入清营，石达开被押往成都后，清军背信弃义，两千将士全部战死。

1863年6月27日，石达开在成都公堂受审，慷慨陈词，令主审官崇实理屈词穷，无言以对，而后从容就义，临刑之际，神色怡然，身受凌迟酷刑，至死默然无声，观者无不动容，叹为"奇男子"。

1864年6月1日，洪秀全在多日以野草充饥后病逝，幼天王洪天贵福继位。7月天京失守，李秀成带领幼天王突围，混乱中失散，于同月22日在江宁方山被俘，亲书供状数万字后，于8月7日被曾国藩杀害。10月幼天王洪天贵福在江西石城荒山山洞被搜俘，11月18日在南昌被凌迟处死。

最后一支使用太平天国年号的残余捻军袁大魁部于1869年在陕北保安被左宗棠消灭。

太平天国历时14年，占领长江中下游富庶地区多年，战事波及半个中国，使清廷国力大伤。

太平天国是一次反帝反封建的农民运动，是中国历史上规模最大、人数最多、时间最长的一次农民战争，是中国几千年来农民战争的最高峰，它沉重的打击了中外反动势力。并对亚非人民的反殖民斗争起到了巨大的鼓舞作用。

义和团运动

义和团，又称义和拳。义和拳本来是长期流行在山东、直隶（今河北）一带的民间秘密会社，清人有人认为与白莲教等传统民间秘密团体有关，这一观点为现今大多数人所接受；然而也有部分人认为义和团源于一种勤王的民团组织。

他们利用设立神坛、画符请神等方法秘密聚众，称为"义和拳"，其中掺杂有大量教授信众"刀枪不入"的愚昧成分。

最初义和拳同当时清朝大部份秘密团体一样，反对满族统治，以"反清复明"为口号，遭到镇压。随着中国近代史形势的发展，以帝国主义侵略为先导的西方势力的冲突代替华夷之辩满汉之争成为主要历史矛盾，义和团开始支持清朝抵抗西方，改名为"虎神营"，口号也改为"扶清灭洋"。

1899年冬，山东肥城发生英国圣公会传教士卜克斯被杀案件，在西方各国连续抗议后，毓贤被清廷免职。

新任巡抚袁世凯带领北洋新军在山东大力镇压义和团。毓贤离职后到北京觐见慈禧太后，向她提出招安义和团；之后获得调任山西巡抚。戊戌政变后完全控制朝廷的慈禧，对西方反对她废黜光绪感到十分不满。

1900年1月，慈禧不顾西方外交人员的抗议，发布维护义和团的诏令。直隶总督裕禄于是由本来剿灭义和团，转变成扶助义和团。于是山东的拳民涌入直隶。

6月9日，慈禧调董福祥的武卫后军进城，驻扎在天坛和先农坛附近。董军中不少士兵参加了义和团。

6月10日，端郡王载漪出任总理各国事务衙门大臣。义和团拳民于同时开

始大举入京。最多时北京的拳民超过十万。是日起，北京外国使馆对外通讯断绝。

6月11日，日本驻华使馆书记杉山彬被刚调入京的清兵甘军所杀，被开腹剖心。驻天津的各国领使组织二千人的联军，由英国的海军司令西摩尔（Edward Seymour）带领，乘火车增援北京十一国公使馆。因为铁路被拳民破坏，西摩尔受阻于天津城外的杨村、廊坊一带，与清兵及义和团展开战斗不利，退回城中，致使第一次试图解除清兵和义和拳民对公使馆的围困失败。该战事被清政府及义和团认为是一次抗击外敌的重大胜利，并被命名为"廊坊大捷"。

6月13日，义和团进入内城，当天烧毁孝顺胡同亚斯立堂、双旗竿（今外交部街西口外）伦敦会、八面槽（王府井）天主教东堂、灯市口公理会、东四五条西口的美国福音堂、交道口二条长老会、鼓楼西鸦儿胡同长老会、西直门内天主教西堂、西四羊肉胡同基督教堂、石驸马桥安立甘会、宣武门内天主教南堂共11所教堂。有3200名天主教徒逃入（有42名法兵占据）天主教北堂，2000多名基督教徒逃入东交民巷的使馆区。拳民在北京放火烧掉教堂和一切与西洋有关的事物。

义和团民的不同派别也互相武斗残杀。义和团、京师禁军和甘军也肆意奸杀妇女，不计其数。除了屠杀奸淫外，义和团及清军也掳掠洗劫商户平民，并将赃物公开拍卖。当时的权贵之家也不能幸免，如吏部尚书孙家鼐、大学士徐桐的家都被抢掠，徐桐（时年八十）更被义和团民拖出批斗。是日慈禧召开御前会议后，一度发出勒令解散拳民的上谕。

清廷向各国宣战的同时，也悬赏捕杀洋人，规定"杀一洋人赏五十两；洋妇四十两；洋孩三十两"。义和团及朝廷军队围攻各国在北京的使馆。各国在准备以武力解救使馆的同时，各使馆筑起防御工事，由英国公使窦纳乐负责指挥抵抗。

6月25日，清廷当权派载漪、载勋、载濂、载滢四兄弟率义和团六十多人直奔瀛台欲弑光绪，被慈禧太后阻止而未果。

事件最终演变为国际军事冲突，爆发了八国联军侵华战争。

8月16日晚，八国联军已基本占领北京全城。慈禧及皇室在北京陷落之后立即仓皇离开，逃到西安。

而清朝皇室逃往西安途中，就已命令各地官兵剿灭义和团。9月7日，清廷发布上谕，称"此案初起，义和团实为肇祸之由，今欲拔本塞源，非痛加铲除不可"。中外势力的联合导致了义和团运动的失败。同时，清政府派庆亲王奕劻及李鸿章为全权特使，与各国和谈。

1900年10月，李鸿章抵达北京，向八个占领国展开谈判。最后达成的《辛丑条约》，亦只是一个中国与十一国之间的赔偿协定，而并非交战国之间的正式和约。至今，西方国家仍然以"拳民暴乱"，来称呼整个义和团及八国联军事件。

探索篇

洋务运动

中国清政府于19世纪60年代初到90年代中期,为了维护封建统治,引进和学习西方科学技术,兴办近代军事工业和民用工业,并相应地改革军事、外交、文化教育和某些政府机构等多方面的活动。洋务运动是清朝统治阶级内部中央和地方一部分当权的官僚在严重的"内忧外患"形势下所采取的"自强"措施。

为了适应形势需要,1861年清政府成立了以奕为首的总理各国事务衙门,以办理外交事务为主,同时办理以"自强"、"求富"为内容的洋务活动。

洋务运动兴起之初,其直接目的是镇压人民反抗,因此,一开始就以购买洋枪洋炮和创办新式军事工业为主要任务。1861年,曾国藩在安徽创办安庆内军械所,制造弹药、炸炮等军火。该所是清末最早官办的近代军事工

厂。而购买西方近代军事武器较早而又较多、创办近代军用工业的规模较大而又较早者，是李鸿章及其统率的淮军。

19世纪70年代初，外国资本主义加紧侵略，破坏了1860年建立起来的"中外和好"的局面。为了适应当时的内外形势，清政府在军事上大力建设海军、增强海防，编练区别于湘淮军的新式陆军的练军；在经济上，除继续在各省设立兵工厂和扩大原有的军用工业之外，主要着重于民用工业企业的创办和经营，以期与洋商竞争。1873年创设的轮船招商局，是由军用工业为主向民用工业企业为主转变的标志。由于洋务运动的任务和内容有了某些改变，洋务派在原有官僚集团之外，又加了一些买办商人和有维新倾向的知识分子。为了建立新式海军，清政府除设厂制造兵船外，还以重金向外国购买军舰。清政府先后向英、德等国订购舰只，建立了南洋水师、福建水师和北洋水师。

1888年北洋舰队初步成军，舰队编制基本采自英国。与海军建设相适应，沿海各重要海口还设置了炮台等防御工事。这些军事设施，在中法战争和中日甲午战争中，虽然起了一定的抵御外侮的作用，但因清朝统治的腐败而终于惨败崩溃。

洋务派创办民用工业企业，一为"分洋商之利"，以保护利权，并获得饷源；同时也为军用工业所需金属原料和煤炭燃料可以由自己创办的这些工业得到供给，减少对外国依赖。

与工业企业和新式海军等事业的需要相适应，在洋务运动期间还培养了一批新式人才。为培养翻译人员，清政府于1862年（同治元年）在北京设立了京师同文馆。此外，还有派赴德国学习陆军和张之洞派赴欧美学习冶炼钢铁的一些留学人员。80年代清政府还在国内创办了许多专门性的学堂。

正是由于洋务运动本身既不可能摆脱外国资本主义的压迫和控制，又不可能摆脱封建势力的阻挠和侵蚀，因此也就难以避免失败的命运。1894年（光绪二十年）清政府在中日战争中战败和1895年《马关条约》的签订，标志着洋务运动的失败。

洋务运动是封建统治者的自救式的强国运动，是在清政府在看到清王朝的统治面临危机之时所采取的自上而下的运动。洋务运动的宗旨是"中学为体，西学为用"洋务运动的口号是"自强""求富"自强，即大力开办军事工厂，如李鸿章督办的江南制造总局，以及安庆军械所等，同时派遣留学生去学习西方的先进技术，来达到强国的目的。而洋务运动最终失败的原因是因为没有触动封建王朝的根基，在甲午中日战争后宣告失败。洋务运动的积极意义在于刺激了中国民族工业的发展，同时大量的留学生在洋留学，学习到先进的西方政治制度，从此，中国经历了百日维新，辛亥革命等一系列的变革，最终使中国探索到了一条适合国情的道路，走上了现代化

戊戌变法

戊戌变法又名维新变法，其高潮则为百日维新，这次变法主张由光绪皇帝亲自领导，进行政治体制的变革，希望中国走上君主立宪的近代化道路。

1895年4月，日本逼签《马关条约》的消息传到北京，康有为发动在北京应试的1300多名举人联名上书光绪皇帝，痛陈民族危亡的严峻形势，提出拒和、迁都、练兵、变法的主张。"公车上书"揭开了维新变法的序幕。

为了把维新变法推向高潮。1895年8月，康有为、梁启超等人在北京出版《中外纪闻》，鼓吹变法；组织强学会。1896年8月，《时务报》在上海创刊，成为维新派宣传变法的舆论中心。1897年冬，严复在天津主编《国闻报》，成为与《时务报》齐名的在北方宣传维新变法的重要阵地。1897年11月，德国强占胶州湾，全国人心激愤。12月，康有为第五次上书，陈述列强瓜分中国，形势迫在眉睫。1898年1月29日，康有为上《应诏统筹全局折》，4月，康有为、梁启超在北京发起成立保国会，为变法维新作了直接准备。

在维新人士和帝党官员的积极推动下，1898年6月11日，光绪皇帝颁布"明定国是"诏书，宣布变法。新政从此日开始，到9月21日慈禧太后发动政变为止，历时103天，史称"百日维新"。在此期间，光绪皇帝根据康有为等人的建议，颁布了一系列变法诏书和谕令。主要内容有：经济上，设立农工商局、路矿总局，提倡开办实业；修筑铁路，开采矿藏；组织商会；改革财

政。政治上，广开言路，允许士民上书言事；裁汰绿营，编练新军。文化上，废八股，兴西学；创办京师大学堂；设译书局，派留学生；奖励科学著作和发明。这些革新政令，目的在于学习西方文化、科学技术和经营管理制度，发展资本主义，建立君主立宪政体，使国家富强。光绪帝新政措施虽未触及封建统治的基础，但是，这些措施代表了新兴资产阶级的利益，为封建顽固势力所不容。清政府中的一些权贵显宦、守旧官僚对新政措施阳奉阴违，托词抗命。慈禧太后在光绪皇帝宣布变法的第五天，就迫使光绪连下三谕，控制了人事任免和京津地区的军政大权，准备发动政变。

"百日维新"开始后，清政府中的守旧派不能容忍维新运动的发展。有人上书慈禧太后，要求杀了康有为、梁启超；奕劻、李莲英跪请太后"垂帘听政"；御史杨崇伊多次到天津与荣禄密谋；甚至宫廷内外传言将废除光绪，另立皇帝。9月中，光绪皇帝几次密诏维新派商议对策，但维新派既无实权，又束手无策，只得向光绪皇帝建议重用袁世凯，以对付荣禄。16、17日，光绪皇帝两次召见袁世凯，授予侍郎；18日夜，谭嗣同密访袁世凯，劝袁杀荣禄，举兵救驾。事后，被袁世凯出卖。

1898年9月21日凌晨，慈禧太后突然从颐和园赶回紫禁城，直入光绪皇帝寝宫，将光绪皇帝囚禁于中南海瀛台；然后发布训政诏书，再次临朝"训政"，"戊戌政变"成功。戊戌政变后，慈禧太后下令捕杀在逃的康有为、梁启超；逮捕谭嗣同、杨深秀、林旭、杨锐、刘光第、康广仁、徐致靖、张荫桓等人。9月28日，在北京菜市口将谭嗣同等六人杀害；徐致靖处以永远监

青少年应该知道的历史知识

禁；张荫桓被遣戍新疆。所有新政措施，除7月开办的京师大学堂外，全部都被废止。从6月11日至9月21日，进行了103天的变法维新，以戊戌政变宣告失败。

戊戌变法是一场资产阶级改良运动。变法失败后，越来越多的人对清朝统治者感到失望他们认为，要救中国，必须进行革命，推翻清朝统治，仿效西方国家建立民主共和制度。

新文化运动

北洋军阀统治前期，在中国满布阴霾的天空中，响起一声春雷，爆发了一场崇尚科学、反对封建迷信、猛烈抨击几千年封建思想的文化启蒙运动——新文化运动。

随着新式学堂的建立和留学风气日盛，西方启蒙思想进一步被介绍到中国，而且辛亥革命使民主共和的思想深入人心，袁世凯的尊孔复古的逆流为民主知识分子所不容（直接原因）。

陈独秀早年留学日本，曾加入孙中山领导的同盟会，参加了辛亥革命及反对袁世凯复辟帝制的斗争。1915年，陈独秀在上海创办《青年杂志》（后改为《新青年》），高举"民主"和"科学"这两面旗帜。他在创刊号上发表《敬告青年》一文，提出了民主和科学的口号，向封建主义及其意识形态发动了进攻。

陈独秀举起了新文化的大旗，揭开了一场规模空前的新文化运动的序幕。《新青年》和北大成为宣传新文化运动的主要阵地蔡元培是著名民主革命家和教育家，他在学术上实行"兼容并包、百家争鸣"的方针。他在担任北大校长期间实行了一系列改革。他聘请新文化的倡导者陈独秀担任文科学长，李大钊担任图书馆主任。还有胡适、刘半农、钱玄同、周作人、鲁迅以及一批留学回来的自然科学家都先后到北大任教。

胡适从美国留学回国后任北大教授，后任文学院院长。他积极参加新文化运动和文学革命运动，是文学革命和初期新文化运动中重要的代表人物。

鲁迅早年留学日本，1918年初参加《新青年》的编辑工作，毛泽东称赞他是伟大的文学家，思想家，革命家。《狂人日记》是他的第一篇白话小说。

李大钊在《新青年》上发表了《庶民的胜利》和《布尔什维主义的胜利》还宣传马克思主义和俄国革命。

关于新文化运动的基本内容四个提倡、四个反对的阐述，真正体现出了新文化运动的"新"之所在。即：

一、提倡民主，反对专制。

二、提倡科学，反对愚昧。

三、提倡新道德，反对旧道德。

四、提倡新文学，反对旧文学。

作为一场轰轰烈烈的思想革命，新文化运动的主要内容即围绕着"四提倡，四反对"而进行的具体实践活动。前期其实质是资产阶级的新文化反对封建旧文化的斗争。后期则由先进的知识分子极力宣传马克思主义为主题。

民主和科学思想的弘扬，动摇了封建思想的统治地位，并且推动了中国自然科学的发展，使人们的思想尤其是青年的思想得到空前的解放。后期传播的马克思主义，为中国先进的知识分子所接受，成为拯救国家、改造社会的思想武器。对五四运动的爆发起到了宣传动员作用，也有利于文化的普及和繁荣。

不过，新文化运动中的先进分子，大多有一些偏激情绪，对东西方文化的看法，存在着绝对肯定或绝对否定的偏向，这种看法一直影响到后来。其实无论是东方或西方，都应该互相地取长补短，这样才能共同进步。

盛世篇

文景之治

文景之治指西汉汉文帝，汉景帝统治时期。西汉初年，经济萧条，到处都是一片荒凉的景象。汉高祖及其后的汉文帝、汉景帝等，吸取秦灭的教训，减轻农民的徭役和劳役等负担，注重发展农业生产。文景时期，提倡节俭，重视"以德化民"，社会比较安定，经济得到发展。历来被视为封建社会的"盛世"，史称"文景之治"。汉文帝刘恒（前180年～前157年），汉高祖刘邦中子，母为薄姬。高帝十一年（前196年）受封为代王。公元前180年吕后死，诸吕作乱，丞相陈平，太尉周勃与朱虚侯刘章等宗室大臣共诛诸吕，迎立刘恒为帝，在位二十三年。汉景帝刘启（前157年～前141年），文帝太子，母为窦皇后。公元前157年即位，在位十六年。

西汉王朝建立后，汉高祖、惠帝、吕后都着力于恢复农业生产，稳定封建统治秩序，收到了显著的成效。文景两帝相继即位后，又在这基础上进一

步采取了轻徭薄赋，与民休息的措施。

汉文帝十分重视农业生产，他即位后多次下诏劝课农桑，按户口比例设置三老、孝悌、力田若干员，经常给予他们赏赐，以鼓励农民发展生产。同时还注意减轻人民负担，文帝二年（前178年）和十二年，曾两次"除田租税之半"，即租率减为三十税一，十三年还全部免去田租。自后，三十税一遂成为汉代定制。文帝时，算赋也由每人每年一百二十钱减至四十钱，徭役则减至每三年服役一次。景帝二年（前155年），又把秦时十七岁傅籍给公家徭役的制度改为二十岁始傅，而著于汉律的傅籍年龄则为二十三岁。文帝还下诏"弛山泽之禁"，即开放原来归国家所有的山林川泽，从而促进了农民的副业生产和与国计民生有重大关系的盐铁生产事业的发展。文帝十二年又废除了过关用传制度，这有利于商品流通和各地区间的经济联系，对于农业生产的发展也有一定促进作用。

汉文帝对秦代以来的刑法也作了重大改革。①秦代大多数罪人，即被判处为隶臣妾以及比隶臣妾更重的罪人，都没有刑期，终生服劳役。文帝诏令重新制定法律，根据犯罪情节轻重，规定服刑期限；罪人服刑期满，免为庶人。②秦代法律规定，罪人的父母、兄弟、姊妹、妻子和子女都要连坐，重的处死，轻的没入为官奴婢，称为"收孥相坐律令"。文帝明令废止。③秦代有黥、劓、刖、宫四种肉刑。汉文帝下诏废除黥、劓、刖，改用笞刑代替，景帝又减轻了笞刑。改革的后两项在当时和以后虽没有认真执行，但文帝时许多官吏能够断狱从轻，持政务在宽厚，不事苛求，因此狱事简省，人民所受的压迫比秦时有显著的减轻。

文景两代对周边少数族也不轻易动兵，尽力维持相安的关系。吕后时，南越王赵佗自立为帝，役属闽越、西瓯、骆，又乘黄屋左纛，与汉王朝分庭抗礼。文帝即位后，为赵佗修葺祖坟，尊宠赵氏昆弟，并派陆贾再度出使南越，赐书赵佗，于是赵佗去黄屋左纛，归附汉王朝。文帝后元二年（前162年），又与匈奴定和亲之约，此后匈奴虽背约屡犯边境，但文帝只是诏令边郡严加备守，并不兴兵出击，以免烦扰百姓。

文景之治之所以成为封建社会的盛世，与文帝个人励精图治是分不开

青少年应该知道的历史知识

的。他即位不久，就废止诽谤妖言之罪，使臣下能大胆地提出不同的意见。秦代以来有所谓"秘祝"之官，凡有灾祥就移过于臣下。文帝十三年下诏废除并且声明：百官的错误和罪过，皇帝要负责。次年，他又禁止祠官为他祝福。文帝自奉也相当节俭，在位二十三年，宫室苑囿、车骑服御之物都没有增添。他屡次下诏禁止郡国贡献奇珍异物。他所宠爱的慎夫人衣不曳地，帷帐不施文绣。文帝曾想建造一座露台，听说要花费百金，等于中人十家之产，于是作罢。因为文帝提倡俭约，所以当时国家的财政开支有所节制和缩减，贵族官僚也不敢滥事搜括，奢侈无度，从而减轻了人民的负担，这是"休养生息"政策的重要内容之一。

文景两代采取了上述一系列措施的结果，使当时社会经济获得显著的发展，封建统治秩序也日臻巩固。西汉初年，大侯封国不过万家，小的五六百户；到了文景之世，流民还归田园，户口迅速繁息。列侯封国大者至三四万户，小的也户口倍增，而且比过去富实得多。农业的发展使粮价大大降低，文帝初年，粟每石十余钱至数十钱。据《汉书·食货志》记载，汉初至武帝即位的七十年间，由于国内政治安定，只要不遇水旱之灾，百姓总是人给家足，郡国的仓廪堆满了粮食。太仓里的粮食由于陈陈相因，致腐烂而不可食，政府的库房有余财，京师的钱财有千百万，连串钱的绳子都朽断了。这是对文景之治十分形象的描述。

但是，文景时期的"与民休息"政策的目的是为了稳定和加强对农民的控制，进一步巩固封建统治，一些看来对农民有利的措施，实则对地主、商人更为有利。例如，文景减免田赋，地主获利最大，入粟拜爵，也有助于商人政治地位的提高。同时，文帝为求得政治上的安定，对同姓诸侯王的权势虽曾有所限制，但未能采取果断措施消除其动乱隐患；景帝三年（前154年）吴楚七国合谋叛乱（见吴楚七国之乱），与此当有一定的关系。

光武中兴——光武帝

东汉开国皇帝光武帝刘秀，南阳蔡阳（今湖北枣阳县西南）人。他身长

只有七尺三寸，相貌平平，但却外拙内秀。

刘秀加入绿林军后，很快就显露出了他敏锐的政治才能和丰富的军事韬略，特别是在昆阳一战中，刘秀的杰出指挥，为起义军赢得决战胜利起到了关键的作用。

绿林军攻占长安后，刘秀率军离开长安，在河北（黄河以北）以复兴汉室为口号，不断壮大自身的势力。刘秀每到一个郡县，都宣布废除王莽当政时期的苛捐杂税和严酷的刑罚，并对当地的官吏进行考察，恢复汉朝的官名，赢得了当地大小官吏、平民百姓的欢迎和支持，逐渐组成了建立政权的基本力量。公元25年6月，刘秀在群臣的拥戴下称帝，仍沿用汉的国号，年号建武，刘秀就是光武帝。历史上称为"东汉"。

随后，刘秀只用了短短的四年时间，就将关东地区各个割据势力全部铲除。在平定关东割据势力的同时，刘秀在关中也开始了镇压赤眉农民起义军的行动。公元25年9月，赤眉军攻入长安，推翻了更始政权。但是赤眉军缺粮，军心涣散，并被地方豪强武装所包围。刘秀决定以逸待劳，寻找机会乘虚截击赤眉军。

公元27年2月，冯异在崤底做好埋伏，引诱赤眉军深入，然后发动突然袭击。赤眉军阵脚大乱，80000多人被迫投降。接着，刘秀亲率大军，在宜阳（今河南宜阳西）拦截折向东南的赤眉军，将其全部歼灭，赤眉军首领樊崇等10余万人投降。到公元36年底，刘秀彻底平定巴蜀，取得了统一战争的最后胜利。

刘秀完成了统一大业，恢复了汉室的统治。由于连年征战，使光武帝对战争产生了厌恶之心，因此，光武帝采取"与民休息"的政策，以安定民生。他下诏恢复了西汉景帝时期三十税一的旧制，并把公田借给农民耕种，提倡垦荒，发展屯田，安置流民，赈济贫民。这样一来，东汉初年的封建租赋徭役负担，比西汉后期和战争期间都大大减轻。农民安居乐业，生产得到了大大恢复。

光武帝统治期间，东汉的农业、手工业都得到了大大发展。铁制农具的改进，牛耕的普及，水利工程的广泛修建，使生产技术大大提高；冶铁技术的改进，使铁的产量大为增加；精美的铜器、漆器、丝织品反映出高超的手工业工艺；通都大邑商业繁荣，商人的足迹远至西域和国外。

光武帝统治期间，东汉的农业、手工业都得到了大大发展。铁制农具的改进，牛耕的普及，水利工程的广泛修建，使生产技术大大提高；冶铁技术的改进，使铁的产量大为增加；精美的铜器、漆器、丝织品反映出高超的手工业工艺；通都大邑商业繁荣，商人的足迹远至西域和国外。经过几十年的经营，东汉出现了经济繁荣的景象，历史上称之为"光武中兴"。

贞观之治

贞观之治，是指中国唐太宗在位期间的清明政治。唐太宗李世民在位23年，使唐朝经济发展，社会安定，政治清明，人民富裕安康，出现了空前的繁荣。由于他在位时年号为贞观，所以人们把他统治的这一段时期称为"贞观之治"。"贞观之治"是我国历史上最为璀璨夺目的时期。

太宗从波澜壮阔的农民战争中认识到人民群众力量的伟大，吸取隋朝灭亡的原因，非常重视老百姓的生活。他强调以民为本，常说："民，水也；君，舟也。水能载舟，亦能覆舟。"太宗即位之初，下令轻徭薄赋，让老百姓休养生息。唐太宗爱惜民力，从不轻易征发徭役。他患有气疾，不适合居住在潮湿的旧宫殿，但他一直在隋朝的旧宫殿里住了很久。他还下令合并州县，革除"民少吏多"的弊利，有利于减轻人民负担。

贞观之初，在唐太宗的带领下，全国上下一心，经济很快得到了好转。到了贞观八九年，牛马遍野，百姓丰衣足食，夜不闭户，道不拾遗，出现了一片欣欣向荣的升平景象。

太宗在位20多年，进谏的官员不下30人，其中大臣魏征一人所谏前后200余事，数十万言，皆切中时弊，对改进朝政很有帮助。

太宗十分注重人才的选拔，严格遵循德才兼备的原则。太宗认为只有选用大批具有真才实学的人，才能达到天下大治，因此他求贤若渴，曾先后5次颁布求贤诏令，并增加科举考试的科目，扩大应试的范围和人数，以便使更多的人才显露出来。

由于唐太宗重视人才，贞观年间涌现出了大量的优秀人才，可谓是"人才济济，文武兼备"。正是这些栋梁之才，用他们的聪明才智，为"贞观之治"的形成做出了巨大的贡献。

唐太宗十分注重法治，他曾说："国家法律不是帝王一家之法，是天下都要共同遵守的法律，因此一切都要以法为准。"作为一位万人之上的君主能够说出这样一番话来，唐太宗不愧是一位开明的皇帝。

法律制定出来后，唐太宗以身作则，带头守法，维护法律的划一和稳定。在贞观时期，真正地做到了王子犯法与民同罪。执法时铁面无私，但量刑时太宗又反复思考，慎之又慎。他说："人死了不能再活，执法务必宽大简约。"由于太宗的苦心经营，贞观年间法制情况很好，犯法的人少了，被判死刑的更少。据载贞观三年，全国判死刑的才29人，几乎达到了封建社会法制的最高标准——"刑措"即可以不用刑罚。

以民为本的思想，广开言路，虚怀纳谏的胸襟；重用人才，唯才是任的准则；铁面无私，依法办事的气度构成了贞观之治的基本特色，成为封建治世最好的榜样，使唐朝在当时与西方国家相比，无论在政治、经济，还是文化上都走在世界的最前列。

贞观王朝的强盛是中国的任何一个王朝都无法比拟的。纵观中国历史上的几个强盛王朝，强盛的标志不外乎国富兵强和民丰物阜，在深层文明（主要指制度和文化遗产）上作出突出建树的有贞观王朝。正因为有了贞观之治的基础，武则天才能做到"政启开元"，从而为开元盛世奠定基础。开元盛世的富庶有大诗人杜甫的一首诗"忆昔开元全盛日，小邑犹藏万家室，稻米流脂粟米白，公私仓廪俱丰实……"为证。与生产力的高度发展相适应，唐

青少年应该知道的历史知识

王朝的国际威望也达到了顶峰，对外战争取得连绵的胜利，连续百余年保持连续不断的进攻态势，疆土极度扩张，朝鲜、漠北、西域的辽阔疆土相继并入中国的版图，西部疆土直达咸海东岸的石国（中亚细亚塔什干城）。除了这些人所共知的丰硕成果外，贞观王朝的文明程度在当时世界也是首屈一指的，下面几条文明成果使大汉民族成为当时已知世界最最优秀的民族。

贞观年间，农民占有一定土地，赋役负担减轻，有了安定的生产和生活环境，大量荒地被开垦出来，社会经济出现了繁荣景象。那时候，政治比较清明，经济发展较快，国力逐步加强。当时年号为"贞观"（627年～649年），故史称"贞观之治"。这是唐朝的第一个治世，同时为后来的开元之治奠定了厚实的基础。

开元盛世

开元盛世是唐玄宗（李隆基）统治前期所出现的盛世。在他统治时期，在政治、经济、军事、文化等各方面都有所成就：

改革吏治

玄宗采纳张九龄的建议，制定官吏的迁调制度。选取京官中有能之士，将其外调为都督刺史，以训练他们的处事才能及培养

行政经验。同时间，又选取都督刺史中有作为者，将其升为京官。这样内外互调，增进了中央与地方的沟通、了解和信任。玄宗亦将全国分为十五道，於各道置采访使，以监督地方州县的官员，并考察地方官吏的政绩。而在选拔人材方面，玄宗亦对科举制度作出改革，限制了进士科及第的人数，以减少冗官的出现，提高官吏整体的素质。

发展经济

玄宗於这段时间甚为节俭，规定三品以下的大臣，以及内宫后妃以下者，不得配戴金玉制作的饰物，并且遣散宫女，以节省开支。他又下令全国各地均不得开采珠玉及制造锦绣，一改武则天以来後宫的奢靡之风。他并命令宇文融清查全国的逃亡户口及籍外田地，共查得八十多万户，大幅增加唐

朝的税收及兵力来源。因为这些措施，唐朝的财政变得丰裕，而且全国的粮仓充实，致使物价十分廉宜。

提倡文教

唐玄宗时期，诗赋成为进士科主要内容，以及为了撰拔人才，亲自在殿试考核吏部新录取的县令。而且对儒生十分优厚，下令群臣访求历朝遗书，共觅得图书近五万卷，便唐朝的文化事业迈向鼎峰。

对外军事

玄宗采纳张说之提议，实行募兵制，以取代日渐废弛的府兵制。在公元722年，他亲自挑选府兵及壮丁共12万人作为京师的宿卫，并称为骑。而他亦於边疆地带设置十大兵镇，以节度使节制，作为统治异族与巩固边防的措施。

外交方面

（1）回纥是今天维吾尔族的祖先。8世纪中期，唐玄宗封回纥首领骨力裴罗为怀仁可汗。后来，回纥改名为"回鹘"。

（2）7世纪末，粟末靺鞨部首领大祚荣统一了周围各部，建立政权。8世纪前期，唐玄宗封大祚荣为渤海郡王，加授渤海都督。从此，粟末靺鞨政权以"渤海"为号。粟末靺鞨有"海东盛国"之称。唐朝管理东北边疆的机构是渤海都督府和黑水都督府。

（3）诏居民是今天彝族和白族的祖先。南诏首领皮罗阁统一六诏，唐玄宗封他为云南王。

（4）隋唐时，中日两国交往密切。贞观年间，日本有很多遣唐使、留学生和留学僧来唐学习。遣唐使回国后很受重用，他们以唐朝的制度为模式，进行政治改革，还参照汉字创制了日本文字，在社会生活上至今都保留唐朝人的某些风尚。唐玄宗时期赴日本的使节和僧人中，最有影响的是鉴真，曾六次东渡日本，在日本传播唐朝文化。

唐玄宗后期

　　唐玄宗统治后期，他渐渐贪图享乐，宠爱杨贵妃，不理政事。他还任用奸臣，造成朝政混乱，导致以边将安禄山和史思明为首的叛乱。历史上称之为"安史之乱"。安史之乱是我国历史一次重要事件，是唐朝由盛而衰的转折点。唐朝从此日渐衰落。公元9世纪后期，爆发了唐末农民大起义，唐朝瓦解。907年，唐朝灭亡。

　　唐玄宗统治时期，政治比较清明，任用贤能，经济迅速发展，提倡文教，使得天下大治，唐朝进入全盛时期成为当时世界上最强盛的国家，史称"开元盛世"。

名著名作篇

罗贯中和《三国演义》

罗贯中（约1330~1400），名本，字贯中，山西太原人。

罗贯中的籍贯也有太原市南端的清徐县的说发，也是争议最多的地方，从现存《罗氏家谱》及罗氏祖茔墓碑之记载看，先祖为四川成都府人，后唐为青州仆射落籍清源。他成年离家，流落于江淮，在张士诚与另一小说家施耐庵结为师徒，晚年隐居大名府浚县，完成了《三国志通俗演义》和《水浒全传》的创作。

在罗贯中写作《三国志通俗演义》期间，施耐庵从苏州迁移到兴化，并在洪武三年逝世。为了纪念他的师友施耐庵，罗贯中在完成《三国志通俗演义》之后，决定加工、增补施氏的《水浒传》。成书于洪武四年至十年之间。在加工、增补《水浒传》的同时，罗贯中继续创作历史演义系列作品。

罗贯中在创作完了这些作品以后，已是六十几岁的老人了。他为了出

版这些作品，于洪武十三年左右从杭州来到了福建，因为当时福建的建阳是出版业的中心之一。但是，罗贯中的这一目的未能实现。罗贯中的创作才能是多方面的。他写过乐府隐语和戏曲，但以小说成就为主。关于他的小说，《西湖游览志馀》称他"编撰小说数十种"，又相传他写过《十七史演义》。今存署名罗贯中的作品，除《三国志通俗演义》外，还有《隋唐志传》、《残唐五代史演义传》和《三遂平妖传》。这些作品中《三国志通俗演义》的成就最高。

《三国志通俗演义》，又名《三国演义》，是根据民间长期流传的刘、关、张桃园三结义的故事编成的。早在唐末，三国故事已在民间流传。到了北宋，出现了专讲三国分立故事的说话人。元朝又出现了许多搬演三国故事的杂剧，并且出现了一部《三国志平话》，这部平话从黄巾起义开始讲到西晋的统一，已经有了比较完整的故事情节。元末明初，罗贯中在前人的基础上，又运用陈寿《三国志》和裴松之《注》的历史资料，编撰出《三国志通俗演义》。这部通俗演义一问世，便出现许多刊本。清康熙年间，毛宗岗加以修改，使小说的文字内容更加完整，称为"第一才子书"，这就是我们今天看到的120回本的《三国演义》。毛本一出现，罗本反而湮没无闻了。

《三国演义》是我国第一部长篇历史小说。它从东汉末年黄巾起义开始，一直写到西晋的统一，描绘了三国时代各封建统治集团之间的政治、军事和外交斗争，反映了封建社会的腐朽黑暗、统治阶级的凶狠残暴以及人民的流离饥苦。小说展现了许多波澜壮阔的战争场面，揭示许多战争规律，给人以有益的启示。小说还通过错综复杂的斗争，塑造了一批性格鲜明的人物形象，如具有惊人智慧和"鞠躬尽瘁、死而后已"的忠贞品格的诸葛亮、

刚烈勇敢的关羽、奸邪诈伪、阴险凶残的曹操，都给人留下深刻的印象。由于这部小说"文不甚深，言不甚俗"，故事情节曲折动人，人物形象栩栩如生，长期以来深受群众的喜爱。它的出现，对后来长篇历史小说的创作产生了巨大的影响。不过，由于时代和阶级的局限，《三国演义》也存在一些缺陷，书中不仅诬蔑黄巾起义，而且拥刘反曹的鲜明政治倾向贯穿始终，表现出浓厚的封建正统观念，这些都是应该批判的。

大约在公元1385～1388年间，罗贯中活了70岁，在宋代民族英雄文天祥的故里卢陵逝世。

施耐庵和《水浒传》

施耐庵，元末明初小说家，生卒年不详，兴化白驹场人（今属江苏）。祖籍泰州海陵县，住苏州阊门外施家巷，后迁居当时兴化县白驹场（今江苏省大丰市白驹镇）。他根据民间流传的宋江起义故事，长篇古典小说《水浒传》。

施耐庵是孔子七十二子弟之一施之常后代，唐末施之常后人在苏州为家。其父名为元德，操舟为业，母亲卞氏。施耐庵自幼聪明好学，才气过人，事亲至孝，为人仗义。19岁中秀才，28岁中举人，36岁与刘伯温同榜中进士。其曾在钱塘（今浙江省杭州市）为官三年，因不满官场黑暗，不愿逢迎权贵，弃官回乡。张士诚起义抗元时，施参加了他的军事活动。张据苏以后，施又在他幕下参与谋划，和他的部将卞元亨相交甚密。后因张贪享逸乐，不纳忠言，施与鲁渊、刘亮、陈基等大为失望，相继离去。施与鲁、刘相别施时，曾作《新水令秋江送别》套曲，抒发慷慨悲痛之情。不久，张士诚身亡国灭。施浪迹天涯，漫游山东、河南等地，曾与山东郓城县教谕刘善本友善，后寓居江阴徐氏初，为其塾师。随后还旧白驹，隐居不出，感时政衰败，作《水浒传》寄托心意，又与弟子罗贯中撰《三国志演义》。他还精于诗曲，但流传极少。除套曲《秋江送别》以外，还有如顾逖诗、赠刘亮诗传世。施耐庵为避明朝征召，潜居淮安，染病而殁，就地高葬，享年75岁。

《水浒传》写的是北宋宣和年间（1119～1121前后）宋江等聚众起义的故事。事在《宋史》和宋人笔记里有多种记载，虽不一致，但都说到力量强大，威胁朝廷，在民间影响深广。南宋人龚圣与说："宋江事见于街谈巷语。"说书中也有宋江等人的故事。到宋、元年间，话本、杂剧广泛演说，有些存留到现在，如话本《大宋宣和遗事》和元人杂剧。

施耐庵把宋元以来史书、传说、话本和杂剧等"水浒"故事加以汇集、选择、加工、创作而写成《水浒传》。它以梁山泊起义叙写了农民反封建斗争发生、发展和失败的全过程，以深刻的思想、广泛的内容、杰出的艺术谱写出封建社会农民起义的英雄史诗、革命悲剧，反映出没落、衰败的封建社会深重的剥削和残酷的压迫激化着阶级矛盾，反动统治的黑暗腐朽造成广大人民的反抗斗争。写起义发生是"乱自上作"。统治者上起皇帝、大臣，下至地方贪官污吏、土豪恶霸乃至吏役狱卒，全国上下，朝廷内外，形成统治网，公然用恶。像梁中书两年就搜刮几十万贯给丈人蔡京庆贺生日，贿赂公行；高俅为报私仇迫害王进，为高衙内霸占人妻而害林冲，逼得本不想反的人不得不反，揭示出起义发生的真正原因是"官逼民反"。

小说真实地叙写了起义斗争的发展过程：从个人反抗到集体反抗，从分散斗争到有组织斗争，规模从小到大。鲁智深、林冲、武松等开始都是个人抗争，只为逃避官府缉捕而找安身立命之地；虽有梁山、二龙山、桃花山等许多山头，但彼此孤立，不能抵御逐步升级的官府"进剿"；晁盖、吴用、宋江上山以后，以梁山泊为中心，联合各山头，形成强大统一的组织，取得大规模战争的胜利，挫败官府和朝廷的"进剿"，揭示出农民革命斗争的规律。

小说还叙写了起义的失败结局。梁山英雄排座次后，"八方共域，异姓一家"，"哥弟称呼，不分贵贱"的要求已经实现。农民革命的平等、平均主张，使斗争只能有三种前途：一是像方腊称王后被镇压；二是像李逵说，夺位自己当皇帝；三是像宋江"全伙受招安"。受招安有总结农民革命经验教训，探索出路和寓意。宋江受招安后，朝廷想"尽数剿除"，派去征辽、征方腊，梁山好汉死伤离散，剩下的宋江、卢俊义、吴这样领袖人物，也被御赐药酒毒死或伤心自杀。一场惊天动地、轰轰烈烈的起义，108位英雄只落得风流云散的悲剧结局。对这一英雄悲剧结局，学术界有不同说法，但对施耐庵总的思想倾向却看法一致：揭露批判封建统治的罪恶，赞扬颂美梁山英雄的反抗斗争。

吴承恩和《西游记》

吴承恩（1501年~1582年），字汝忠，号射阳山人。汉族，淮安府山阳县（今江苏省淮安市楚州区）人。中国明代杰出的小说家，是四大名著之一《西游记》的作者。

吴承恩出生于一个由下级官吏沦落为小商人的家庭，他的父亲吴锐性格乐观旷达，奉行常乐哲学，为儿子取名承恩，字汝忠，意思希望他能读书做官，上承皇恩，下泽黎民，做一个青史留名的忠臣。吴承恩小时候勤奋好学，一目十行，过目成诵。他精于绘画，擅长书法，爱好填词度曲，对围棋也很精通，还喜欢收藏名人的书画法帖。少年时代他就因为文才出众而在故乡出了名，受到人们的赏识，认为他科举及第，"如拾一芥"。

他除奋好学外，特别喜欢搜奇猎怪，爱看神仙鬼怪，狐妖猴精之类的书籍。如《百怪录》、《酉阳杂俎》之类的小说或野史，这类五光十色的神话世界，潜默化中养成了搜奇猎怪的嗜好，随着年龄的增大，这种爱好有增无减，这对他创作《西游记》有着重大的影响。30岁后，他搜求的奇闻已"贮满胸中"了，并且有了创作的打算。50岁左右，他写了《西游记》的前十几回，后来因故中断了多年，直到晚年辞官离任回

到故里，他才得以最后完成《西游记》的创作，历时7年。

吴承恩一生不同流俗，刚直不阿。他之所以才高而屡试不第，很可能与他不愿作违心之论以讨好上官有关。但是他怀才不遇，壮志未酬，只能空怀慷慨，抚事临风叹息。生活困顿给吴承恩带来的压力并不小于科考的失利。父亲去世以后，他需要操持全家的所有开支，但他却没有支撑门户的能力，更没有养家活口的手段。家中生活来源，除了每月从学府里领回六斗米外，只能坐食父亲所留遗产了。品尝了社会人生酸甜苦辣的吴承恩，开始更加清醒地、深沉地考虑社会人生的问题，并且用自己的诗文向不合理的社会进行抗争。

《西游记》是中国古典四大名著之一，是一部优秀的神话小说，也是一部群众创作和文人创作相结合的作品。全书故事的主体，写悟空等降伏妖魔，最终到达西天取回真经。

小说以整整七回的"大闹天宫"故事开始，把孙悟空的形象提到全书首要的地位。第八至十二回写如来说法，观音访僧，魏徵斩龙，唐僧出世等故事，交待取经的缘起。从十三回到全书结束，讲述仙界一只由仙石生出的猴子拜倒菩提门下，命名孙悟空，苦练成一身法术，却因醉酒闯下大祸，被压于五行山下。五百年后，观音向孙悟空道出自救的方法：他须随唐三藏到西方取经，作其徒弟，修成正果之日便得救。孙悟空遂紧随唐三藏上路，途中屡遇妖魔鬼怪，二人与猪八戒、沙僧等合力对付，展开一段艰辛的取西经之旅。全书共一百回，六十余万字。分回标目，每一回目以整齐对偶展现。故事叙述唐三藏与徒弟孙悟空，猪八戒，沙僧，白龙马，经过八十一次磨难，到西天取经的过程。

写作时代为明朝中期，当时社会经济虽繁荣，但政治日渐败坏，百姓生活困苦。作者对此不合理的现象，透过故事提出批评。

曹雪芹和《红楼梦》

曹雪芹（大约1715年～1763年），中国清代伟大的文学家，名沾，字梦阮，号雪芹，又号芹圃、芹溪，祖籍河北丰润。曹雪芹在富贵荣华中长大。其先世原是汉族，后为满洲正白旗包衣（家奴）。曹雪芹的高祖因随清兵入关有功得受官职。曹雪芹的曾祖父曹玺，祖父曹寅，父辈的曹颙和曹頫相继担任江宁织造达60余年之久，颇受康熙帝宠信。曹家也因此成为当时财势熏天的"百年望族"。康熙六次南巡，其中四次由曹寅接驾，并以织造府为行宫。《红楼梦》中提到江南的甄家"独他们家接驾四次"暗示的正是这一宠信。

雍正初年，由于封建统治阶级内部斗争的牵连，曹家遭受多次打击，曹頫被革职入狱，家产抄没，举家迁回北京，家道从此日渐衰微。这一转折，使曹雪芹深感世态炎凉，更清醒地认识了封建社会制度的实质。从此他生活一贫如洗，但他能诗会画，擅长写作，以坚韧不拔的毅力专心致志地从事小说《红楼梦》的写作和修订，批阅十载，增删五次，写出了这部把中国古典小说创作推向巅峰的文学巨著。

《红楼梦》以其丰富的内容，曲折的情节，深刻的思想认识，精湛的艺术手法成为中国古典小说中伟大的现实主义作品。乾隆二十七年（1762年），幼子夭亡，曹雪芹陷于过度忧伤和悲痛，到这一年的除夕（1764年2月1日），因贫病无医而逝世。入葬费用由好友资助。由于至今尚未清楚的原因，曹雪芹的红楼梦只留下前八十回，后来乾隆让高鹗代写并把全书定位一百二十回。

现存最早手抄本是乾隆甲戌年（1754）的，但只有不连续的16回。后来又发现了若干手抄本，较重要的如乾隆庚辰年（1760）抄本，今存78回。这些手抄本都题名《石头记》，并且有署名"脂砚斋"等人的许多评语，所以又被称为"脂评本"，简称脂本。脂本何以出现并流传，尚有争议。

《红楼梦》以贾宝玉、林黛玉、薛宝钗之间的恋爱婚姻悲剧为主线，描写了以贾家为代表的四大家族的兴衰，揭示了封建大家庭的各种错综复杂的矛盾，表现了封建的婚姻、道德、文化、教育的腐朽、堕落，塑造了一系列贵族、平民以及奴隶出身的女子的悲剧形象，展示了极其广阔的封建社会的典型生活环境，曲折地反映了那个社会必然崩溃、没落的历史趋势。全面

地描写封建社会末世的人性世态及种种无法调和的矛盾。作品还歌颂了贵族的叛逆者和违背封建礼教的爱情，体现出追求个性自由的初步的民主主义思想，并深刻而全面地揭示了贾、林、薛之间爱情婚姻悲剧的社会根源。但由于历史的局限，作者在写出封建大家族没落的同时，也流露出惋惜和感伤的情绪，蒙有一层宿命论和虚无主义的色彩。

《红楼梦》不仅是一部伟大的文学著作，还是研究中国古代官制、哲学思想、文化形态、民俗现象，甚至铁器、瓷器等手工业制造的重要史料，所以历来备受各界人士关注，研究者众多，由此形成了"红学"这一大综合性人文学科。

《红楼梦》在艺术上取得了辉煌的成就。它的叙述和描写就像生活本身那样丰富、深厚、逼真、自然。《红楼梦》在艺术表现上普遍地运用了对比的手法。作者安排了鲜明对照的两个世界：一是以女性为中心的大观园，这是被统治者的世界；一是以男性为中心的社会，这是统治者的世界。作者还常常拿一个人对两件事的不同态度对比，拿两个人对同一件事的态度对比，在对比中揭示人物灵魂深处的隐秘，表达作者的爱憎倾向。《红楼梦》善于处理虚实关系，它实写而不浅露，虚写而不晦暗，创造出一个含蓄深沉的艺术境界。作者善于运用春秋笔法，也就是文笔曲折而意含褒贬。比如将王夫人对林黛玉的憎恶写得十分含蓄。《红楼梦》是一部百科全书式的长篇小说。它以一个贵族家庭为中心展开了一幅广阔的社会历史图景，社会的各阶级和阶层都得到了生动的描画。《红楼梦》的博大精深在世界文学史上是罕见的。